北大版新一代对外汉语教材·报刊教程系列

报纸上的天下
——中文报纸阅读教程(下)

Reading the world through Newspaper
An Advanced Reader of Current Affairs in Chinese Newspapers

王海龙 著

北京大学出版社
北京

图书在版编目(CIP)数据

报纸上的天下——中文报纸阅读教程（下）/ 王海龙著. —北京：北京大学出版社，2004.7

ISBN 978-7-301-06894-6

Ⅰ.报… Ⅱ.王… Ⅲ.汉语—阅读教学—对外汉语教学—教材 Ⅳ.H195.4

中国版本图书馆 CIP 数据核字(2004)第 026264 号

书　　名：报纸上的天下——中文报纸阅读教程（下）
著作责任者：王海龙　著
责 任 编 辑：张弘泓
标 准 书 号：ISBN 978-7-301-06894-6/H·0971
出 版 发 行：北京大学出版社
地　　　址：北京市海淀区成府路 205 号　100871
网　　　址：http://www.pup.cn
电　　　话：邮购部 62752015　发行部 62750672　编辑部 62753334　出版部 62754962
电 子 邮 箱：zpup@pup.pku.edu.cn
印 　刷 　者：北京大学印刷厂
经 　销 　者：新华书店

　　　　　　787 毫米×1092 毫米　16 开本　18.75 印张　512 千字
　　　　　　2004 年 7 月第 1 版　2009年12月第3次印刷

定　　价：50.00 元

未经许可，不得以任何方式复制或抄袭本书之部分或全部内容。
版权所有，侵权必究　举报电话：010-62752024
　　　　　　　　　　电子邮箱：fd@pup.pku.edu.cn

目 录

导 言 ………………………………………………………………………………………… i

第一章　中文报纸阅读导论

第一节　报纸阅读的目的性 ……………………………………………………… 1
第二节　报纸与天下事 …………………………………………………………… 1
第三节　中文报纸的同与异 ……………………………………………………… 2
第四节　世界各地中文报纸版式栏目比较 ……………………………………… 6
第五节　中文报纸和其他媒体的关系 …………………………………………… 8

第二章　中文报纸的分类和版面安排的一般标准

第一节　中文报纸的分类 ………………………………………………………… 12
第二节　新闻的重要性和版面的安排 …………………………………………… 16
第三节　报纸栏目和版面分析 …………………………………………………… 20

第三章　报纸上的通讯（一）

精读篇
◇ 温家宝哈佛介绍真实中国 ……………………………………………………… 23

速读篇
◇ 中国跨国企业　呼之欲出 ……………………………………………………… 31

精读篇
◇ 少小离家为哪般？ ……………………………………………………………… 33

泛读篇
◇ 儿子用30元"买"父亲一天 …………………………………………………… 42

速读篇
◇ 慢性头痛折磨人　年轻力壮也难免 …………………………………………… 45

泛读篇
◇ 国际美女新规格　东西合璧 …………………………………………………… 47

◇ 大陆第一人造美女　动最后一次刀 …………………………………………… 51
[附]：上海 51 女比丑　争取免费整容 ………………………………………… 54

第四章　报纸上的通讯（二）

精读篇
◇ 洋人进村过大年 …………………………………………………………………… 55

泛读篇
◇ 上海　各国洋人欢庆中国年 …………………………………………………… 63

速读篇
◇ 法国总统请旅法华人吃饺子 …………………………………………………… 67

精读篇
◇ 我真高兴选择了上海 …………………………………………………………… 69

泛读篇
◇ 中新日韩人智商冠全球 ………………………………………………………… 77

速读篇
◇ 汉语跃居美第三流行语言 ……………………………………………………… 81

精读篇
◇ 恐怖分子上诉　最高法院受理 ………………………………………………… 83
[附]：布什反恐官司　连两败 …………………………………………………… 89

速读篇
◇ 布什访英三天　伦敦抢案增两成 ……………………………………………… 90
◇ 克林顿仍是最受欢迎的前总统　日程表上排满活动 ………………………… 92
◇ 咬牙来碗肉汤面 ………………………………………………………………… 95
◇ 楼里楼外两重天 ………………………………………………………………… 95

第五章　报纸写作体裁简介

第一节　消息和新闻的写作 …………………………………………………………… 97
第二节　报纸与天下事 ………………………………………………………………… 98
第三节　通讯的写作 …………………………………………………………………… 101
第四节　特写的写作 …………………………………………………………………… 101
第五节　评论的写作 …………………………………………………………………… 104

第六节　广告的写作 ………………………………………………………………… 105

第六章　报纸上的特写(一)

精读篇
- 《上海公报》奠定美中关系基础 ……………………………………………… 108

泛读篇
- 卡特小说处女作《马蜂窝》上市 ………………………………………………… 117
  [附]：哈利·波特作者　英女性首富 ………………………………………… 120

速读篇
- 调查显示：今年毕业生平均起薪比去年低40%左右 ………………………… 121

精读篇
- 乡村义教终无悔 ………………………………………………………………… 124

速读篇
- 西湖离世界遗产有多远？ ……………………………………………………… 133

第七章　报纸上的特写(二)

精读篇
- 神舟五号顺利载人升空 ………………………………………………………… 136
  [附]：杨利伟、成龙将率四万观众大合唱 …………………………………… 141

精读篇
- 跨入大学　重返童年 …………………………………………………………… 142

速读篇
- 厦门发生首宗SOHO族自杀事件 ……………………………………………… 148
- 海明威变性子后事和解　八子女拒继母分享财产 …………………………… 151
- 身穿内裤追逐梦想 ……………………………………………………………… 154

第八章　中文报纸的发展史

第一节　中国报纸发展的初期 …………………………………………………… 157
第二节　中国报纸发展的成熟期 ………………………………………………… 158
第三节　中国报纸的近代发展期 ………………………………………………… 161

第四节　现当代的中文报纸 …… 163
第五节　部分最有影响力的中文报纸介绍 …… 167

第九章　报纸上的评论（一）

精读篇
- 警惕博士学位贬值 …… 174

速读篇
- 挤一挤文凭的水分 …… 182
- 官员"博士化"与不务"政"业 …… 184

精读篇
- "两小时上一次厕所"是什么制度？ …… 186

速读篇
- 雀斑长在哪儿不可怕 …… 193

第十章　报纸上的评论（二）

精读篇
- 人民时评：国产车为何要换洋车标？ …… 196

速读篇
- 一个美国中国通的反思 …… 203

精读篇
- 不妨示弱 …… 207

速读篇
- "眼高手低"辩 …… 217
- 服装的语言 …… 222

第十一章　报纸上的广告
第一节　报纸广告与读者 …… 228
第二节　中国报纸与广告的功能 …… 229
第三节　报纸广告的文字效应 …… 232
第四节　报纸广告的视觉效应 …… 236
第五节　如何做好报纸广告 …… 237

生词索引 …… 240

导　　言

　　最近考察了一些对外汉语报纸阅读教学方面的教材和出版物，我们发现其中存在着一些有一定普遍性的问题。总的来看,这类教材的数量不少,甚或低、中、高级的都有,但它们除了程度上的深浅有变化外,内容特点上则大同小异。

　　这个特点是什么呢? 那就是把报纸教学当作一种文选教学,没用突出报纸这种阅读材料的独特性。这些教材名为报纸阅读或报纸阅读分析教材,其实和其他汉语泛读、精读教材的功能性差别不大。报纸阅读教材,就是把过去一般性教材中较宽泛的取材内容用技术性的手段窄化,去掉小说、散文、政论或说明文、应用文之类的素材,而限制其课文文体只在报纸上选。这样看起来似乎目的性纯乎又纯,谁也不能说这不是报纸阅读教材。可是如果报纸阅读课可以这样上,此类教材可以这样编写,那离我们的初衷应该说是距离遥远。这种报纸阅读教材其实和其他各类文选教材没有太大的不同。这样的课型设计在技术上讲只能是一种新闻范文阅读类的文选课,它很难起到预期的通过报纸教学、理解和分析而达到举一反三的教学效果。这样的教材缺少把汉语作为第二语言习得和获取的基本方法论及传媒关系连接性的理论指导。

　　综观某些报纸阅读教材的基本情况,不能说它们完全没有顾及报纸的特色。但这些教材多偏重一些技术性的所谓报纸语言或一般性题解、字词句章和语法现象的分析,把这类教材编写的基本思路混同于编写一般文体教材的思路;既没有一种高屋建瓴性的对报纸、新闻文体或题材、体裁的宏观介绍和分析,也缺乏微观的纯技术性的训练内容。基于此,重新研究报纸教学的方法和编撰新型的教材应该是摆在我们面前的一个时不我待的任务。

　　我们认为,报纸阅读作为一种课型的设计应该是通过报纸或媒体阅读来强化训练阅读理解、检验实际上的汉语融会贯通能力以及学以致用,了解中国社会的一个有效手段。报纸阅读对外国学生的意义不仅止于学习和增进汉语知识,而更在于通过阅读平面媒体这种手段的应用实践来更上一层楼,是对其汉语知识应用能力的一次综合性的检阅。因而,编写好报纸阅读教材,也是激励外国学生学好汉语、了解中国的一个强有力的手段。

　　因之,报纸阅读课的基本点是应该建立在对报纸和报纸的功能了解的基础上,特别应该建立在理解报纸的特性以及它是如何表现和反映社会现实内容的基础之上。

　　在报纸阅读理解的课程上,报纸既然是我们的研究对象,那么我们就应该首先研究和介绍关于报纸的一些基本知识,包括它们一般有多少个版面,版面的基本内容介绍(如国际新闻版、国内新闻版、政治要闻版、社会/司法新闻版、文教版、财经版、金融版、科技版、体育版、交通版、医药版、娱乐版……)、栏目的不同以及相应栏目报纸文体的写作和编辑技巧等等,这是报纸教学和研究的纲。纲举目张。

了解了上述的根本点以后,下一步的工作才是对报纸基本知识的导入教学。

首先,报纸版面因其功能特色不同,其写作方式也不同。写作方式的不同导致了对其解读方式的必然不同。熟悉这些中文报纸的基本编辑技巧和编排方针能有利于我们的教学。解铃还需系铃人,我们知道了报纸的写作和表达技巧,将极大地便利我们解读它。

其次,在对外汉语报纸教学中,除了要向学生们介绍报纸的一般特点以外,我们还要了解和介绍报纸阅读的特殊性。报纸因为它作为工具和传媒的社会影响力和社会参与性形成了它本身的一些突出的特色。比如新闻的意义、新闻的社会导向和政治性,报纸和读者的社会互动性,新闻报道、采访、特写以及社论写作各自的共同点和不同点等等。除了新闻以外,报纸尚有其他题材和体裁的技术技巧问题有待我们研究和阐发。

中文报纸阅读非常有实用价值,但对外国学生而言,它也是一个拦路虎或学汉语的难点。造成高年级学生仍视读中文报为畏途的原因一是学生本身解读语言能力和相关词汇的限制;另外,与不熟悉中文报纸的文字和文化表述符号系统的特色背景也相关。

第三,中文报纸的阅读和分析,在某种意义上讲,就是一种对现代汉语文化和文字表述的解码的过程。中文报纸有一套自己独特的编码系统,有其构词法和程式化的表达及语言设计,我们应该教会学生怎样"解码"。这比简单地教学生们多学一些字词和语法句法,甚至比教学生多读懂几篇文选重要得多。

报纸文体其实是一种十分独特的表达形式。它影响范围的广泛性使它形成了一种具有特别表现力的文风。它既不同于一般口语,也不同于平常的书面语。报纸的语言要求一般老百姓都能读得懂,但同时又要求它要有一定的文采和可读性。报纸是舆论喉舌和宣传工具,但它也是一种商品,它有其特定的市场。报纸的语言要有极强的表现力,但又要求顾及大众化的特点;它要通俗,但同时又要清新可读。因而,报纸在语言方面就形成了很多特殊的表现技巧和独特的写法;因之,报纸阅读和分析就有了规律性可循。比如报纸写作时常采用的一些形式化的八股程式和套话、一些富表现力的民间俗语、一些古汉语表达方式的残存以及一些新的熟语、术语和惯用语的采用等皆是其重要特色。这些特色部分就是很容易被操汉语为母语者忽视而又常常难倒外国学生的部分。

报纸因为有其时事性、时间性和特定的文化社会背景,本国读者或操汉语为母语的读者读它们往往不觉其难,但是外国人读中文报纸却是完全不同的情形。

因为脱离了时间、地点和背景知识的优势,外国学中文者中往往即使是语言能力很强的人读中文报时亦是捉襟见肘。这造成了他们读一些规范的写作文体甚至政论、古典文体都应付裕如但却难以对付读报纸的局面。

此外,比起西方报纸来,中文报纸还有一些其他的特色。比如,报纸的出版背景不同,其风格也就不同。试比较中国内地、香港、台湾的报纸风格之间就有很大的不同。同样是中文报纸,在说中文为母语的地区出版的中文报与在海外出版的中文报的风格也有很多差别之处。不仅是在政治背景、办刊风格上,而且在版面设计、语言风格、写作风格乃至词语使用上它们都有很大的不同。这些都是在教外国人读报时应该注意的特点。否则,只能读懂一种特定的中文报或只能读懂一个特别地域的中文报算不上会读中文报。我们的教学和教材编写应该突出强调的是教方法,即解读任何种类中文报纸的方法。

除了因地域和政治、经济和语言风格的不同以外,仅只是同一个地域的报纸也会有很多内容上的重大不同。姑且拿中国内地出版的报纸为例,中国的报纸有不同的档次,有不同的地域性,也有不同的专业强调的范畴。比如报纸有国家级、省级和市级的区别;有日报、晚报、商报、文化娱乐报、体育报等等。不同的报纸有不同的侧重和强调的内容,因此它们的风格也就不可能一样。比较一下相关的报纸在处理同一条新闻时的不同方式就可以看出它们的不同,这应该是很有趣的。

笔者近年来在海外讲授高级汉语或跟文化、应用类汉语有关系题材的课程时,发现此类合适的教材奇缺。可是,随着中国近年来在各方面飞速的发展、中国文化在海外的影响力越来越大以及中文教学在海外成长的日趋成熟,这类的课程愈来愈需要。学校开设了相关的课程,找不到合适教材,常常被逼仓促上阵,没有教材,只能边写边教。这几年,开设了几门新课,就相应撰写了几种新教材。

编写海外汉语教材被公认为是件吃力不讨好的事情,但这种事总得有人做。撰写教材,如不是这几年身体力行,总以为跟科研和学问无涉,壮夫不为。直至真正做起来,方知其中洞天无限,纵兢兢业业、全力以赴去做也还是心颇惴惴。因为外国人学中文有很多非圈子中人所能想像到的麻烦事和特点。从词汇、语法、语料、题材、体裁到语言知识、语法点的控制、语言表达模式的训练、文化背景的介绍,乃至中外语言认知模式的不同等都必须顾及到,此外,循序渐进、趣味性、时间性等要素也不能忽略。

外国学生学中文,语言能力差并不意味着理解能力弱;中国话说不好并不意味着他们人不聪明。因此,海外汉语教材并不能编写成国内的中小学教材;但平心而论,这些学生的汉语能力并不能跟操汉语为母语的中国中小学生的汉语程度同日而语。如何把我们的教材编写得有深度、速成而又运用权威语料,适应外国人学中文的特点呢?这是摆在这个学科数以万计的教学人员面前的一个问题。

对于上面这个问题,我并没有现成的答案,只是被逼边干边学,拿出做学问的傻劲和拼劲去穷尽资料,研究语言认知和习得的方法,反复参考各种其他外语语种的教材模式和教学法设计,汲取它们成功的经验,不敢丝毫懈怠地去做。这些年来,我出版了几部相关的教材,受到了欢迎,使我颇受鼓励。今年中法文化年,我应法国政府之邀请在巴黎演示了这本教材的写作方法和内容设计,受到与会的很多专家学者的评赞。我把它看成是一种鼓励和工作总结,我相信随着这个学科突飞猛进的发展,我们还会有更多更好的新教材涌现。

近年来,我撰写了五种海外汉语高级教材在北京大学出版社出版,感谢北京大学出版社的领导和编辑老师们的支持和鼓励,使这一系列教材能在这么短的时间内顺利问世。同时,感谢我本科所受到的中文系的训练以及我在哥伦比亚大学所受到的文化人类学和当代语言学、符号学的训练,没有这些学科知识,我是很难完成上述工作的。现在您手上的这本书除了前面提及的基本知识训练外,因为涉及读报和新闻、媒体、传播学及相关学科的知识,我在写作过程中参照了大量的相关学术著作和工具书,未敢掠美,特此列出下面的一些主要参考书目,以志鸣谢:

1. James P. Danky and Wayne A. Wiegand (ed) *Print Culture in a Diverse America*,《多元化美国的印刷文化》University of Illinois Press, 1998
2. Deborah Esch *In the Event: Reading Journalism, Reading Theory*,《置身事件:阅读新闻,阅读理论》Stanford University Press, Stanford California, 1999
3. Dean de la Motte & Jeannene M. Przyblyski (ed) *Making the News: Modernity & the Mass Press in Nineteenth-Century France*《新闻的制造者:十九世纪法国的现代性和大众媒体》The University of Massachusetts Press, 1999
4. Isabelle Lehuu *Carnival on the Page: Popular Print Media in Antebellum America*《纸上的嘉年华会:美国南北战争时期的流行媒体印刷》The University of North Carolina Press, 2000
5. Kevin G. Barnhurst *Seeing the Newspaper*,《阅报》St. Martins Press, New York, 1994
6. Arthur Charity *Doing Public Journalism*,《从事公众新闻》the Guilford Press, New York, London, 1995
7. Martin Conboy *The Press and Popular Culture*,《出版业和流行文化》Sage Publications, London, Thousand Oaks, New Delhi, 2002
8. Kavin G. Barnhurst, John Nerone *The Form of News: A History*,《新闻的形式简史》The Guilford Press, New York, London, 2001
9. Ron F. Smith, Loraine M. O'Connell *Editing Today*,《编入今天》Iowa State University Press/Ames 1996
10. Thomas C. Leonard *News for All: America's Coming-of-Age with the Press*,《为大众的新闻:美国的媒体文化时代》Oxford University Press, New York,

Oxford, 1995

11. Colin Lacey and David Longman *The Press as Public Educator: Cultures of Understanding, Cultures of Ignorance*,《作为公众教育的媒体:理解的文化与无知的文化》University of Luton Press, 1997

12. Clifford G. Christians, John P. Ferre, P. Mark Fackler *Good News: Social Ethics and the Press*,《好消息:社会伦理和媒体》Oxford University, New York, Oxford University Press, 1993

13. Robert E. Garst and Theodore M. Bernstein *Headlines and Deadlines: A Manual for Copy Editors*,《标题与时限:专栏编辑手册》Columbia University Press, New York, 1982

14. Leo Bogart *Preserving the Press: How Daily Newspapers Mobilized to Keep Their Readers*, 《封存媒体:日报怎样潜移默化地拉住其读者》Columbia University Press, New York, 1991

15. William L. Rivers, Bryce MeIntyre and Alison Work *Writing Opinions: Editorials*,《写出见解:关于编者按》Iowa State University Press, Ames, 1988

16. Crispin C. Maslog *Successful Asian Community Newspapers*,《成功的亚洲社区报纸》United Nations Educational, Scientific and Cultural Organization, Asian Mass Communication Research and Information Center, 1985, Republic of Singapore

17. Ann Hougue *the Essential of English: A Writer's Handbook*,《英文的精髓:写作指南》Pearson Education, Inc. 2003

18. Jay Maurer *Focus on Grammar: An Advanced Course for Reference and Practice*《关注语法:高级参考及训练教程》Pearson Education, Inc. 2000

19. Diane Larsen-Freeman *Grammar Dimensions: Form, Meaning, and Use*,《多向度的语法:形式、意蕴及用法》Heinle & Heinle Publishers, 1997

20. Suzanne Griffin, John Dennis *Reflections*《观照》Newbury House Publishers, 1979

21. Carol Numrich *Consider the Issues*《时事思考》Addison-Wesley Publishing Company, Inc. 1995

22. Carol Numrich *Face the Issues*《面对时事》Addison-Wesley Publishing Company, Inc. 1997

23. Patrick Aquilina *Timely Topics: An Advanced Reading, Grammar, and Vocabulary Book*《热点话题:高级阅读、语法及词汇读本》Heinle & Heinle Publishers, 1993

24. Gail Fingado, Leslie J. Freeman, Mary Reinbold Jerome and Catherine Vaden Summers *The English Connection: A Content-Based Grammar and Discussion*

Text《英文的组合：以内容为主体的语法和讨论读本》 Heinle & Heinle Publishers, 1991
25. Helen Kalkstein Fragiadakis and Virginia Manrer *Tapestry*《组合画面》Heinle & Heinle Publishers, 2000
26. Brenda Wegmann, Miki Prijic Knezevic *A Reading Skill Book*,《阅读技巧》The McGraw-Hill Companies, Inc. 1996
27. Patricia K. Werner, John P. Nelson *Mosaic 2 Grammar*,《玛赛克2: 语法》4th Edition, McGraw-Hill Contemporary, 2002
28. 陆定一等《中国报刊大全》，青海人民出版社，1986年版
29. 王凤超《中国的报刊》，人民出版社，1988年版
30. 杨光辉等《中国近代报刊发展概况》，新华出版社，1986年版
31. 中国新闻社香港分社主编《港澳台及海外华文报刊名录》，海天出版社/香港中国新闻出版社，1993年版
32. 高艳林等《共和国往事:老新闻》(1949—1952年)，天津人民出版社，1998年版
33. 门连凤等《共和国往事:老新闻》(1976—1978年)，天津人民出版社，1998年版
34. 王海龙《文化中国》，北京大学出版社，2002年版
35. 王海龙《解读中国》，北京大学出版社，2002年版
36. 王海龙《应用汉语读写教程》，北京大学出版社，2002年版
37. 王海龙《报纸上的中国》，北京大学出版社，2004年版

王海龙，2004年夏初
纽约，哥伦比亚大学

Introduction

In the last two decades, China has developed very rapidly. In order to have a better understanding of modern China, students need to read and analyze news from China. The Chinese newspaper is a major resource in this goal. In my advanced classes, I have found an unusual phenomenon: many advanced level students who have very good language abilities cannot understand a simple news article or daily report in a Chinese newspaper.

One reason for this is that reading a Chinese newspaper is not a simple task. This requires comprehensive knowledge of a cultural context, classical Chinese, folk knowledge, Chinese jargon, technical language, newly-created words, specific expressions, linguistic alertness of prefix/suffix, and even knowledge of Chinese idioms and poems. Chinese newspapers are targeted toward native Chinese readers who live in a specific cultural context and environment. No matter how strong of a language background a foreign student has, he/she needs to learn special techniques to use when approaching newspapers. My book is designed to help foreign students decode a Chinese newspaper from its language and cultural-literary context.

Students who take Chinese as a foreign language need a proper Chinese newspaper comprehension textbook. Currently, there are few such books on the market in the West, and although there are a few books on this topic in China, they are designed for students who study in China and use a different approach and pedagogy. Moreover, students who live in China and foreign students who live in the West face different problems when they read Chinese newspapers. My book focuses on the students who may not have the opportunity to live in Chinese society but still need to read Chinese newspapers to fulfill their professional or academic demands. I believe publishing this text will help meet these needs of foreign students and the market in the world.

Chinese Newspaper Comprehension

More and more people learning Chinese as a foreign language tend to receive an academic foundation but lack the practical means of everyday reading and writing. Why is a student able to read Chinese literature but has difficulty reading a Chinese newspaper? These are all skills that are easily learned, but Chinese newspaper comprehension is a special field, so students need to be trained to approach this subject competently. Chinese newspaper writing embodies different writing techniques, such as a highly stylized way of expression that correlates to a standardized format or custom, and formatted expressions. Some social contextual issues and social-linguistic issues expressed are beyond the language skills needed to understand the concepts, but we still can decode the meaning through our training.

Why is it important for students to be able to comprehend Chinese newspapers? Because of China is recent changes in its economic, political, and social agendas and its role in the WTO, increased communication with the rest of the world will only make reading a Chinese newspaper more important in understanding Chinese issues. Chinese is the second most widely spoken language after English. In tomorrow's workplace, it will be extremely important for those participating in China's market to be able to read news from a Chinese point-of-view.

Fundamental Way of Understanding a Chinese Newspaper

Unlike the other readers or Chinese newspaper collection books, my textbook will introduce the history of Chinese newspapers as well as its general content, characteristics and genres. I will interpret and analyze important aspects, such as how to read headlines, decode meaning, and compare studies in different area fields. In order to display different elements of Chinese newspapers, I have selected articles and samples with various styles from Mainland China, Hong Kong, Taiwan, and overseas Chinese communities. I have tried to choose the themes that are up-to-date, meaningful, inspiring, sophisticated and varied in tone. In Book One, I have concentrated on the topics of formatting and on the content of a Chinese newspaper, the typical Chinese media expressions, categories of Chinese journalism, with news articles, and have given my students access to the real Chinese news world.

In the six themes of the book, I have covered different political and economic fields and almost all the aspects of the modern Chinese life, including the Communist Party polices reformation, recent Chinese women's issues, the reformation of Chinese prisons, Chinese-foreign trade wars, health care and childcare, the social problems China faces today, Chinese educational and medical issues, and how does Chinese approach the international news, etc. I have searched data and materials from the newspapers internationally and put them into a new scope and frame, in order to represent the "real" Chinese newspaper expressions and compare the different styles in the different Chinese social-cultural environments. I believe that this is the first textbook of the field that has applied this kind of wide angle and covered so many stimulating and controversial topics.

Practical Design and Pedagogical Points

◇ **Warming up to the Topic:** In each text, we have warming up pre-reading activities to give students a general idea or context for the reading. Typically, students can approach the meaning of the article through headlines decoding, visual images, or key word scanning.

◇ **Genre and Style Analysis:** In order to help students become familiar with a Chinese journalist way of writing and understand the basic concept of the style, I designed this section. I usually introduce and analyze writing method of the article, and enlarge the scope of the article, linking related topics the students learn to their learned knowledge.

◇ **Intensive Reading:** In our book, we designed three kinds of readings. The purpose of the intensive reading is to train students to read with understanding and enjoyment by practicing the skills of headlines decoding and prediction; comprehension of the general ideas; catching the details and specific information, and inference.

◇ **Extensive Reading:** This section teaches students to learn how to grasp and interpret the general meaning and how to get used to tolerating reading, and learning how to read without knowing every single word. Through the skills of "reading for main ideas," "reading for details" and "reading between the lines," student will extend their vocabulary, learn grammatical knowledge and work with words and expressions selected to help them with comprehension.

◇ **Speedy Reading:** Speed reading is designed for practical reasons. We read newspapers in order to gain knowledge or to search for information, but we do not need to read carefully and thoroughly, line-by-line. We sometimes need to scan and skim a newspaper to get general information. We have selected some interesting articles and teaching materials, and created some specific exercise to fulfill this task.

◇ **Chinese Newspaper Expression Patterns and Grammatical Explanations:** Unlike other Chinese writing styles, Chinese newspaper writing has some specific expression patterns and formatted usage. Learning this kind of technology is very helpful for foreign students who want a magic tool and to be able to jump into a high level. We have a very concise and easy-to-understand interpretation in this section.

◇ **A Brief Dictionary and Idiomatic Expressions:** News is generally made up of truly new issues, so some definitions or terminology in newspaper cannot be found in any tool books or reference books. That may disappoint students who read Chinese newspapers. For them, I have provided a brief dictionary and a section or idiomatic expressions. I have also disclose the way Chinese native speakers might deal with the situation in order to give them a "key" to solve this kind of problem in the future.

◇ **Discussion, Re-organizing Information and Rewriting:** In each section, I have designed a discussion section. In these exercises, students can explore, review, and practice the language from their readings. Using a thematic context, students can focus on language: pronunciation, word forms, prefixes and suffixes, word domains, idiomatic expressions, and analogies. Besides discussion, I have also designed writing exercises, such as reorganizing information to re-pattern the news writing and learn the skill of writing and re-writing news in Chinese. To learn how to read at the advanced level, readers ought to know how to write, because after all, reading and writing are the two sides of a same coin.

Hailong Wang, December, 2003
Columbia University, New York

第一章 中文报纸阅读导论

第一节 报纸阅读的目的性

为了了解阅读中文报纸的一些基本技术性问题，我们最好首先把自己放在读者的位置上，问一下自己：我们为什么要看报？

我们读报的一个主要目的是想了解新闻。想知道最近我们所生活的城市、国家或者世界上发生了些什么。

其次，我们想知道别人，特别是一些有影响力的人物或别的国家、政治或经济利益团体对所发生事件有些什么样的看法。我们也希望通过阅读社论等言论报道来了解社会舆论对一些重大新闻事件的反应和见解。

第三，我们想知道上面发生的这些事件、别人的看法等等和我们有什么关系，上述内容会在什么样的层次上影响到我们的生活；或者在将来影响到我们的生活；或者影响到别的与我们有关的人的生活从而间接地影响到我们的生活等。

第四，我们通过读报想得到一些娱乐消遣，看看副刊、文学作品、影视消息、新书介绍和其他消费类的新闻。

第五，我们读报或查阅报纸有时候是为了得到消息或资讯。报纸上除了新闻、消息、言论和副刊外，还有大量的广告。这些广告有时候能够给我们提供很多的信息和便利。

第二节 报纸与天下事

既然报纸的阅读和了解信息的目的直接相关，那么我们应该知道，报纸的中心内容是新闻。没有这个前提，我们大可不必读报。报纸的生命力在于对目前发生的新闻事件反应迅速。报纸新闻的最大特点是时间性，就是一个字"快"。报纸上的新闻每天变换，每天更新；有的报纸还有日刊和晚报，日刊报纸在午夜截稿，晚报报道则是为了抢时间报道在日报截稿后当天发生的其他新闻和消息。在有特殊情况和重大事件发生时（如纽约发生9·11恐怖事件等），有的报纸不止出日刊、晚报，有时还会出"号外"来抢时间，以最快速度报道眼下发生的新闻。

报纸不同于书籍、杂志，时间性是它的生命。一般情况下，我们不会介意一本书是哪年出版的,只要它的内容有意义。直到今天我们仍然阅读古代的作品。对于杂志类虽然我们介意其时间性,但它们的新闻意义不是那么重要而影响阅读效果,所以有时候我们仍然会阅读一些过期的杂志,特别是文学艺术类的杂志。但是,除非有特殊需要,我们很少会阅读一份过期的报纸。今天的新闻到明天就是旧闻,旧闻对我们的生活往往就失去了意义,当然也就不会有人去关心了。报纸的生命力就体现在它的时间性上。

前面说过,新闻可以分成很多类别,同时有地域、性质的不同。此外,还有专科的不同,如有政治、文教、财经、体育、科技、社会、医药、影视娱乐、交通等不同,报纸的读者是千千万万的大众,虽然大众的需求不同,为了扩大报纸的影响和发行量,报纸的编辑和出版者应该考虑到尽量满足他们的需要。

除了新闻以外,报纸要想办成功,受到读者的喜爱,必须办出自己的特色。怎样才能办出自己的特色呢?这要由报纸的发行地、读者关心的问题、社会焦点、办报人的政治立场、经济能力、文化趣味以及读者的反应等诸多因素而定。现代化的竞争机制引入了媒体和新闻报纸领域,一份报纸要想办得成功,就需要办出自己的特色来。但是,报纸之成为报纸,它本身自有它本质性的东西,这些东西万变不离其宗。可是报纸本质性的要求并不意味着天下报纸就有一张面孔。即使是在一个城市发行的同样规模性质的报纸,要想生存、赢得读者认同,也要办得有同有异。那么,它们应该同在什么地方,又异在什么地方呢?

下面,我们将以部分报纸为例来分析一下不同报纸的办报策略以及它们如何满足自己读者的具体需要的。

第三节 中文报纸的同与异

按照报纸读者的生活习惯,一般情况下,不管市面上每天卖多少份不同的报纸,人们一般也不会同时买几份报对照着阅读。大部分读者都有一份自己中意的报纸,每天买、每天读,而且养成读这份报纸的习惯。为什么喜欢这份报纸呢,除了特殊的趣味和需要外,读者对报纸的一般要求是内容充实、全面。他们要求一份报纸在手,全知天下事。内容全面应该是对一份报纸最起码的要求。

报纸的主体内容是新闻,读者除了要求它的内容丰富以外,同是新闻报道,这些报道还有质量和其他方面的不同。比如说,报道同样的新闻有快与慢、详与略、偏与全、主观与客观、公正与偏颇之分。

有的报纸虽然也报道新闻,但它的速度不够快,或者报刊的经济实力不足,不能派记者深入第一线采访而只能转载别的新闻媒体的第二手资料,这样它的消息传播速度就会受影响,在它的报道中,新闻变成了旧闻,其权威性会受到质疑,也就会失去读者。有的报纸虽然报道新闻速度快,但太简略,也容易使人感到美中不足,不得其详;或者有的报纸新闻不管大小一律浓墨重彩地报道,使人觉得啰唆、不得要领。有的报纸报道新闻篇幅虽然得当,但有过于强烈的政治倾向性或者观念性的偏爱,往往会有选择地报道新闻,夸大或隐瞒事实,报功讳过、报喜藏忧,把报纸变成了单纯宣传自己政治、宗教主张或意识形态的传声筒,甚至利用新闻、篡改消息来达到自己或自己政治、利益集团的目的。这样的报纸最终将失去读者。

前面谈的是一份成功报纸必须具备的"同"的部分。那么"异"的部分应该是什么呢?异就是报纸的特色追求。报纸虽多,但它们的针对性不同,报纸要想生存、发展,就要有自己的市场、自己的读者,就要根据特定的读者群的需要对自己的报纸栏目、内容做出调整,用来强化、迎合、保持和固定读者的兴趣。把读者的需要变成报纸的特色,这是一些成功的报纸的办报经验。它包括了解读者阅读心理、需要,根据读者意见增加、调整版式,发挥舆论作用,指导读者、开拓信息,方便读者,等等。一份好的报纸要有自己的特色和鲜明的风格。除了新闻外,报纸还有很多吸引读者的栏目和版面可以赢得读者的喜爱,如言论、副刊、广告等。

生 词 (1.1)
Vocabulary

1.	社论 社論	shèlùn	(名)	代表报纸编辑部对一些重大问题发表的评论 a leading article; editorial
2.	舆论 輿論	yúlùn	(名)	公众的意见或言论 public opinion; the public voice
3.	上述 上述	shàngshù	(名)	上面说过的 mentioned above
4.	间接 間接	jiànjiē	(形)	非不直接的 indirect
5.	消遣 消遣	xiāoqiǎn	(名)	娱乐性的 pastime; recreation
6.	影视 影視	yǐngshì	(名)	电影和电视 movies and TV
7.	消费 消費	xiāofèi	(名/动)	花钱、买东西 consumption consume;
8.	资讯 資訊	zīxùn	(名)	消息和情报 information; news
9.	更新 更新	gēngxīn	(动)	除去旧的,换成新的 renovate; renewal; update
10.	截稿 截稿	jiégǎo	(动)	不再接受新的稿件 finishing editing

11.	介意 介意	jièyì	(动)	把不愉快的事情放在心上 mind; reck
12.	过期 過期	guòqī	(形)	超过了规定的时间 over due
13.	地域 地域	dìyù	(名)	地方和区域 area; zone
14.	专科 專科	zhuānkē	(名/形)	专门的内容或话题 subject
15.	财经 財經	cáijīng	(名)	财政与经济 finance and economics
16.	大众 大衆	dàzhòng	(名)	老百姓 the masses; the people
17.	焦点 焦點	jiāodiǎn	(名)	指导事业、工作、学习等的根本的方向和目标 focus
18.	诸多 諸多	zhūduō	(形)	很多 a good many
19.	机制 機制	jīzhì	(名)	制度和系统 system; mechanism
20.	意味 意味	yìwèi	(动)	表示、标志着 imply; carry; mean
21.	面孔 面孔	miànkǒng	(名)	脸,样子 face
22.	市面 市面	shìmiàn	(名)	市场上 market
23.	中意 中意	zhòngyì	(形)	喜欢的、看中的 catch the fancy of; satisfied with
24.	偏颇 偏頗	piānpō	(动)	偏于一方面,不公平 partial; biased; unfair
25.	第一线 第一線	dìyīxiàn	(名/形)	最前面、直接担任生产和工作的 front line
26.	权威性 權威性	quánwēixìng	(形)	令人相信的 authority
27.	质疑 質疑	zhìyí	(动)	怀疑、不同意 oppugn
28.	简略 簡略	jiǎnlüè	(形)	简单的、省略的 curtail; short
29.	详 詳	xiáng	(形)	全面的 detailed; know clearly

30.	诿过	wěiguò	（动）	掩盖错误
	諉過			cover the mistake
31.	传声筒	chuánshēngtǒng	（名）	传递消息的工具
	傳聲筒			the vehicle to pass message; microphone
32.	强化	qiánghuà	（动）	使变强硬
	強化			strengthen; intensify; aggrandizement
33.	开拓	kāituò	（动）	发展、开放
	開拓			exploit; deploitation; carve out

练 习 题

一 选择题

1. 一般地说，读者读报的最重要的一个目的是想通过读报来＿＿＿＿＿＿。
   a. 娱乐消遣　　　　b. 了解新闻　　　　c. 查阅广告
2. 报纸和书籍杂志的最大的不同是它的＿＿＿＿和＿＿＿＿。
   a. 便宜／内容多　　b. 消遣／广告　　　c. 快／时间性
3. 一份报纸要想办得成功，必须＿＿＿＿＿＿。
   a. 有自己的特色　　b. 价格便宜　　　　c. 学习外国
4. 除了特殊的趣味和需要外，一般读者对报纸的要求是＿＿＿＿＿＿。
   a. 内容轻松愉快　　b. 内容充实全面　　c. 内容有针对性

二 填充题

1. 我们读报的一个主要目的是想＿＿＿＿＿＿。想知道最近我们所生活的城市、国家或者世界上发生了些什么。
2. ＿＿＿＿＿＿报纸的阅读和了解信息的目的直接相关，＿＿＿＿＿＿我们应该知道，报纸的中心内容是新闻。
3. ＿＿＿＿＿＿有特殊需要，我们很少会阅读一份过期的报纸。今天的＿＿＿＿＿＿就是明天的旧闻，旧闻对我们的生活往往就失去了意义。
4. 把读者的＿＿＿＿＿＿变成报纸的＿＿＿＿＿＿，这是一些成功的报纸的办报经验。

三 思考题

1. 人们为什么要读报？除了本章陈述的内容以外，还有什么其他原因？请举例说明。
2. 报纸上新闻最大的特点是什么？为什么有时候报纸会出"号外"？
3. 请你谈谈报纸和书籍、杂志在性质上的根本不同。

4. 新闻可以有哪些分类？除了新闻以外，要想办好一份报纸需要在哪些方面努力？
5. 请用中文报纸的具体实例来谈谈中文报纸的同与异。

第四节　世界各地中文报纸版式栏目比较

撇开那些专业性的或针对特殊读者群而创办的报纸，仅以我们前面谈到的一些综合性报纸为例，如果我们比较一下它们的内容和栏目设计，分析一下它们强调新闻和其他内容的不同点，就能对它们的办报方针和基本特色有一个粗略的印象。

首先以中国的报纸为例。我们可以看出，中国第一大报《人民日报》虽然权威性强，但它篇幅却不大。由于其内容严肃、权威，而且有宣传政府政策的任务，《人民日报》不以长度取胜。它也不太刊登一般性的广告。同样情况，中国越是严肃、越是权威的大报，其风格和篇幅越是庄重、简练，它们不以服务性取胜，也不以篇幅取胜。比如，以青年报为例，《中国青年报》只有八版，内容简练、严肃、权威，虽然相对缺少趣味性，但由于它的庄重特色和理论权威意义，仍然受全国青年的欢迎，是这类报纸里销量最大的报纸。相比而言，《北京青年报》星期一至五近百版，周六、周日为24版，无论从篇幅到内容，从趣味性和可读性等方面都远远超过了前者，它以信息量大、内容新颖、有趣味、亲切、有朝气、服务性强等特色招徕读者。因为这类报纸里有了《中国青年报》这样的大报，《北京青年报》要想生存，找到自己的读者群，它必须走自己的路，创造自己的特色。

如果细心，我们会发现，不仅是中央报和地方报有不同的特色，报纸的地域性也会影响到它的风格。就以中国为例，北方的一些报纸比较严肃、对大事、理论、科技、言论等内容颇为关心；而南方的报纸除了上面特点以外，常常注重一些生活化、服务性的特色，编排也趋向活泼亲切的风格。

这种特色在香港、台湾地区的报纸上就更鲜明地体现出来了。香港报纸除了生活化的内容更充实加强了以外，还加强了财经商贸方面的报道。此外，它们专门开设了股市、房地产、金融版，甚至赛马、赌博等特殊消费的栏目，明显透露出注重金融、证券、经济、市场、理财、娱乐等方面的实惠读者的内容。它的另一大特色是大量的广告专版。以《星岛日报》为例，这份报纸仅专门的广告版面所占的篇幅就接近整个报纸的1/3，这还没包括一些跟广告相关或以其他形式刊登的广告内容。

台湾地区的报纸似乎综合了内地对政治、经济、科技的关心和香港报刊留心财贸、消费和娱乐服务性的特色。同样，政府主办的大报保持严肃、权威面孔，民间报纸信息全面、新闻意识强、注重服务性和舆论引导，同时还关心青少年读者，开设了各种跟影视、电子技术、娱乐、读书、校园生活、休闲、旅游、家庭相关的栏目,吸引读者。

海外中文报纸我们以美国两份大报为例。北美《世界日报》似乎是港台风格的综合,《侨报》则因袭了内地和香港办报的一些基本风格。另外,它们都充实和加强了报纸的广告部分。一般而言,海外中文报纸的篇幅都比较大。它们篇幅大的原因首先是内容多。海外中文报一般要报道中国内地、台湾和香港地区以及东南亚各国发生的新闻。因为其读者来源复杂,大都是世界各地的华侨或华人。他们从世界各地来到居住国,当然关心原来所在国家或地区发生的事情。要想赢得读者,海外的中文报纸会尽量满足他们的这种要求。

除了关心万里之外的故土,中文报纸读者当然也很关心发生在身边的事情。那么,如美国的中文报纸一定要花大量的篇幅报道美国新闻,包括全国新闻、附近几省(州)新闻和本市新闻、华人社区新闻等。这些新闻和读者的利益息息相关,报道这些新闻通常是海外中文报纸赖以生存的支柱。由于历史和文化的原因,很多海外华人不精通外语而更愿意用自己的母语阅读新闻。西方国家的新闻报道往往比较及时,其设备先进、经济实力雄厚,信息发达,这给海外中文报纸的运作带来了极大的便利。海外中文报纸报道新闻时往往不必直接去采访新闻,只要从专门的新闻发布渠道编译、转载或介绍即可。当然,一些重大新闻或和华人生活息息相关的内容,如果有条件,他们还是愿意亲自去采访第一手资料进行报道。

海外华人注重读中文报纸的第二个原因是中文报纸有很多当地报纸不能替代的内容。虽然西方国家信息发达、通信技术先进,但因为各种各样的原因,有很多中国人关心的事情当地主流媒体关心不够,这就给中文报纸的生存造就了空间。海外中文报纸除了可以直接采用和编辑中国内地、港台和其他中文媒体的消息外,还可以配合当地的新闻媒体报道华人关心的题目,甚至单独采访报道一些焦点话题,诸如采访政界、经济金融界、文化界名流、采访国务院、省市政府相关人员分析形势,报道涉及华人生活的一些事件,讨论种族问题,医疗保健、罢工、涨价、华人社区活动等专门问题。

由于海外中文报竞争性强,求全、增强服务性是其生存竞争的手段之一。海外中文报纸大量刊登广告也是它们利用华人同胞生存需要,造福侨胞,同时获取利润,以利养报的手段之一。

综上所述,怎样办好一份中文报纸呢?下面一些基本条件是不容忽略的:

1. 报纸要有知识性,要满足读者获得知识的需要和好奇心。
2. 编写报纸的人首先要把自己当成读者,了解和熟悉读者的想法。
3. 报纸是一种商品,它要时时想着为读者服务。
4. 报纸有引导舆论、宣扬政治思想和伦理、道德的作用。
5. 报纸有介绍时代潮流、指导消费的功能。

6. 报纸的言论和副刊版面在某种意义上代表着它的趣味和倾向。
7. 报纸要想生存壮大，必须重视和办好广告。

第五节　中文报纸和其他媒体的关系

　　有人曾经预言，报纸在21世纪将消亡，阅读报纸在未来将变成历史。但进入21世纪以来，报纸并没有像那些自以为是的可爱的预言家说的那样消亡，而是仍然拥有着世界上最大量的读者，有着无限旺盛的生命力。

　　为什么在当代世界有了这么发达的各种各样活色生香的媒体，报纸的魅力仍然不减呢？很多人以为这是一个谜。其实如果我们认真地分析一下这个问题，不费很大力气就能得出结论。

　　现代科技的发达给我们提供了立体的媒体。我们有电视新闻报道、有广播，现在又有了网络。这些新技术使我们随时都能以最快的速度了解这个世界上每时每刻最新发生的事情，但什么媒体方式都不能完全取代平面媒体。

　　电视报道新闻有很大的优势。除了速度快以外，它还有画面、有解说，给观者一种亲临感和参与感。可是看电视需要有一定的条件，很少有人能够一天24小时把电视机抱在手上，这就限制了它的传播性和接受率。广播当然无远弗届而且比电视容易接收，但广播的局限在于无法保存，它不能形成于视觉文字，无法查证、核对，作为传播最新信息的手段比较好，但作为保留信息的手段它有很多明显的不足。另外，虽然收音机非常普及，但天天听收音机了解新闻的人口仍然不如天天读报的人口多。

　　互联网报道新闻克服了电视与广播的局限，它有新闻、有画面、有文字甚至有声音，快速、准确、权威而且便于保留资料备查，是一种最理想的媒体手段。可是它需要一些必要的电脑设备和一定的技术，对一般民众是一个大的限制。

　　因此，快速、准确、方便、覆盖面广、廉价的报纸，在今后相当长的时间内，将仍然是老百姓获得新闻和他们喜闻乐见的媒体形式，这也就是为什么我们要花大精力来学读中文报、了解中国社会的一个最主要的原因。

生　词 (1, 2)
Vocabulary

1. 撇开	piēkāi	（动）	放到一边
			put aside; turn aside
撇开			
2. 粗略	cūlüè	（形）	简要的，不详细的
			roughly; generally
粗略			

3.	取胜 取勝	qǔshèng	（动）	赢得胜利 get victory; to win
4.	庄重 莊重	zhuāngzhòng	（形）	严肃的、庄严的 sobriety; Solomon
5.	简练 簡練	jiǎnliàn	（形）	简单而清楚 concise
6.	新颖 新穎	xīnyǐng	（形）	新鲜 novelty
7.	朝气 朝氣	zhāoqì	（名）	有生气、有力量 viridity; youthful spirit
8.	招徕 招徠	zhāolái	（动）	吸引人 drum for; fetch in
9.	颇为 頗爲	pōwéi	（形）	非常 very; quite
10.	房地产 房地產	fángdìchǎn	（名）	买卖房子和土地 real estate; realty
11.	赛马 賽馬	sài mǎ		跑马比赛,往往和赌博有关 horse race; racehorse
12.	实惠 實惠	shíhuì	（名/形）	实际上的好处 boon; benefit
13.	篇幅 篇幅	piānfú	（名）	文章的长度 length of article
14.	故土 故土	gùtǔ	（名）	家乡,老家 native land
15.	赖以 賴以	làiyǐ	（动）	依赖……用来…… rely; depend on
16.	运作 運作	yùnzuò	（名/动）	运行和工作 operate; work
17.	渠道 渠道	qúdào	（名）	流水的路;得到消息的方法 channel; ditch; trench
18.	主流 主流	zhǔliú	（名）	主要的方面 mainstream; artery
19.	自以为是 自以爲是	zìyǐwéishì	（成）	觉得自己总是对的 consider oneself always right
20.	预言家 預言家	yùyánjiā	（名）	能够告诉未来事情的人 prophet
21.	旺盛 旺盛	wàngshèng	（形）	兴旺、发达 bloom; flower internet

22.	无远弗届 无遠弗屆	wúyuǎnfújiè	（成）	没有达不到的地方 there is nowhere cannot be reached
23.	查证 查證	cházhèng	（动）	调查证明 heck; investigate and verify
24.	设备 設備	shèbèi	（名）	机器或建筑材料 equipment; facility
25.	覆盖面 覆蓋面	fùgàimiàn	（名）	能够覆盖的范围 coverage

练习题

一 选择题

1. 中国第一大报《人民日报》篇幅不大，因为它_____。
   a. 基本特色粗略　　　b. 内容严肃、权威　　　c. 以服务性取胜
2. 《中国青年报》和《北京青年报》相比，它的内容更_____。
   a. 庄重、权威　　　b. 信息量大　　　c. 具可读性
3. 中国南方的报纸一般比北方的报纸更注重_____方面的题材。
   a. 生活化、服务性　　b. 严肃、权威　　c. 庄重、简练
4. 港台地区的报纸和内地的报纸相比，最大的特色是它们对_____更加关注。
   a. 政治问题　　　b. 经济、科技　　　c. 工商、广告

二 填充题

1. 一般而言，海外中文报纸的_____都比较大。它们_____的原因首先在于其_____多。
2. 西方国家的新闻报道往往比较_____，其设备先进、经济实力雄厚，发达，这给海外中文报纸的运作带来了极大的_____。
3. 虽然西方国家资讯_____、通信技术_____，但因为各种各样的原因，有很多中国人关心的事情美国主流媒体关心不够，这就给中文报纸的生存造就了_____。
4. 由于海外中文报_____强，求全、_____服务性是其生存竞争的手段之一。海外中文报纸大量_____也是它们利用华人同胞生存需要，造福侨胞，同时获取利润，以利养报的手段之一。
5. 为什么在当代世界有了这么发达的各种各样活色生香的_____，报纸的_____仍然不减呢？很多人以为这是一个谜。

三　思考题

1. 中国的中央大报和地方性报纸有什么不同？为什么会出现这些不同？
2. 中国的报纸为什么会出现地域性特色？你怎样看待这些地域性特色？
3. 港台地区的报纸和内地的报纸有哪些根本的不同？
4. 海外的中文报纸和内地、港台的中文报纸有哪些根本的不同？
5. 为什么在媒体十分发达的西方国家海外华人报纸还能够生存并有很好的市场？
6. 为什么在各种媒体都十分发达的今天，人们仍然最喜欢读报纸？
7. 请比较一下报纸新闻和电视、广播和互联网上新闻传播方式的不同。
8. 你认为将来报纸会消亡吗？为什么？

北京的报刊销售亭

第二章　中文报纸的分类和版面安排的一般标准

第一节　中文报纸的分类

由于报纸在中国社会中有着特殊的意义，报纸本身在中国文化以及中国政治生活中就扮演着十分重要的角色。它既是传播新闻的渠道，又是控制舆论导向的工具，同时又积极地配合政府贯彻国家法律、政策和法规。正因如此，中国政府和共产党的各级组织十分重视报纸的作用。政府对报纸进行宏观的管理，不允许私人和私营企业办报。而且，中国的报纸有级别和类别之分，报纸的声音反映着党和政府的声音。

报纸在中国由政府统一领导和管理，它们隶属于中国共产党和国家的各级组织，因而报纸也就产生了级别。由中央级领导、面向全国发行的大报叫作国家级报纸，如《人民日报》、《光明日报》等。由中央某些机关或部委创办面向全国的发行的报纸相当于国家级和部级，如《工人日报》、《中国青年报》、《中国妇女报》、《中国文化报》等。中共各省委机关创办的面向全省发行的报纸是省级报纸，如《新华日报》、《大众日报》、《河北日报》等。中共各市委机关创办的面向全市发行的报纸叫作市级报纸，如《广州日报》、《南京日报》等等。此外，还有县级报纸，大的行业、公司、企业、学校在获得政府允许的情况下自办的报纸等等。

总的来讲，中文报纸除了有级别之分外，还有类别之分。它们一般可以分为下面的几大主要类别：

一、**各级大报及知识综合类报纸**。这类报纸一般是综合性的全面报道新闻，登载时事评论、进行政治宣传，同时刊登各类政治、经济、文化方面的文章，设有副刊及广告栏目等等。它包括共产党的各级机关报如《人民日报》、《天津日报》、《浙江日报》、《解放日报》等等。此外，这类综合性报纸还包括全国政协办的《人民政协报》和中国各民主党派的《团结报》等。综合性报纸还包括其他机关团体综合报，如《参考消息》、《南方周末》、《环球时报》等等。

二、**针对特殊读者群而创办的报纸**。这类报纸面向一些特殊的读者对象，除了一般综合信息以外，它们往往要考虑自己专门读者的需要，增加相应的篇幅来更好地、有针对性地为自己的读者群服务。它包括：

1. 工人报。如《工人日报》、《劳动报》、《江苏工人报》、《中国劳动保障报》等等。

2. 农民报。如《农民日报》、《陕西农民报》、《山西农民报》等等。
3. 军队报。如《解放军报》、《火箭兵报》、《战士报》等。
4. 妇女报。如《中国妇女报》、《山西妇女报》、《都市女报》等。
5. 侨报。如《华声报》、《上海侨报》、《福建侨乡报》等。
6. 少年儿童报。如《中国少年报》、《中国儿童报》、《少年电脑报》等。
7. 青年报。如《中国青年报》、《北京青年报》、《安徽青年报》等。
8. 老年报。如《中国老年报》、《老年文摘报》、《上海老年报》等。

三、**专业报**。专业报是指报纸注重一些专门的领域，它有较强的专业性，以便读者订阅、查找和咨询。专业报对新闻的处理和综合性报纸有不同。除了一些重大的新闻事件和国家政令外，它们往往根据自己学科领域的内容来决定新闻和信息的重要性以及对它们的取舍。中国主要的专业报包括：

1. 经济报。它着重报道和发表经济类的消息和与金融、市场、证券相关的新闻内容。如《经济日报》、《经济参考报》、《金融时报》、《中国证券报》、《上海证券报》等。
2. 科技报。它关心并注重报道科学技术以及它们在现实生活中的应用等方面的内容，目的在于普及科技知识。如《科技日报》、《上海科技报》、《科学日报》等。
3. 政法报。政法报是报道社会和法律新闻，宣传法律方面的相关政策的报纸。如《中国法制报》、《检察日报》、《人民公安报》等。
4. 文化报。文化报是主要报道跟文化艺术相关的内容的报纸。如《文艺报》、《中国艺术报》、《音乐生活报》等。
5. 教育报。重点报道关于教育方面的新闻、政策法规以及相关的内容。如《中国教育报》、《作文报》、《少年日报》等。
6. 体育报。重点报道国内外体育运动、赛事、体育明星以及相关方面的新闻及内容等。如《中国体育报》、《足球》、《体坛周报》等。
7. 其他行业报。是一些大型的国有企业内部根据自己的业务需要，面向自己特殊的读者发行的报纸。它提供一些相关的企业信息内容，为广大企业工人服务。如《黑龙江电力报》、《四川石油报》、《上海汽车报》等。

四、**服务类报纸**。服务类的报纸主要是为了方便广大读者的健康、生活、旅游、信息获取的需要而创办的。它的目的是为读者提供方便、快捷、有用的信息，满足他们获取相关知识的需要。它包括：

1. 卫生健康报。如《健康报》、《健康时报》、《大众卫生报》等。
2. 社会生活服务报。如《精品购物指南》、《中国旅游报》、《家庭报》、《周末》等。
3. 广播电视报。如《中国电视报》、《北京广播电视报》、《江苏广播电视报》等。
4. 文摘报。如《报刊文摘》、《作家文摘》、《文摘报》等。

五、**早报和晚报**。早报和晚报是配合一般的日报传播新闻和消息的，它利用

其在时间早晚上的灵活性来有效地补充日报的某些局限,更好地传递信息和发布消息。它包括:

1. 早报。如《重庆晨报》、《北京晨报》、《东方早报》等。
2. 晚报。如《北京晚报》、《羊城晚报》、《今晚报》、《扬子晚报》、《新民晚报》等。

生 词 (2.1)
Vocabulary

1.	隶属 隸屬	lìshǔ	(动)	服从、属于 subjection
2.	行业 行業	hángyè	(名)	职业、事业 vocation; industry
3.	民主党派 民主黨派	mínzhǔ dǎngpài		接受中国共产党的领导、参加人民民主统一战线的其他政党的统称 democratic parties
4.	针对性 針對性	zhēnduìxìng	(名)	对准 pertinence; pertinency
5.	咨询 諮詢	zīxún	(动/名)	征求意见 consultation; refer
6.	取舍 取捨	qǔshě	(名)	选择,要或不要 accept or reject; make one's choice
7.	航天 航天	hángtiān	(名)	在地球大气层外面飞行 spaceflight
8.	石油 石油	shíyóu	(名)	天然的液体燃料 petroleum; oil
9.	获求 獲求	huòqiú	(动)	得到 gain; obtain; win
10.	创办 創辦	chuàngbàn	(动)	开创、举办 originate; break ground
11.	快捷 快捷	kuàijié	(形)	快速 shortcut; speedy

练习题

一 选择题

1. 报纸在中国社会中有着特殊的意义,是因为它_____。
   a. 读者最多　　　　b. 操控管理　　　　c. 跟政治生活有关
2. 因为报纸是传播新闻的渠道,政府非常重视。所以在中国_____。
   a. 不允许私人办报　　b. 报纸是国家法律　　c. 报纸代表舆论监督
3. 专业报纸很注重专门的领域,所以它有较强的_____性。
   a. 综合　　　　　　b. 特殊　　　　　　c. 专业
4. 早报和晚报的特点是_____日报来传播新闻和消息。
   a. 配合　　　　　　b. 争取　　　　　　c. 针对

二 填充题

1. _____报纸在中国社会中有着_____的意义,报纸本身在中国文化以及中国政治生活中就_____着十分重要的角色。
2. 报纸在中国由政府_____管理,它们_____于党和国家的各级组织的领导,因而报纸也就产生了_____。
3. 专业报是指报纸注重一些专门的_____,它有较强的_____,以便读者订阅、查找和_____。
4. 服务类的报纸主要是为了_____广大读者的健康、生活、旅游、信息获求的需要而_____的。
5. 早报和晚报是_____一般的日报传播新闻和消息的,它_____其在时间早晚上的灵活性来有效地补充日报的某些_____,更好地传递信息和发布消息。

三 思考题

1. 报纸在中国社会和政治上扮演着什么样的角色和任务?
2. 为什么在中国报纸由政府统一管理?为什么中国的报纸分级别?
3. 综合类报纸的特点是什么?请举例说明。
4. 除了综合性报纸,为什么还有针对特殊读者群而创办的报纸?
5. 专业性报纸的特色是什么?请举例说明。
6. 服务类报纸的特色是什么?请举例说明。
7. 早报和晚报有什么特色?它们和普通的日报有什么不同?

第二节　新闻的重要性和版面的安排

中文报纸的版面是如何安排的呢？要确定这一点，我们首先要看看中文报纸版面的主要内容有哪些。

在前面我们讨论过，自近代以来，由于中文报纸发展的政治、经济和文化背景和别的国家不同，导致了中文报纸版面编排和其他国家、民族在报纸编排时的理念和传统上有着一些技术性的不同。近代以来中国报纸，除了报道消息以外，它还兼带着启蒙大众的作用。启蒙民众需要有言论，于是，评论、社论等形式就应运而生，而且一直在中文报纸中担当着重要的角色。此外，中国自古以来读书人讲究辞藻文章，这种风格也影响了现代中文报纸的发展成长；启蒙和唤起民众需要有好的文章，需要用文艺的形式，所以中文报纸一直都重视副刊的编排。在中国现代文化史上，很多著名的作家都是通过在副刊上发表文章而走上了创作道路的；几乎没有一位著名作家没在报纸上发表过自己的作品。

这样看来，新闻、言论、副刊和广告就成了中文报纸的基本组成部分。

中文报纸的编排首先按照内容和固定栏目的需要而定，而栏目的创设则是按照题目内容重要性的程度来决定的。

报纸的核心是新闻，首先我们来看看中文报纸是如何处理新闻的。

一、新闻的分类与重要性

中文报纸新闻的分类一般有按地域分类和按新闻的性质分类两种。

按地域分类的分为：

A. 国际新闻。凡是发生在自己国界以外的新闻都称为国际新闻，也称国外新闻。

B. 国内新闻。凡是在国内发生的新闻都叫作国内新闻。它包括在全国范围内发生的政治、财政、教育、经济、国防、外交等方面的新闻。如果再细分，除了全国性的新闻外，国家的各个省、市、自治区、行业部门还有专注于自己地区的地方性新闻。这些地域性新闻的重要性在不同级别的报纸如省级、市级、县级报纸中体现的重要性也不一样。不同性质的报纸刊登新闻的取舍时有它自己的侧重意义。

按照新闻性质分类的又可细分为：

1. 政治新闻
2. 文教新闻
3. 财经、证券新闻
4. 体育新闻
5. 科技新闻
6. 健康、医药新闻

7. 社会、法治新闻
8. 文化、娱乐新闻
9. 汽车、房地产、生活新闻

二、新闻重要性的认定

什么样的新闻是重要的新闻呢？单独地提出这个问题比较抽象，决定一则新闻的重要性的程度要看新闻的背景和社会情况而定。比如说，一般而言，国际国内的重大政治、经济和文化活动应该是所有报纸的重要新闻。但新闻的重要性有时候又是相对的。比如，体育新闻一般情况下不是那么重要。但在世界奥林匹克运动会期间它就是世界关注的头条新闻；医药健康新闻一般也不那么重要，但如果发生了重大的科学事件，如"克隆"人类、试验婴儿出生或成功地制造出了根治癌症或艾滋病的药物时，它就极有可能成为震惊世界的大新闻。此外，像财经方面的一些重大的偶发事件、某些重大的股票、金融事件都可能跃出行业新闻的领域而成为重大新闻。甚至连交通、科技、文艺方面的某些新闻事件都有可能出位造成重大的轰动效应而成为一时人们瞩目的中心。因此，新闻的重要性不是一成不变的，要看具体的时势和情形而定。

除了上面说的因素以外，新闻的重要性还要根据和新闻的利益关系而定。比如在台湾发生了地震，对当地政治、经济、文化生活各方面都影响极大，它是台湾各报当时报道的最重大的新闻，一定会在头版作为要闻报道，同时各报在其他相当多的版面上也会全面、充分地报道。这个事件对中国也有影响，内地和香港的报纸也会重点报道，但不一定会作为最重大的新闻处理。而这个相同的事件在欧洲、美国或者澳洲、非洲的报纸上作为新闻报道的重要程度就可能会更加打折扣，有的只能是在一般国际新闻中提到而已了。由此可见，新闻的重要与否是和切身利益是有一定关系的。

此外，新闻重要性的认定和政治态度、意识形态、经济利益以及社会制度等也有一定的关系。在这个方面，内地、香港和台湾对一些新闻事件的报道和处理各自有其取舍和标准。海外的中文报纸在决定新闻重要性的理念和上述地区也会有一定的不同。

三、新闻的重要性与地方特色

新闻重要性确定有时候还要根据报纸读者关心的程度来确定，这方面往往取决于其地方性的特色。比如说，一份全国性的大报当然要关注国内外有全局意义的重大新闻，但是如果是一个地区性的小报，它除了一些大事外，更"重大"新闻，有时候要看特定的读者群对它的关心程度而定。这种关心程度有时候会因地理位置上的南方和北方、读者的知识教育水平、不同的国家或地区读者的政治态度、他们的经济收入状况等而有所不同。

四、新闻的重要性与报纸的专业特色

新闻的重要性有时候还与报纸设定读者的兴趣、行业有关。比如一份金融经济方面的重大新闻或科技新闻在《农民日报》和《少年报》上就不一定是重大新闻,而在科技报和综合性大报上它的意义就很不一样。同样,一些体育消息在普通报纸上算不上重大新闻,可是在专门的体育类报纸上它的新闻意义就身价不凡。一则法律新闻在综合类报纸上可能会被放在社会或司法栏内提及,但在法制类报纸上很可能是头版的新闻;影剧文娱界的一些人和事在综合性大报或一般报纸上只是软性的新闻或无关紧要的消息,而在专业的影视报或娱乐类的报纸上当然是人人关注的题目。我们有时会有趣地发现,同一则新闻,在不同的报纸上会被用不同的方式处理。看看这些报纸如何对同一则新闻的不同处理态度,我们就可以看出它们对新闻取舍和定位的态度。

生 词 (2.2)
Vocabulary

1. 导致 / 導致　dǎozhì　(动)　引起、造成
   bring on; induce; lead

2. 启蒙 / 啓蒙　qǐméng　(动/名)　介绍新知识、新思想,使人摆脱愚昧
   enlighten; initiation

3. 应运而生 / 應運而生　yìngyùnérshēng　(成)　指人或事物在合适的时机出现和发生
   emerge as the times require

4. 辞藻 / 辭藻　cízǎo　(名)　文学运用优美的词汇
   flowery language; ornate diction; rhetoric

5. 国防 / 國防　guófáng　(名)　国家的军事防卫
   national defense

6. 侧重 / 側重　cèzhòng　(动)　有意强调、偏向
   emphasize particularly on

7. 抽象　chōuxiàng　(形)　寻出事物本质性的东西变成概念
   abstract

8. 相对 / 相對　xiāngduì　(副)　跟……比较
   comparatively; face to face; relatively

9. 克隆　kèlóng　(动/名)　用人工的方法使动物无性繁殖
   clone

10. 根治　gēnzhì　(动)　彻底治好
    effect a radical cure

11. 偶发 / 偶發　ǒufā　(形)　不经常发生的
    abiogenesia

12. 出位 出位	chūwèi	（动）	超出正常 out of the space; out of the situation; radical
13. 打折扣 打折扣	dǎ zhékòu		程度轻、不全面 abate; rebate; at a discount
14. 取决于 取決於	qǔjuéyú	（动）	根据……来决定 lie on; rest; rest with
15. 设定 設定	shèdìng	（动）	估计、预想 prospect; enactment
16. 身价不凡 身價不凡	shēnjià bùfán	（成）	地位重要，受到重视 have a distinguished social status
17. 软性 軟性	ruǎnxìng	（形）	娱乐性的，不太重要的 soft

练习题

一 选择题

1. 因为中国近代以来启蒙民众在中文报纸中担任了重要角色，所以中文报纸很重视_____。
   a. 广告的作用　　　b. 新闻的作用　　　c. 评论的作用
2. 中国报纸上的刊登的新闻一般都是按_____和_____分为两种。
   a. 新闻／言论　　　b. 副刊／广告　　　c. 地域／性质
3. 决定一则新闻是否重要，最根本的一点要看它的_____。
   a. 背景和社会情况　b. 读者的情况　　　c. 报纸的影响力
4. 新闻的重要性与地方特色的关系是指新闻要符合_____读者的趣味。
   a. 专业性　　　　　b. 地区性　　　　　c. 利益性

二 填充题

1. 近代以来中国报纸，除了_____以外，它还兼带着_____的作用。
2. 在中国现代_____上，很多著名的作家都是通过在_____发表文章而走上了创作道路的；几乎没有一位著名作家没在报纸上发表过自己的_____。
3. 中文报纸的编排首先按照内容和_____的需要而定，而_____的创设则是按照题目内容重要性的_____来决定的。
4. 什么样的新闻是重要的新闻呢？单独地提出这个问题比较_____，决定一则新闻的重要性的程度要看新闻的_____和社会情况而定。

5. 一份全国性的大报_____要关注国内外有全局意义的重大新闻,但是如果是一个地区性的小报它_____一些大事外,更关心当地和身边发生的事情。

三 思考题

1. 中文报纸为什么注重言论?中文报纸的评论和社论在报纸上起着什么样的作用?
2. 为什么中国现代作家都喜欢在报纸或副刊上发表文章?
3. 中文报纸的新闻分类有哪些标准?试举例说明。
4. 怎样认定一则新闻的重要性?为什么说新闻的重要性有时候是相对的?
5. 举例谈谈新闻重要性和新闻利益的关系。
6. 请举例谈谈新闻的重要性和地方特色之间的关系。
7. 请举例谈谈新闻的重要性与报纸的专业特色之间的关系。

第三节 报纸栏目和版面分析

中文报纸形式安排和设计一般是根据内容划分为一些比较醒目的版块。每个版块又涉及很多栏目。栏目就是把相近的一组内容集中地表现出来的图、文形式。总的来讲,中文报纸编排的方式大致有下列几种:

一、**连排式**。这种形式就是以报纸的自然开本页纸面为单位而规定和设计的版面形式。一般是每个版面一个栏目,然后以一、二、三、四……的形式延展下去。如第一版、第二版、第三版、第四版,余下类推。报纸有多少页,就有多少版。这样的排版方式适用于篇幅不太大,又很严肃简洁的综合性大报纸。它的特点是简明、清楚、读者容易查找,比如《人民日报》、《中国时报》等,这是排版是比较传统和常见的方式。

二、**分栏式**。分栏式是首先把报纸按照主题内容分成几个集中的版块。每个版块就是一个大的栏目,然后再根据具体内容细分项目排版。这样的排版方式等于把一份报纸变成了几份报纸,每个大的栏目用 A、B、C、D 等标出。这种形式的栏目相对自成一体,一个栏目内往往包含很多版,它还可以细分。比如 A 栏目是新闻,B 栏目是经济/科技,C 栏目是社会/教育,D 栏目是评论/话题,E 栏目是副刊/文艺/娱乐,F 栏目是广告等等。这样编排的好处是读者拿到报纸后,可以按照自己的需要首先寻找自己感兴趣的栏目。这样的编排清新、格调明快,是一种比较现代和西化的编排方式,它适用于篇幅较大的商业性报纸。比如《大公报》、《星岛日报》、《世界日报》、《精品购物指南》、《北京青年报》、《北京晚报》等。分栏式编排的特点是容量大,便利读者。同时,由于它栏目内容划分较细,使得报纸的编辑工作方便,分工明确,灵活自由。

三、**一报多刊式**。一报多刊式是指一份报纸的栏目多变,有规律地体现出不同的侧重点来。它的编排特点是,除了基本新闻外,报纸开辟一定的栏目作为周刊,每周固定地变换。比如一般出报四版,但根据报纸的需要在一些固定的日子(如星期二、三、四、五等)增加周刊,这样,一份报纸实际上承担了比普通报纸多的任务,也增加了宣传的效果。这种方式的特点是用一份报纸的形式来满足不同读者的需要,它更经济、灵活、自由。如《北京青年报》周一是人才,周二是数码,周三是汽车,周四是广厦,周五是生活。

生 词 (2.3)
Vocabulary

1.	类推	lèituī	（动）	同类的推理/推想
	類推			analogy
2.	简洁	jiǎnjié	（形）	简单清晰
	簡潔			concision; pithiness; succinctness
3.	清新	qīngxīn	（形）	清晰、新鲜
	清新			pure and fresh; refreshing of (style/fashion/etc.)
4.	局限性	júxiànxìng	（名）	受到限制的情况
	局限性			limitation

练习题

一、选择题

1. 中文报纸形式安排和设计一般是根据内容划分一些比较醒目的_____。
    a. 版块　　　　　　b. 新闻　　　　　　c. 文章
2. 中报纸栏目编排的连排式的形式就是以报纸的_____为单位设计的形式_____。
    a. 文章篇幅　　　　b. 新闻内容　　　　c. 自然开页
3. 分栏式编排的方法等于是_____。
    a. 方便读者　　　　b. 把一份报变成了几份报　　c. 清新、明快

二 填充题

1. 中文报纸形式安排和设计一般是根据内容划分为一些比较醒目的_____。每个版块又涉及很多_____。
2. 分栏式编排的特点是_____、_____。同时,由于它栏目内容划分较细,使得报纸的编辑工作_____,分工_____,灵活自由。
3. 一报多刊式是指一份报纸的_____,有规律地体现出不同的_____来。

三 思考题

1. 中文报纸的栏目和编排有哪些主要的方式?它们各自有些什么样的特点?
2. 请结合实例谈谈连排式的优点和不足之处。
3. 请结合实例谈谈分栏式的优点和不足之处。
4. 请结合实例谈谈一报多刊式的优点和不足之处。

北京街边的阅报栏,吸引许多读者

第三章 报纸上的通讯（一）

精读篇

风格和内容解析： INTRODUCTION OF THE WRITING STYLE

本文是一篇正面的具有宣传意义的新闻报道。从标题上我们就可以看出它强调的意义。它的立意是宣传，标题给这篇报道立下了内容的基调。

这篇文章是一篇按照时间顺序及事件发生过程而写的报道，首先介绍时间、地点、出席的人物及内容、会场气氛等等，有效地烘托了主题。接着正面报道了温家宝的讲演及其听众对讲演的反应，甚至谈到了温家宝的出身和家庭，使读者感到真实和可亲，增加了文章的感染力。接着又介绍了哈佛大学对这次讲演的重视和安排等，表现出命题的重要性。

值得留心的是这篇报道在后面部分谈到了一个意想不到的插曲以及对这场突如其来事件的处理和它所引起的效果等等的真实报道。这种报道真实、可信而且有说服力，起到了正面的效果。从而也使这类报道更增添了一些客观的色彩。这正是新闻报道的魅力所在。

温家宝哈佛介绍真实中国

【本报讯】 中国总理温家宝10日乘专机抵达波士顿后，随即驱车前往哈佛大学商学院伯顿厅会场，发表了题为《把目光投向中国》的演讲，这场演讲是温家宝4天旋风式访美活动的压轴戏。哈佛大学800名师生及各界听众千余人在伯顿厅兴致勃勃地聆听了这次演讲。哈佛大学校长萨默斯、哈佛大学人文学院院长科比、商学院院长克拉克、亚洲中心主任帕金斯教授、中国问题专家费正清、东亚研究中心主任伊维德等著名学者，以及中国外交部长李肇星、国家发展改革委员会主任马凯、国务院研究室主任魏礼群和中国驻美大使杨洁篪也出席了演讲。

温家宝的演讲谈古论今，充满激情和人文精神，时而脱开讲稿，妙语连连，场内不时爆发出热烈掌声。

在演讲中，温家宝提出在不同民族和不同文化之间以平等和包容的精神开展广泛的文明对话和深入的文化交流的主张。他从自己贫寒悲苦的家庭出身以及长期在基层艰苦工作的经历讲起，娓娓道来，向听众介绍中国的昨天和今天并展望明天，帮助听众"了解一个真实的、发展变化着的、充满希望的中国"。

温家宝总理在演说结束后，接受了几位听众关于中国民主制度的前景、北京奥运会、美国产品向中国出口等问题的提问。温家宝一一做出耐心详尽真切的回答。

他说，有人非常愿意到哈佛演讲，因为哈佛很有名气；但又害怕在哈佛演讲，因为可能面对一些很难回答的问题。他说，他可能回答不好大家的问题，但是他一定按照妈妈嘱咐的一句话：讲真话。

温家宝在哈佛大学的演讲过程，充满着美中友好的浓厚气氛。在演说正式开始之前，校方安排了4位研究中国问题的教授在会场上举行了小型现场讨论会。与会者广泛讨论了台湾问题、美中贸易、朝鲜核武器、中国国内私营企业、中产阶级的兴起、中国防治SARS和防治艾滋病等问题，对中国的改革和发展表现出浓厚兴趣，并多方面给予积极的评价。

在温家宝演讲开始不久，会场内突然站起一位支持西藏独立的女学生，她举起一面"藏独"旗帜，呼喊口号，打断了温家宝讲话。面对发生这个插曲，温家宝在讲台上面不改色，他十分平静地说："女士们先生们，我不会受到打扰，因为我深信，三亿美国人民对中国人民怀着友好的感情。"

这个插曲不过延续了约1~2分钟，这位女生随即被一位校方人员劝出会场。校方后来说，虽然哈佛倡导表达的自由，但是由于这位学生不当地干扰学校的活动，将被带到学校纪律委员会进行讯问处理。据知，此次参加温家宝演讲活动发出的门票，是在哈佛学生中以抽签方式决定的。

(《侨报》2003-12-11)

生 词 (3.1)
Vocabulary

1. 抵达	dǐdá	(动)	到达
抵達			arrival; arrive
2. 旋风式	xuànfēngshì	(形)	非常快的
旋風式			whirlwind like
3. 压轴戏	yāzhòuxì	(名)	最后出现的、令人注目的事件
壓軸戲			next to last item on program

4. 聆听	língtīng	（动）	认真仔细地听
聆聽			listen respectfully
5. 包容	bāoróng	（形）	宽容
包容			tolerent; lenient; contain; include
6. 贫寒	pínhán	（形）	贫穷
貧寒			poor; poverty-stricken
7. 娓娓	wěiwěi	（形）	细致耐心
娓娓			tirelessly
8. 与会者	yǔhuìzhě	（名）	参加会议的人
與會者			participant in a conference
9. 插曲	chāqǔ	（名）	插入故事中间的内容
插曲			episode; interlude; intermezzo
10. 随即	suíjí	（副）	马上、立刻
隨即			whereat; with that
11. 倡导	chàngdǎo	（动）	提倡、引导
倡導			spark plug; sparkplug
12. 不当	búdàng	（形）	不适合的、不恰当的
不當			improper; inappropriate; unsuitable
13. 讯问	xùnwèn	（动）	审问
訊問			inquest; interrogate
14. 抽签	chōu qiān		一种用记号来决定顺序或输赢的方法
抽籤			ballot for; draw cuts; draw straws

报刊惯用语汇及表述模式

1. 抵达

"抵"表示到，"达"是到达。"抵达"是一种书面用语。例如：

(1) 中华人民共和国总理温家宝10日乘专机抵达波士顿。
(2) 法国总统希拉克抵达北京时，虽然天上下着小雨，可是仍然有几千名少年儿童和首都民众在路旁欢迎他。

2. 随即

"随即"是"随后就"和"立刻"的意思，但它的表述比较正规，常常用作书面语言。例如：

(1) 中国总理温家宝10日乘专机抵达波士顿后,随即驱车前往哈佛大学演讲。
(2) 这个插曲不过延续了约1~2分钟,这位女生随即被一位校方人员劝出会场。
(3) 接见活动完毕后,中美两国领袖随即联合召开了记者招待会。

3. 聆听

"聆"即是听,书面语,表示集中注意力,仔细听。例如:

(1) 中国外交部长李肇星、国家发展改革委员会主任马凯、国务院研究室主任魏礼群和中国驻美大使杨洁篪聆听了演讲。
(2) 中国政府和英国政府的一些高级官员也在会议上聆听了演讲。

4. 时而

这种句型是表示"不一会儿就"、"经常地",表示不定时地重复发生。它一般用在一种比较正规的书面语中。有时会连用两个或两个以上表示不同的事情和现象在一定的时间内交替发生。例如:

(1) 温家宝的演讲谈古论今,充满激情和人文精神,时而脱开讲稿,妙语连连,场内不时爆发出热烈掌声。
(2) 在整个演讲过程中,这位科学家时而举例说明,时而用图表来解释,时而回答听众的问题,整个讲座非常生动活泼,受到了大家的欢迎。

5. 面对……

这个句型通常表示一种对突发情况的反映和态度。这种情况一般很难回避,但也不容易对付。"面对"后面的情况或内容一般都不是人们希望的。例如:

(1) 面对发生这个插曲,温家宝在讲台上面不改色,他十分平静地说,"女士们先生们,我不会受到打扰……"
(2) 突然一个暴徒冲出来,拿着枪指着他的头。面对这种情况,这位警察仍然没有放开手中的罪犯,……

6. 据知

这种句型用来报道已知的事实。这种表述的事实一般都在事情发生完毕后用补述的方式来表达。例如:

(1) 据知,此次参加温家宝演讲活动发出的门票,是在哈佛学生中以抽签方式决定的。
(2) 据知,现在世界上懂得这门语言的人已经不超过十个了。所以我们要抓紧对这门语言的研究,尽快把它的语法内容研究清楚。

小词典
跟本文有关的背景资料及术语介绍

1. 压轴戏

这个词源于戏曲演出。指戏曲演出中排在倒数第二的节目。压轴戏因其紧压大轴(最后一个剧目)而得名。它一般安排有名的演员出演,非常精彩(而最后一个节目有时却安排无足轻重的小戏,称为"送客戏")。后来压轴戏用来泛指安排在最后的文艺节目或最令人注目的、最后出现的事件。

2. 温家宝

中华人民共和国国务院总理,中国共产党中央政治局常委。1942年9月生,天津市人,中国地质大学地质构造专业毕业,研究生学历。1965年4月加入中国共产党,1967年9月参加工作,曾经担任工程师。

3. 李肇(zhào)星

中华人民共和国外交部部长。1940年10月生,山东省人,1964年毕业于北京大学。曾经担任中国驻外外交官、外交部新闻司司长,外交部发言人、中国常驻联合国代表、特命全权大使、中国驻美特命全权大使等职务。

4. 杨洁篪(chí)

中华人民共和国驻美利坚合众国大使。1950年5月生,上海市人,大学毕业。曾任中国主管北美洲、大洋洲和拉丁美洲地区事务的外交部副部长等职务。

练习题

一 根据词性搭配画线连词

发表	掌声	做出	兴趣
爆发	明天	受到	评价
开展	演讲	打断	打扰
接受	提问	表现	讲话
展望	对话	给予	回答

二 根据课文内容选词填空

1. 哈佛大学800名师生及各界听众千余人在伯顿厅兴致勃勃地_____了这次中演讲。

（听从　　倾听　　聆听）

2. 温家宝的演讲谈古论今，充满激情和人文精神，时而脱开讲稿，妙语连连，场内_____爆发出热烈掌声。

（从来　　有时　　不时）

3. 在演讲中，温家宝提出在不同民族和不同文化之间以平等和_____的精神开展广泛的文明对话和深入的文化交流的主张。

（包容　　竞争　　完善）

4. 温家宝在哈佛大学的演讲过程，充满着美中友好的浓厚_____。

（友谊　　气氛　　希望）

5. 校方后来说，虽然哈佛倡导表达的自由，但是由于这位学生不当地_____学校的活动，将被带到学校纪律委员会进行讯问处理。

（支持　　倡导　　干扰）

三 用指定的词语完成句子

1. 中国总理在结束了在美国的访问后，_____。（随即）

2. 这场音乐会据说是近十年来最好的一场，_____。（兴致勃勃）

3. 总统的演说受到了听众的热烈欢迎，_____。（时而……时而）

4. "9·11"事件的发生惊动了世界，_____。（随即）

四　判断画线部分，并予解释

1. 温家宝的演讲谈古论今，充满激情和人文精神，时而脱开讲稿，妙语连连，场内不时爆发出热烈掌声。
   指说话很巧妙，或是指＿＿＿＿＿＿＿＿＿＿

2. 他从自己贫寒悲苦的家庭出身以及长期在基层艰苦工作的经历讲起，娓娓道来，向听众介绍中国的昨天和今天并展望明天。
   指说话很快，或是指＿＿＿＿＿＿＿＿＿＿

3. 面对发生这个插曲，温家宝在讲台上面不改色，他十分平静地说，"女士们先生们，我不会受到打扰……"
   指不合理的音乐，或是指＿＿＿＿＿＿＿＿＿＿

4. 校方后来说，虽然哈佛倡导表达的自由，但是由于这位学生不当地干扰学校的活动，将被带到学校纪律委员会进行讯问处理。
   指不喜欢地，或是指＿＿＿＿＿＿＿＿＿＿

5. 据知，此次参加温家宝演讲活动发出的门票，是在哈佛学生中以抽签方式决定的。
   指很便宜地卖，或是指＿＿＿＿＿＿＿＿＿＿

五　按照正确顺序组合下列句子

1. A. 这场演讲是温家宝4天旋风式访美活动的压轴戏
   B. 中国总理温家宝10日乘专机抵达波士顿后
   C. 随即驱车前往哈佛大学商学院伯顿厅会场
   D. 发表了题为《把目光投向中国》的演讲
   　　1)　　　　2)　　　　3)

2. A. 温家宝的演讲谈古论今
   B. 场内不时爆发出热烈掌声
   C. 充满激情和人文精神
   D. 时而脱开讲稿，妙语连连
   　　1)　　　　2)　　　　3)

3. A. 会场内突然站起一位支持西藏独立的女学生
   B. 打断了温家宝讲话
   C. 在温家宝演讲开始不久
   D. 她举起一面藏独旗帜，呼喊口号
   　　1)　　　　2)　　　　3)　　　　4)

4. A. 温家宝——做出耐心详尽真切的回答
   B. 接受了几位听众关于中国民主制度的前景、北京奥运会、美国产品向中国出口等问题的提问
   C. 温家宝总理在演说结束后
      1)　　　　2)　　　　3)
5. A. 但是由于这位学生不当地干扰学校的活动
   B. 虽然哈佛倡导表达的自由
   C. 校方后来说
   D. 将被带到学校纪律委员会进行讯问处理
      1)　　　　2)　　　　3)　　　　4)

六　写作练习

1. 细读课文,进一步理解这种新闻报道文体写作的基本特点。
2. 作者是怎样报道这个新闻题材的？他用了哪些例子来突出主题？
3. 作者用了哪些手法来烘托温家宝这演讲场面的隆重和成功？
4. 在温家宝的演讲中,作者为什么提到了自己贫寒的家庭出身等？这些跟他的演讲主题有什么关系？
5. 请用三句话来写出这篇文章的中心思想。

七　课堂讨论题

1. 作者为什么称温家宝在哈佛大学的演讲是他访美活动的压轴戏？
2. 温家宝认为不同的民族和不同文化之间应该怎样交流,为什么？
3. 为什么有人非常愿意到哈佛演讲又非常害怕到哈佛演讲？
4. 哈佛为什么在温家宝演说开始之前举行了几场小型现场讨论会？
5. 哈佛是怎样处理突发的扰乱会场的情况的？你认为这样处理怎么样？

> **速读篇**
>
> **速读练习** 在速读练习中你不必查字典,也不必认识课文中的每一个字。如果除了提供的词汇你还有生词,你可以根据上下文来猜测生词的意思,试着读懂课文的内容。这种练习的目的是让你忽略细节,争取读懂文章的主要内容。

中国跨国企业　呼之欲出

【本报北京讯】 中国的生产力和市场潜力有目共睹。但独缺国际知名的跨国企业,随着越来越多中国公司积极迈向国际化,中国第一家跨国企业已呼之欲出。

中国一些企业品牌在国内市场站稳脚步后,急于打入国际市场,企图成为名声响亮的跨国企业。但中国公司想在国际上自创品牌的市场接受度不高,因此借由买下知名国际品牌或成立合资企业,进攻国际市场,已不错成绩。例如,中国最大通信设备公司华为技术公司与美国3Com结盟,已对美国思科公司造成威胁;中国消费电子大厂TCL与法国汤姆生成立合资企业,目标是成为中国的新力或三星。

彭博商业资讯报道,华为3月与3Com结盟,在美国市场抢思科的生意。例如,费城一所高中想买新的电话系统,思科是他们的首选,但他们的预算只有不到20万美元,思科的报价远高于这个数字,只好退而求其次选择华为,结果满意极了。

中国公司想打入欧美市场,无论在品牌形象、促销手法、通路和服务上都受限,与外国公司合作是最便捷的方法。

华为由军人出身的任正非于1988年在深圳创立,最早公司只有7个人,生产旧式电话交换机零件。如今雇用2万2000名员工,产品从电话交换机扩大到光纤网路设备、行动电话科系和资料传递系统,销到40国,在中国的交换机市场占有率从2001年的7%上升到11%,思科在中国市场的占有率从64%下滑到61%。华为今年外销金额可望达到10亿美元,较去年成长80%。

TCL是另一家想成为跨国企业的中国公司,11月3日宣布与法国汤姆生成立合资企业。美国商业周刊报道,TCL想借重汤姆生在欧美的销售网路,销售TCL电视机和DVD影碟机。

TCL去年营业额38亿美元,获利1.8亿美元,其中七成内销。TCL几年才生产手机,如今在中国手机市场销售排名第二。

TCL董事长李东生说,中国企业必须利用中国低价制造基础和广大市场跃升为国际企业。他说:"中国企业将成为未来全球消费电子产品的最大供应商,我们必须抓住机会。"

(《世界日报》2003-11-16)

生词 (3.2)
Vocabulary

1.	跨国 跨國	kuà guó		国际的 transnational; multinational
2.	呼之欲出 呼之欲出	hūzhīyùchū	(习)	非常形象的、像看得见的 be vividly portrayed
3.	品牌 品牌	pǐnpái	(名)	产品的牌子 brand
4.	首选 首選	shǒuxuǎn	(名)	第一选择 first choice
5.	预算 預算	yùsuàn	(名/动)	计划的花销 budget
6.	促销 促銷	cùxiāo	(名)	帮助销售的方法 sales promotion
7.	光纤 光纖	guāngxiān	(名)	用光来完成通信的技术 optical fiber
8.	跃升 躍升	yuèshēng	(动)	飞快地发展、跃进 jump to

练习题

一 请根据课文判断正误

1. 中国的生产能力和市场都很好,但国际著名的公司不多。（　　）
2. 要想打入国际市场,必须有名牌产品。（　　）
3. 中国的公司想自己创造世界著名品牌的想法受到了国际的欢迎。（　　）
4. 因为中国产品价格低,质量也很好,可以在国际上抢到生意。（　　）
5. 中国公司应该独立创造自己的品牌形象,这是成功最便捷的方法。（　　）
6. 中国的市场大、制造成本低是它能成功建立跨国公司的基础。（　　）

二 请根据课文回答下列问题

1. 为什么中国缺少国际知名的跨国企业,怎样才能创造出这样的企业?
2. 中国的企业打入国际市场有哪些优势?应该怎样利用这些优势?
3. 中国公司打入欧美市场有什么最快的办法?为什么?
4. 在与外国公司合作变成国际知名的跨国企业过程中,中国企业能够得到什么好处,外国企业又能得到什么好处?

精读篇

> **风格和内容解析： INTRODUCTION OF THE WRITING STYLE**
>
> 　　这是一篇介绍教育和留学方面的新闻。教育在中国永远是个让人感兴趣的话题。这儿谈的不仅仅是教育，而且是儿童教育。更进一步，它还不止是儿童教育，是儿童去国外求学的题目。作者早就预料到这是一个热点的话题，因而，本文的题目起得醒目生动，一下子就能抓住读者。这样的好题目就预示了成功的一半。
>
> 　　这样的报道题目决定了它的文体是有报道、有议论，有资料而且有观点。在文章开头，作者先就整体背景导入，接着引入主题，有概括、有数字、有统计，为下面的重点采访做了铺垫，导入得自然而贴切。
>
> 　　在正文部分，作者用重点突出的编排方式先列出论点和重要的话，让读者对不同的见解一目了然。这种方式新颖而简洁。
>
> 　　这篇文章虽然看似客观公正，但作者还是有着明显的倾向性的。我们只要看看他对两种不同的见解所给予的报道顺序和篇幅就不难看出这一点。可见，一篇报道，即使作者的倾向性不直接说出来，它也藏不住。媒体事实上是在巧妙地利用舆论，潜移默化地影响着读者。

出国还是留在国内，许多父母正为孩子在哪里接受基础教育而烦恼，一些"过来人"的"成功经历"把家长们搅得意乱心迷。在做出决定前，学生和家长必须想清楚——

少小离家为哪般？

　　多少年来，"中国初等教育 + 美国高等教育 = 最佳结合"，一直被广大家长和学生奉为经典。但这一等式正受到越来越多的质疑和冲击，尽管国家有关部门明确表示不赞成义务教育阶段的学生出国留学，但仍有不少学生初中一毕业就踏上异乡求学之路。"低龄留学"已经逐渐成为一种社会文化现象，尤其在一些沿海大城市的校园，甚至掀起了一股留洋热。

　　据统计，目前我国出国留学人数总计已超过30万，近几年来，留学生的年龄更有低龄化的趋势。20世纪80年代，留洋者大多是去读硕士、博士学位的；90年代初，中学毕业生开始到国外去读本科；从90年代中期开始，渐渐出现了中学生甚至小学生留洋的现象，甚至一些只有几岁的小孩子也被送到国外去读幼儿园。

　　为什么有那么多家长虽然他们对国外教育知之甚少甚至从未跨出国门一步却舍得把"独苗苗"托付给自己并不了解的外国学校？本报刊载了两位家长的不同意见，希望能给读者一些启示。

出国的理由

- 那时出生的孩子注定一生下来就融入了激烈的竞争中
- 女儿的日历上早已没有了星期天,整天埋在书海中,一切爱好都丢在了脑后
- 在她的意识中,读书似乎只是一种为考试得高分的手段,至于是否能够真正学到做人的道理和真才实学值得怀疑
- 送孩子出国,让她在一个宽松的环境中学习自己想学的东西,充分发挥自己的潜能
- 把孩子送到远离父母的异国他乡,还有一个特别的好处就是孩子能够独立处世

经常有人问我,女儿在国内的名牌中学就读,而且成绩还算优秀,为何还要送出国门读书?

女儿出生在改革开放的年代,我生女儿的时候,正赶上两代人同时生育,好多小孩是出生在医院的过道和加床上。那时出生的孩子注定一生下来就已融入了激烈的竞争中。

女儿在幼儿园学会了弹钢琴和简单的英语会话,小学毕业又面临升学考,刚刚挤进市重点中学的大门,又要参加各种类型的竞赛班,班里每个学生不管成绩好坏都有家庭教师,那时她的日历上已经没有了星期天,整天埋在书海中,一切爱好都丢在了脑后。初中毕业又一次面临着升学的高峰期,千军万马都走在一条独木桥——市重点中学。过五关斩六将,愿望总算实现。

从小学到初中、高中,女儿经历了无数次"战斗洗礼",面对残酷的竞争压力,为了能在数不清的测验、考试中取得好成绩,她平时每天课后花在学习上的时间约在 5 小时之上,晚上睡觉一般都在 11 点半以后,每天的平均睡眠只有 6 个半小时,双休日还忙着知识整理,外语补习,可以说在她的童年、少年时期,除了寒暑假可以做些调整外,几乎没有双休日。

虽然她的书面成绩优秀,但我们隐隐约约感觉到,在她的意识中,读书只是一种为考试得高分的手段,人成了考分的奴隶,至于是否能真正学到做人的道理和真才实学值得怀疑。激烈的竞争带来繁重的学习负担,甚至于孩子的爱好以及个性的发展也全部被抹煞了。这些对于孩子个性的发展、能力的培养以及协作精神的培养,都是极为不利的。把孩子送出国,一个很重要的原因,就是让她在一个宽松的环境中,学习自己想学的东西,更好地发展个性,充分发挥自己的潜能。

此外,随着改革开放的深入和中国与世界各国交往的日益频繁,人必须尽早地融入到国际社会的环境中去,年龄越小,适应越快,更好地接受不同民族、不同语言和文化的熏陶,对孩子今后参与社会竞争有很大益处。

把孩子送到远离父母的异国他乡,还有一个特别的好处就是孩子能够独立处事。事实证明,在国外的一年,我们觉得女儿明显"长大"了,她自己选择了自己要读的课目,晚上学习第三外语,节假日通常在地方图书馆阅读大量课外书籍,每周还安排一次打工,暑假除了学习之外,还打了两份工,一份在商场收款,一份教中文。

女儿在国外度过的三个学期,她所在学校的校长及教务长给予了很高的评价,各门学科都是优秀;在选择大学的主攻方向时,她还自己选择了双学位(工商管理及电子工程)。

在教育孩子的过程中,在她人生道路上,父母应尽可能地帮助她、指导她、为她创造更加适合她发展的成长学习环境,使她更好地成长、成才。当然,对于学成之后,回国更好地发展这一点,我们和她都是深信不疑的。

不出国的理由
- 国内教育质量并不比国外差,有些方面甚至超过国外
- 青少年阶段正在养成人格,如果贸然将孩子送到国外,必然会对他的成长产生影响
- 送孩子出国要等到研究生阶段,让他自己判断,自己选择

时下越来越流行的留学低龄化相对,有些父母并不主张把自己的孩子送到国外去读书。曹杨中学董事长应树德就是其中之一。

对应树德来说,送孩子出国易如反掌。那他为什么不赶这个新潮呢?

关键是教育质量。一个人身心成长与知识的增长相伴相随,从幼年不成熟到老年成熟,从无知到知之更多,能否成才,成为什么样的人才,前提条件取决于能否受到良好教育。应树德认为国内教育质量并不比国外差,有些方面甚至超过国外,我们的劣势是在优质资源不足,特别是青少年阶段正在养成人格的时期,如果贸然将孩子送到国外去,必然会对他的成长产生影响。尽管未必是不好的影响,但是中西方道德、文化方面的差异势必导致冲突。出国要学习的只是国外最先进的技术和科学,不是不加选择地乱学一气。况且中华文化博大精深,源远流长,可以挖掘的东西就已经很多了,对于人文养成都有重要作用。孩子如果从小接受外国价值观,回到中国肯定不适应,这反而害了他。

应树德说,当然,也不是说永远不送孩子出国。要送也要等到研究生阶段,因为到了那个时候,他就有自己的判断,自己的选择了。

(上海《文汇报》2001-12-10)

生 词 (3.3)
Vocabulary

1.	奉为 奉爲	fèngwéi	(动)	尊敬并把……看成 respect as
2.	托付 託付	tuōfù	(动)	信任并委托 trust in; trust with; recommend
3.	注定 注定	zhùdìng	(副)	必然、一定 destine; foredoom; foreordain

4. 高峰期 高峰期	gāofēngqī	（名）	发展最高的阶段 fastigium	
5. 洗礼 洗禮	xǐlǐ	（名）	一种参加宗教的仪式，这儿指经历考验 baptism; blution	
6. 奴隶 奴隸	núlì	（名）	没有自由、受折磨的人 slave; bondslave	
7. 抹煞 抹煞	mǒshā	（动）	掩盖、不承认 blot out; obliterate; write off	
8. 熏陶 熏陶	xūntáo	（名）	慢慢地受（优良）影响 edification; edify	
9. 主攻 主攻	zhǔgōng	（名）	想达到的主要的目标 main attack; major task	
10. 低龄化 低龄化	dīlínghuà	（名）	向幼小年龄方向发展 younger age effect	
11. 易如反掌 易如反掌	yìrúfǎnzhǎng	（习）	非常容易，像翻转一下手掌一样 as easy as turning one's hand over	
12. 劣势 劣势	lièshì	（名）	不利的情况 inferior position	
13. 资源 资源	zīyuán	（名）	资料的来源 resource; res	
14. 贸然 贸然	màorán	（副）	随随便便地，没有好好计划地 hastily; rashly	
15. 博大精深 博大精深	bódà jīngshēn	（习）	又丰富又深刻 wide-ranging and profound	

报刊惯用语汇及表述模式

1. 正为……而……

这种句型强调一种目的。这种目的对现在的状况有直接的影响。例如：

(1) 出国还是留在国内，许多父母正为孩子在哪里接受基础教育而烦恼。
(2) 他正为最近取得的成绩而高兴的时候，忽然发生了这件事。
(3) 大家正为这样的天气而发愁的时候，天忽然放晴了。

2. 被……奉为……

这种句型表示一种被动状态。它往往用被动的方式介绍一种较为强调的情况。句型与"Subject + 把 Object + Verb 成/为……"相似，但更为强调。例如：

(1) 多少年来,"中国初等教育＋美国高等教育＝最佳结合"一直被广大家长和学生奉为经典。
(2) 这个作家很有名,过去一直被青年人奉为精神导师,没想到他的精神境界并不高尚。

3. 甚至……甚至……

这种句型表示一种超出正常的强调状态。它强调的内容一般都超出常理,而且让人觉得有些过分和比较难以接受。例如:

(1) 从90年代中期开始,渐渐出现了中学生甚至小学生留洋的现象,甚至一些只有几岁的小孩子也被送到国外去读幼儿园。
(2) 从那以后,他的精神状态越来越坏甚至常常发火;到了后来他甚至谁的话也听不进去了。最后经过医生检查,他原来得了焦虑症。

4. ……,至于……

这种句型表示一种转折和让步状态的引申。它往往前面谈的是一个话题,后面的内容跟前面相关,但处于一种让步和解释状态。例如:

(1) 在她的意识中,读书似乎只是一种为考试得高分的手段,至于是否能够真正学到做人的道理和真才实学值得怀疑。
(2) 我们现在天天在认真地教学,认真地管理,至于他们到底能学会多少东西,那要看他们的努力程度和理解能力了。

5. 面临 vs.面对 面临:面对、临近,正在遇到(困难、危险、某种形势等);面对:当面对着。

这种句型强调当前的状态。这种状态一般比较严峻或处于不理想、愿意回避的状态。而"面对"则可以表示对着实物、不理想状态,也可以表示对着一种好的事情如面对成绩、表扬等。

(1) 初中毕业又一次面临着升学的高峰期,千军万马都走在一条独木桥——市重点中学。过五关斩六将,愿望总算实现。
(2) 从小学到初中、高中,女儿经历了无数次"战斗洗礼",面对残酷的竞争压力,她常常吃不好饭,睡不着觉。
(3) 他这次又得到了第一名。面对着这个成绩,他终于开怀地笑了。

6. ……,甚至于……

这个句型表示一种强调和突出的意思。它用在复句的后句,用来加强表述前面的事实。有时候也写成"甚而"、"甚或"等。例如:

(1) 激烈的竞争带来繁重的学习负担,甚至于孩子的爱好以及个性的发展也全部被抹煞了。
(2) 这个村子虽然小,但很富裕,这儿家家都有电脑,甚至于老太太都会收发电子邮件。

7. 对……深信不疑

这种句型表示对一种事实或未来的情况的相信程度,是一种比较强烈的表达方式。例如:

(1) 当然,对于我的女儿学成之后,会回国更好地发展这一点,我们和她都是深信不疑的。
(2) 我虽然没有系统地研究过相对论,但是对于它的基本观点和它对当代科学的意义我仍然是深信不疑的。

8. 取决于

这种句型表示一种条件的引介。前面是结果,后面是条件。"取决于"后面的成分是决定性因素。没有了这个因素,前面的条件就不能成立。这种句型中,前面的条件句和后面的结果往往都是一种相关联的肯定与否定的选择。例如:

(1) 一个人能否成才,成为什么样的人才,前提条件取决于他/她能否受到良好教育。
(2) 他这次能否找到工作,取决于他在大学时是否学过有关的课程和他是否有过相关的工作经验。

小 词 典
跟本文有关的背景资料及术语介绍

1. 低龄留学

自从中国大陆改革开放以来,相当多的学生、学者到海外留学深造,形成了一股海外留学热。但在近十年间,出现了一种低龄留学的风气。"低龄"就是让小孩子出国留学,包括出国上小学、上中学,有的甚至出国上幼儿园。

2. 独苗苗

比喻一个家族或一个家庭中的惟一的后代。中国自1970年代以来提倡计划生育制度,一对夫妻只生一个孩子。这样每家的孩子就成了独生子女,形象地称为独苗苗。

3. 千军万马过独木桥

独木桥指用一根木头做成的桥。千军万马要通过这样的桥十分不容易。这个句子的意思是说明难度大和成功率低。在中国,由于人口众多和资源有限,考取好的学校仍然比较困难,所以本文用这种比喻。

4. 战斗洗礼

"洗礼"本来指一种基督教的入教仪式。后来用来比喻重大的锻炼和考验。在"文化大革命"中,经常用"战斗洗礼"来表示争斗的激烈。作者现在在此使用这个词有点讽刺意味。

练习题

一 根据词性搭配画线连词

奉为	质疑	实现	怀疑
明确	竞争	值得	愿望
融入	经典	融入	潜能
成为	表示	独立	环境
受到	现象	发挥	处世

二 根据课文内容选词填空

1. 多少年来,"中国初等教育 + 美国高等教育 = 最佳结合"一直被广大家长和学生奉为经典。但这一等式正受到越来越多的_____和冲击。

 (讨论　　批评　　质疑)

2. _____,目前我国出国留学人数总计已超过30万,近几年来,留学生的年龄更有低龄化的趋势。

 (据统计　　因为　　自从)

3. 从小学到初中、高中,女儿_____了无数次"战斗洗礼"。

 (完成　　经历　　通过)

4. 激烈的竞争带来繁重的学习负担,_____孩子的爱好以及个性的发展也全部被抹煞了。

 (甚至于　　因为　　至于)

5. 我们的劣势是在优质资源不足,特别是青少年阶段正在养成人格的时期,如果_____将孩子送到国外去,必然会对他的成长产生影响。

 (居然　　突然　　贸然)

三 用指定的词语完成句子

1. 尽管大家都知道汉语是一种比较难学的语言，_____。（仍然）

2. 他一直认为学好了电脑就一定能找到好工作，_____。（至于）

3. 随着中国人和世界各国的交往日益频繁，_____。（必须）

4. 学好一门外语非常重要。_____。（事实证明）

四 判断画线部分，并予解释

1. 多少年来，"中国初等教育＋美国高等教育＝最佳结合"一直被广大家长和学生<u>奉为经典</u>。
   指_____

2. 班中每个学生不管成绩好坏都有家庭教师，那时她的日历上已经没有了星期天，<u>整天埋在书海中</u>，一切爱好都丢在了脑后。
   指_____

3. 从小学到初中、高中，女儿经历了无数次"<u>战斗洗礼</u>"，面对残酷的竞争压力，为了能在数不清的测验、考试中取得好成绩，她平时每天课后花在学习上的时间约在5小时之上。
   指_____

4. 虽然她的书面成绩优秀，但我们隐隐约约感觉到，在她的意识中，读书只是一种为考试得高分的手段，<u>人成了考分的奴隶</u>，至于是否能真正学到做人的道理和真才实学值得怀疑。
   指_____

5. 年龄越小，适应越快，更好地接受<u>不同民族、不同语言和文化的熏陶</u>，对孩子今后参与社会竞争有很大益处。
   指_____

五 按照正确顺序组合下列句子

1. A. 尤其在一些沿海大城市的校园，甚至掀起了一股留洋热
   B. 尽管国家有关部门明确表示不赞成义务教育阶段的学生出国留学
   C. 但仍有不少学生初中一毕业就踏上异乡求学之路
   D. "低龄留学"已经逐渐成为一种社会文化现象

   1)_____ 2)_____ 3)_____

2. A. 在她的意识中，读书只是一种为考试得高分的手段
   B. 但我们隐隐约约感觉到
   C. 虽然她的书面成绩优秀
   　1)　　　　2)　　　　3)

3. A. 年龄越小
   B. 随着改革开放的深入和中国与世界各国交往的日益频繁
   C. 适应越快
   D. 人必须尽早地融入到国际社会的环境中去
   　1)　　　　2)　　　　3)　　　　4)

4. A. 曹杨中学董事长应树德就是其中之一
   B. 和时下越来越流行的留学低龄化相对
   C. 有些父母并不主张把自己的孩子送到国外去读书
   　1)　　　　2)　　　　3)

5. A. 为她创造更加适合她发展的成长学习环境
   B. 在教育孩子的过程中，在她人生道路上
   C. 父母应尽可能地帮助她、指导她
   D. 使她更好地成长、成才
   　1)　　　　2)　　　　3)

六　写作练习

1. 细读课文，进一步理解这种新闻报道文体写作的基本特点。
2. 作者是怎样采访和报道这个新闻题材的？他用了哪些例子来说明问题？
3. 作者在本文中介绍了关于低龄留学的两种观点，他是怎样展示这两种观点的？这篇文章报道时有没有倾向性？
4. 请用三句话来写出这篇文章的中心思想。

七　课堂讨论题

1. 你同意"中国初等教育＋美国高等教育＝最佳结合"的说法吗？你认为应该不应该提倡低龄留学？
2. 作者在这儿提供了出国和不出国的两种理由，你同意哪种理由？
3. 除了这两种理由外你认为还有其他原因可以支持低龄留学的说法吗？
4. 一种观点认为中国国内竞争激烈，到外国受教育竞争情况会轻松一些吗？
5. 你认为要等到研究生阶段再留学的看法有无道理？为什么？

泛读篇

风格和内容解析： INTRODUCTION OF THE WRITING STYLE

这是一篇讨论教育和家庭问题的报道。同样，它的题目非常吸引人也非常抢眼。由于标题太醒目和让人吃惊，作者及时地补上了副标题来说明内容，让读者做到心中有数，这是一种负责任的态度，否则就会有哗众取宠之嫌。

这篇报道的文体，作者避免平铺直叙，摆事实、讲道理，文章写得生动贴切。在文章的结尾部分，作者进行了总结并正面进行了论述，最后用这篇报道中父亲自己的话来作总结，使得整篇文章动人而有说服力。

这篇文章比较口语化，例子举得好，语言脱俗易懂。

编者按： 家庭教育是关系到千家万户的热点，现在家长普遍感到难当，不知对孩子如何教育，而孩子则觉得与家长难以沟通，与父母无话可说。从今日起，本报讲推出系列报道——"换个思路做家长"，为关心子女成长的家长及读者提供一些启发和思索，以期提高家庭教育水平，为孩子成长营造一个健康的环境。

儿子用30元"买"父亲一天
——只是想让只顾赚钱的爸爸陪他上公园说说话

最近，在上海教育报刊总社举行的一次讨论会上，宝山区泰和新城小学的刘老师讲了一个发人深思的故事：一个念三年级的男孩要用节省下来的30元"买"父亲一天，好让父亲陪他上公园，说说话。据了解，家长与孩子缺少沟通，与孩子说不上话、无法交流，已成为当前家庭教育中的普遍现象。

这个男孩的父亲为了改善家境，多挣点钱，连双休日也不休息。一个周六，男孩缠着父亲陪他到小区的花园玩。父亲却说，"太累了，没时间玩。"男孩睁着失望的眼睛问："你一天挣多少钱？""30元"，父亲不耐烦地回答。一个月后又一个周六早上，男孩走到正要离家的父亲面前说："爸爸，我'买'你一天行吗？""什么？"父亲有点摸不着头脑，只见儿子从衣袋里掏出几张纸币塞到父亲手里："我攒够了30元钱了，今天你就陪我吧！"原来，他没有上缴一个月的学校伙食费，每天中午只到外面买两个馒头充饥，这样节省下了40元，30元"买"父亲的一天，另外10元用买公园门票和请父亲吃一份盒饭……

这个男孩想"赎回"的是家长对孩子起码的关怀与交流，也是对家长片面注重孩子的物质需要而忽视精神需求的默默"反抗"。家长以物质关怀代替两代人日常的心灵沟通和交流的现象目前较为普遍。有个女中学生说，在爸妈眼里给你吃好的，穿靓的，生活上百般呵护就是最好的，根本不知道女儿想要什么。有些住读的学生把周五晚上与母亲通电话说成是周六回家的"晚餐预定",爸妈问的就是你喜欢什么,我们帮你准备些什么。另一个男生反映,母亲只知道把菜烧好,关照放在什么地方,而对他想些什么从来不闻不问。这种将赚钱作为对孩子惟一关怀的方式,客观上形成了家庭里孩子与父母说不上话的局面。前面那位父亲事后感叹说:"钞票用完了可以再赚,孩子的童年只有一次,为了赚钱而牺牲孩子宝贵的童年欢乐,太不划算了。"看来,陪孩子玩,陪孩子说话,多给孩子一点时间,这是新世纪的家长必须了解的新课题。

(上海《文汇报》2001-11-8)

生词 (3.4)
Vocabulary

1.	沟通 / 溝通	gōutōng	(动)	联系、使交通 communicate; communication
2.	改善 / 改善	gǎishàn	(动)	改变,使更好 ameliorate; amend; improve
3.	不耐烦 / 不耐煩	bú nàifán		没有耐心 be weary of; weary
4.	充饥 / 充飢	chōng jī		吃下去来解除饥饿 allay one's hunger
5.	默默 / 默默	mòmò	(形)	没有声音地 silent; quiet
6.	靓 / 靚	liàng	(形)	漂亮、美丽 beautiful; handsome
7.	划算 / 劃算	huásuàn	(形)	计算;合适 be to one's profit; calculate

浏览测试
Reading For Main Ideas

这篇文章谈了三个主要的内容。第一个内容我们已经为你提供,请你写出其他两个句子来总结出另外两个主要内容:

第一个内容:
刘老师用一个例子讲述了目前的孩子们缺少家庭教育和亲情的普遍现象。

第二个内容：_____。

第三个内容：_____。

阅读细节
Reading For Details

- 细读下面的回答并圈出正确的结论。
- 和你的同学比较、讨论，看看谁的答案对。

   1. 这个儿子缠着父亲是为了_____。
      A. 要三十元钱　　　B. 改善家境　　　C. 同父亲沟通

   2. 这个儿子的钱是_____。
      A. 双休日挣来的　　B. 伙食费攒的　　C. 老师给的

   3. 这个儿子在公园里请爸爸_____。
      A. 吃馒头　　　　　B. 吃盒饭　　　　C. 陪他说话

   4. 很多家长只关心孩子_____，不关心孩子_____。
      A. 交流/反抗　　　　B. 沟通/反映　　　C. 吃穿/想什么

深度阅读
Reading Between The Lines

- 和你的同学讨论下列问题，并写出你们的答案。
   1. 这个儿子为什么要跟父亲说话？他要跟父亲说些什么话？
      _____

   2. 这些孩子们要向家长"赎回"什么？怎样才能赎回？
      _____

   3. 为什么有的父母将赚钱作为对孩子惟一关怀的方式？你觉得这种方式对吗？
      _____

速读篇

> **速读练习** 在速读练习中你不必查字典,也不必认识课文中的每一个字。如果除了提供的词汇你还有生词,你可以根据上下文来猜测生词的意思,试着读懂课文的内容。这种练习的目的是让你忽略细节,争取读懂文章的主要内容。

慢性头痛折磨人　年轻力壮也难免

长期未受重视　当成患者逃避现实借口　医界深入研究　发现有"家族性"特征

明尼苏达州18岁的慢性每日头痛患者瑞秋·戈曼,目前在她的家中展示她所服用过的多种药物,她说,有些有效,有些没效,有些甚至使她病情加重。(美联社)

【美联社芝加哥廿一日电】　医师指出,"慢性每日头痛"(chromic daily headaches;简称CDH)患者在人口中占了1%到5%,但这种疾病长久以来未获应有的重视,直到现在医学界才深入探讨。

CDH的定义是偏头痛或头颈部紧张头痛,而且每个月疼痛的时间超过15天。这种恼人的问题,年轻人也难幸免。在小学阶段,男女患病率差不多,但青春期后因经期造成荷尔蒙改变,女性病人是男性的三倍。家庭头痛病史、紧张、抑郁等其他因素也都有影响。

明尼苏达州18岁的大学生瑞秋·戈曼非常能理解"头痛要人命"这句话。她的偏头痛每次发作都持续接近一个月,而且严重到必须卧床,因此她在高中最后一年缺课一百多天。不过,不曾身受其苦的人,常会以为患者是不想做某些事才以此为借口。医师指出,不仅父母、同学和朋友会有这类主观误解,就连医师都不了解病情或治疗方法。

马友诊所头痛科神经学家卡崔尔说,若不接受治疗,这种头痛会愈来愈严重,因此患者应该在年轻发病时就要就医。目前最常用的药物是泛称triptans的血清张力素致效剂,市面上品牌药有Maxalt、Amerge、Imitrex、Zomig等。

由于慢性头痛往往有家族性,因此有些医师会给病人开他们亲戚用过有效的药。有些医师发现抗抑郁剂管用,因为抑郁就是导致头痛的因素之一。还有些医生是把处方药与针灸或针剂"保妥适"(botox)搭配使用。

此外,医师建议年轻患者应保持规律的睡眠习惯、避免紧张压力、三餐不可有一顿没一顿,这些都有助于改善病情。

(《世界日报》2003-11-22)

生　词 (3.5)
Vocabulary

1.	偏头痛 偏頭痛	piāntóutòng	（名）	一种局部性头痛的病 mgraine; splitting headache; brow ague
2.	经期 經期	jīngqī	（名）	来月经的时间 menses
3.	荷尔蒙 荷爾蒙	hé'ěrméng	（名）	人体激素的音译 hormone
4.	抑郁 抑鬱	yìyù	（形）	压抑、心情苦恼 keep the bed; lay up; sickbed
5.	卧床 臥牀	wòchuáng	（动）	生病躺在床上 rights and interests
6.	患者 患者	huànzhě	（名）	有病的人 sufferer; sickpeople
7.	泛称 泛稱	fànchēng	（名）	一般的称呼 general term

练习题

一　请根据课文判断正误

1. "慢性每日头痛"是一种最近新发现的疾病。（　　）
2. 虽然有很多人受到了慢性头痛病的折磨，但过去这种疾病没有受到足够的重视。（　　）
3. 慢性头痛病主要是发生在女性身上，男性没有这种症状。（　　）
4. 如果家里的长辈曾经得过慢性头痛病，会影响晚辈。（　　）
5. 慢性头痛病人常常会被人误解，这让他们更痛苦。（　　）
6. 年轻人容易犯慢性头痛病，年纪大了就会好了。（　　）

二　请根据课文回答下列问题

1. 为什么慢性头痛病一直没有受到应有的重视？
2. 为什么女性慢性头痛病患者比较多？
3. 社会上为什么会误解慢性头痛病患者？
4. 本文认为什么是导致慢性头痛病的主要因素？怎样预防和治疗它？

泛读篇

风格和内容解析： INTRODUCTION OF THE WRITING STYLE

这是一篇比较轻松的新闻报道,由于它的话题比较有趣,所以是一篇男女老少都感兴趣的题目。文章的标题已经透露了它的内容,但略嫌太笼统,所以文章的副标题又对所述命题给予了一些具体的阐述,让读者有个比较明确的概念。

由于这篇文章牵涉到的有东西方关于美的观念,又由于讨论的是女性的美,首先广大女性一定感兴趣;当然,男性对这个题目的兴趣也不会弱于女性。这样,国际性、美、男女问题一系列的内容就呈现了。

首先,文章论述了古印度美女的经典标准,接着谈这个标准被否定,一波三折,文章写得很生动波俏。接下来文章开始正面介绍新的女性美标准,切入正题。最后文章举例说明东西合璧美的魅力和标准内容。整篇文章准确、文笔干净利落,信息量比较大。

国际美女新规格　东西合璧
传统东方美女标准束之高阁　大眼、椭圆脸、骨感才是现代美

【本报讯】　便利的整形手术为美女的标准相貌塑造了新的国际规格:脸型要长、脸颊要有棱有角才是美。

11月的《新闻周刊》(Newsweek)封面专题报道,数百年来,东西方各有美女标准,现在则须符合国际规格才美。多年来,亚洲美女的两大标准为肌肤细致与樱桃小口,新标准已和这两项要求脱钩。

5世纪前后的印度剧作家兼诗人迦梨陀娑在歌颂爱情的史诗中描述的美女,与现代伸展台上的骨瘦如柴的名模大异其趣,此后几世纪,丰润柔软一直是美女的标准。印度《性爱宝典》(Kama Sutra)作者旁德的理想美女除了性感的两片唇,还强调丰胸肥臀。

长久以来,三围的完美魔术数字为36、24、36。这也是24岁的印度名模普莉提·辛哈的身材。不过,这三个数字并没有带给她魔法,反而让她三度在印度小姐选美赛中败北,甚至从未挤进决赛圈,模特儿经纪公司告诉她,她太"巨大",不符合新的国际标准。

到底哪一种身材最IN?目前西方标准横扫亚洲,无论印度、韩国、日本都将传统东方美女

标准束之高阁,改效西方之美。换句话说,东方人的圆脸、小眼、圆润的身材不美,要大眼、椭圆脸、一把瘦骨才是美女。

《新闻周刊》还注意到,将东西方之美揉作一团再重新塑造的美女,最能符合现代美。

这种东西合璧的美女受注目,主要是受网际网路与卫星电视普及影响。不过,让这么多人符合国际标准则是拜整形手术之赐。尤其是整形手术价格连番下跌,让整形手术不再是贵妇淑女的专利,现在中产阶级也有能力让自己的美丽升级。《新闻周刊》说,或许最符合新全球美女标准的是模特儿赛拉·莫汉(Suira Mohan),她也是"卡文克莱"与"维多利亚秘密"男女内衣的代言人。她父亲的祖先是印度人,让她的脸部轮廓分明,母亲为法国、爱尔兰、加拿大混血,让她拥有较淡的肤色。

东西合璧,尤其是西方多些,东方少些,让她成为左右逢源的国际美女,时装摄影师卡赛巴说:"穿上纱丽,她可以是印度女孩,但她也能变成意大利、英国、西班牙女郎。"

(《星岛日报》2003-11-09)

生 词 (3.6)
Vocabulary

1. 东西合璧	dōngxīhébì	(习)	结合东方和西方的特点
東西合璧			unite with east and west
2. 束之高阁	shùzhīgāogé	(习)	保存起来,不再使用
束之高閣			on the shelf
3. 椭圆	tuǒyuán	(名)	长圆型
橢圓			ellipse
4. 樱桃	yīngtáo	(名)	一种圆形的红色水果
櫻桃			cherry
5. 脱钩	tuō gōu		脱离关系
脫鈎			disconnect
6. 史诗	shǐshī	(名)	古代的长诗
史詩			epic; epopee
7. 大异其趣	dàyìqíqù	(习)	完全不一样的风格
大異其趣			totally different
8. 丰润	fēngrùn	(形)	丰满而有光泽
豐潤			plum and smooth skinned
9. 败北	bàiběi	(形)	失败
敗北			defeat; worse

10. 横扫 横掃	héngsǎo	（动）	扫除、强有力的经过 sweep anything away
11. 效 效	xiào	（动）	学习、模仿 imitate
12. 揉 揉	róu	（动）	用手挤压 knead; massage
13. 拜…之赐 拜…之賜	bài...zhīcì		因……得到好处 owe a favor of...
14. 下跌 下跌	xiàdiē	（动）	降下来 fall; went down
15. 升级 升級	shēng jí		升高、提高 promote; rise a rank

浏览测试
Reading For Main Ideas

这篇文章谈了三个主要的内容。第二个内容我们已经为你提供，请你写出其他两个句子来总结出另外两个主要内容：

第一个内容：
_____。

第二个内容：
古代的关于美女的标准在今天已经不适用了。

第三个内容：
_____。

阅读细节
Reading For Details

- 细读下面的回答并圈出正确的结论。
- 和你的同学比较、讨论，看看谁的答案对。
  1. 现代美女的标准是要_____。
     A. 按照亚洲的标准　　B. 按照印度的标准　　C. 按照国际标准

2. 印度剧作家兼诗人迦梨陀娑认为美女应该＿＿＿＿＿＿。
   A. 骨瘦如柴　　　B. 大异其趣　　　C. 丰胸肥臀

3. 《新闻周刊》认为重新塑造美女的方法应该＿＿＿＿＿＿。
   A. 揉作一团　　　B. 东西合璧　　　C.《性爱宝典》

4. 模特儿赛拉·莫汉(Suira Mohan)成功的原因是因为她是＿＿＿＿＿＿。
   A. 印度人　　　　B. 法国人　　　　C. 混血儿

深度阅读
Reading Between The Lines

- 和你的同学讨论下列问题，并写出你们的答案。
  1. 是什么原因使得美女有了国际规格？你认为这是件好事还是件坏事？

  2. 东西方的美女标准为什么有那么大的差别？

  3. 为什么东方人放弃了自己的审美标准而选取了西方人的标准？

> **泛读篇**

> **速读练习** 在速读练习中你不必查字典,也不必认识课文中的每一个字。如果除了提供的词汇你还有生词,你可以根据上下文来猜测生词的意思,试着读懂课文的内容。这种练习的目的是让你忽略细节,争取读懂文章的主要内容。

大陆第一人造美女 动最后一次刀

丰胸提臀手术3小时 郝璐璐说状态良好 计划明年出自传
全身满是填充物 宛如不定时炸弹 专家示警

【本报北京讯】 号称大陆"第一人造美女"的北京姑娘郝璐璐,花了30万元人民币进行全身整形手术后,21日动最后一次刀。专家警告,虽然郝璐璐成了"美女",但全身从眼皮到胸、臀等处都动过刀,手术遗留疤痕,手术填充材料成了身上的不定时炸弹,随时有后遗症。

现在身为"美人冶造"工程代言人的郝璐璐对自己成了名人,也很意外。她声称从未想到做完手术后会有那么多人关注她。她计划明年初出版自传《漂亮女人》,公开整形过程,包括如何做决定、如何手术、遇到风险、家庭幕后等。她还考虑结婚嫁人,最终理想是做个全职太太。

郝璐璐也成为美国有线电视新闻网及路透社等媒体竞相报道的题材,称之为"人造美女诞生记"。

整形界人士也指出,隆乳、隆鼻等使用的人工材料,都会遗留后患,即使是最好的进口材料,厂家和医生也不敢保证不会出问题。江苏省人民医院整形外科的汤姓主任表示,郝璐璐的整形手术技术难度不大,商业炒作成分居高。

据指出,替郝璐璐进行整形手术的医院,今年5月只是普通民营医疗门诊,月营业额只有十几万元人民币,在郝璐璐整形经媒体披露后,目前营业额已上升到每月两三百万元,甚至有外国顾客上门。

也有人认为郝璐璐可怜,不但身上动了几十刀,耗时近二百天,忍受痛苦,又要到各地宣传,还要承担手术后可能发生的一切后果,最大的赢家是商家。

据了解,郝璐璐21日手术时间三小时,手术内容为丰胸和提臀。新快报记者20日与郝璐璐通了电话,郝璐璐在电话里声音明快,自称状态良好,并称已做过多次手术,这一次并不感到特别紧张。至于术后是否住院,郝璐璐表示,将听从医生的安排。

(《世界日报》2003-11-22)

[附]　中国第一"人造美女"——郝璐璐访谈录

记者：听说你这次做"人造美女"是为了以后能嫁个好老公，杀入演艺界，一夜成名？为什么只用20分钟就做出这样重要的决定？

璐璐：首先我要澄清的是我不属于"恐龙"，长得特邪的那种，想通过整形一夜成名，这次"人造美女"对我来说应该属于升级版，通俗说就是锦上添花，我想让自己变得更完美！说起这次做"人造美女"动机，我想有几个原因：第一，这次"美女冶造"整形工程都是由各领域最权威人士组成的，隆鼻的、做眼睛的、隆胸的都是熟手，不用担心；第二，有家影视投资公司愿意出30万投资；第三，自己觉得比较合适做，你说为什么要拒绝？我觉得，"人造美人"只在外形上变化很大，但我认为自己属于那种"有女人味、够善良、聪明、开朗、喜欢热闹"的类型，人文素质还行，那就在20分钟内做出决定吧。

郝璐璐整型前后对比

生　词 (3.7)
Vocabulary

1. 丰胸提臀	fēngxiōng títún	（习）	让胸部丰满，提高臀部
豐胸提臀			enlarge breasts and lift hip
2. 号称	hàochēng	（动）	以某种名号著称；对外宣称
號稱			be known as; claim to be

3. 后遗症 後遺症	hòuyízhèng	（名）	身体恢复后遗留下来的疾病 sequela; sequelae	
4. 冶造 冶造	yězào	（动）	制造 to create; to refine	
5. 代言人 代言人	dàiyánrén	（名）	替别人说话的人 mouthpiece; prolocutor	
6. 意外 意外	yìwài	（形/名）	没想到的事情、不好的事情 suddenness; thunderbolt; accident	
7. 竞相 競相	jìngxiāng	（副）	抢着去 compete with...	
8. 隆 隆	lóng	（动）	使突出、使鼓起 grand; swell	
9. 民营 民營	mínyíng	（形）	民间经营的 privately run (of enterprises)	
10. 披露 披露	pīlù	（动）	暴露 disclose; throw daylight on sth.	
11. 可怜 可憐	kělián	（形）	对……怜悯；为……感到难过 pitiful; lamentableners; painfulness; sorriness	
12. 承担 承擔	chéngdān	（动）	承接，担任 take in hand; be in charge with; bear	
13. 明快 明快	míngkuài	（形）	清晰、快乐 sprightly; straightforward	

练习题

一　请根据课文判断正误

1. 这位"人造美女"花了30万元开了一次刀。（　　）
2. 人造美女虽然漂亮了，可是今后身体健康受到了影响。（　　）
3. 因为"人造美女"的活动，郝璐璐变成了有名的工程师。（　　）
4. 因为"人造美女"技术很不容易，所以媒体全面报道。（　　）
5. 专家们认为，整容手术会给身体带来后患。（　　）
6. 有人认为，郝璐璐的整容手术是一种商业宣传行为。（　　）

二　请根据课文回答下列问题

1. 专家为什么说整容手术后身上好像有了不定时炸弹？
2. 郝璐璐为什么觉得自己成了名人？她对这件事的反应怎样？

3. 关于整容手术,专家的意见和商家的意见有什么不同?
4. 媒体对郝璐璐的整容手术为什么那么感兴趣?这种报道起到了什么样的作用?
5. 你怎样看待整容手术?如果有人为你出钱,你愿意去做这样的手术吗?

学会用字典、猜字、自己读

[附]: 上海51女比丑　争取免费整容

"灰姑娘"选举　奖品为价值10万元整容手术　学者认属歧视　并会助长歪风

【本报上海讯】 据上海青年报报道,选美活动多是女士们肆意展示姣好身材、美丽面容和过人智慧的,但上海市51名女孩27日却不遗余力地展示自己的丑貌。

一名刚毕业的女大学生,因眼睛小、鼻梁低、脸颊阔而获选为上海"丑女"后,她激动得有些哽咽,因她将获得价值10万元整容手术的奖励。

这个"上海灰姑娘"选举,由一家面容公司主办,冠军可获该公司赞助的10万元整容手术,吸引了51名自认为"相貌丑陋"的女孩参加。

"灰姑娘"的标准包括相貌较丑但没有严重畸形;无力支付整容费;对整容后果有心理承受能力。

凭参赛者的相貌,评判们选出三人进入决赛,让她们接受心理测试及身体检查等。最后,26岁、身高1.67米、刚大学毕业的外事翻译张迪脱"丑"而出。评判张先生说:"张迪不是一个严重畸形的人,但是属于不漂亮的女孩,她的缺陷是眼睛较小,鼻梁太低,脸颊太宽。"

面容专家初步估计,张迪脸部有十多处要整容,包括眉毛、眼睛、鼻梁、脸颊等,手术会在两周内进行。其他参赛者也有安慰奖,就是由专家组指出她们相貌的不足之处,提出整容的建议。

张迪获"奖"后表示,由于她的相貌不够漂亮,令她在工作和感情生活上失去很多好的机会:"听到入选的消息我感到非常高兴,因为容貌影响,使我缺乏自信……,如果我漂亮一些,我会得到更好的机会,在感情生活中会更加自信。"

可是,学者对这次选丑活动不以为然。复旦大学社会学教授胡定钧表示,选出来的丑女还要去接受整容,这个过程本身就是对丑女的歧视,借整容来帮助自己的事业发展,也助长把相貌作为招聘条件的歪风。

(2003-11-29)

第四章　报纸上的通讯(二)

精读篇

风格和内容解析：　INTRODUCTION OF THE WRITING STYLE

　　这篇报道描写一群法国朋友到乡下跟农民一起过春节的事情。故事挺新鲜，气氛也很热烈，而且文章也写得一波三折，很有趣味。既介绍了现在中国农村的新貌，又介绍了中国农民的热情好客，同时还间接告诉了我们现在中国农村的变化和农民的新生活。

　　这篇文章的结构和谋篇布局很好。文章开头，用回忆的方式写起。写外国客人来访，不在大城市过年而去农村，是一个悬念。不只是读者不理解，连文章中讲的法国客人也不理解。等到车子一进了村，整个气氛就出来了，这是欲擒故纵。

　　接着，写了中国农民的好客、农民的新生活和法国客人的反映，最后以法国客人的欢声笑语来结束本文。这篇报道写得有铺垫，有重点，有高潮。特别是在结尾部分呼应客人来时的情景，一来一回，把中国农村的魅力、农民的朴实和热情通过法国客人的反应有力地表现了出来。

洋人进村过大年

外国人士看中国　　春节将到，在浓浓的节日气氛里，我不由得想起了两年前与法国客人一起回农村老家过年的往事。

　　那年，法国昂热大学代表团来北京旅游。由于春节临近，我向客人们提议，请他们到我的老家——天津武清灰锅口村，和当地村民一起过春节。他们嘴上虽然没有表示异议，可看得出，他们心中疑虑重重：万里迢迢来到中国，最后却要跑到离北京一百多公里外的一个无名小村去，在那里能看到什么呢？

　　除夕那天，我们一行驱车离开北京。一路上，法国客人个个沉默无语，偶尔有人拿着地图向我询问小村所在的位置。上午，我们先参观了天津古文化街，又在食品街吃了午饭。随后才来到灰锅口村。

　　车子刚进村，就给我们一个惊喜：只听鞭炮声齐鸣，"劈劈啪啪"响成一片。原来，聚集在村广场的老乡们在用放鞭炮的方式热烈欢迎远道而来的外国客人。

　　在乡亲们的带领下，法国客人先到村南参观了温室大棚。这里的各种时令蔬菜鲜绿可爱，葡萄枝新芽萌放。接着，又到村北参观了鲜花温室大棚，那里鲜花竞放，宛若春天，与棚外寒风凛冽形成鲜明的对照。法国客人们又是拍照、又是提问，兴趣盎然，久久不愿走出大棚。在我们一再催促下，他们才回到村广场。

广场上，村秧歌队一群女村民为客人们表演了传统的秧歌舞蹈。接着是各种各样的滑稽表演，法国客人看得捧腹大笑。最后是中国武术演练，既有七八岁的小孩，也有七八十岁的老人，单打独斗、几人对打，精彩纷呈，博得一片喝彩。

太阳落山了，村里负责人为他们洗尘举行欢迎晚宴。酒酣耳热之际，村里人唱起了卡拉OK。法国客人也被这种欢乐亲热的气氛所感染，忘情地唱起法国情歌来，如同回到了自己故乡的怀抱。当晚，15位法国客人分成4组，分别被安排到老乡家里做客。无论是第一次走进中国农民家里的法国人，还是沉浸在除夕欢乐气氛中的主人，人人都喜气洋洋。主人带着客人参观了自己的新居，楼上楼下，客厅居室，厨卫水暖和一应俱全的家用电器。然后落座，一边吃着各色各样的零食、水果，一边天南海北地摆龙门镇，气氛热烈。客人中一位副校长夫人说，她的祖父和父亲也是农民，至今还有兄弟在农村务农。一位经济学教授提出了很多有关中国经济方面的问题，他对中国农村经济发展之快感到惊诧不已。他说，要不是亲眼所见，亲身所历，这一切简直让人难以置信。

说话间，女主人端出面和馅，大家一起动手包饺子。看似简单的饺子，客人们努力地学着包，可怎么摆弄也不像样，而且越摆弄越糟糕，真是又着急又兴奋，一个个都像快乐的小孩子。到了"五更分二年"的时刻，大家走出房间，走出院子，进入眼帘和耳鼓的是那阵阵不断的鞭炮声，村里村外，礼花闪烁，映红了黑夜。那情景不要说来自异乡的法国朋友，就连我这个常年在外工作的游子，心情也分外激动起来……这不就是中国农村蓬勃发展、信心十足奔向未来的一幅生动画面吗？法国客人不停地用摄像机记录下这一难忘的场景。鞭炮声过后，大家又回到屋里，端起酒杯，互相祝福，吃起自己亲手包的热腾腾的水饺，真是别有一番滋味在心头。

第二天是大年初一。法国客人们早早起床，随着乡亲们到各家拜年。他们边走边说："太好了，太意外了。""好得没有一点遗憾。"过去他们从当地媒体得到的消息都是说中国农村怎样落后，而眼前的事实却令他们大开眼界。

拜完年后，大家又回到主人家里，聚餐欢叙，互相敬酒，直到太阳偏西，大家才恋恋不舍地喊着"再见！再来呵！"挥手告别。

回京路上，车厢里不再是沉默。法国客人们像顽皮的孩子，戴上了天津面塑玩具，放声唱起法国歌曲，一路欢声笑语直到北京。

（《人民日报》）

生 词 (4.1)
Vocabulary

#	简体 / 繁體	Pinyin	词性	释义 / English
1.	异议 / 異議	yìyì	(名)	不同的议论/想法; dissent; demurral; objection
2.	疑虑重重 / 疑慮重重	yílǜ chóngchóng	(习)	很多的顾虑; many gaingivings; a lot of qualm
3.	沉默 / 沉默	chénmò	(形/名)	不说话、没有声音; silence; reserve; dumbness
4.	惊喜 / 驚喜	jīngxǐ	(形)	想不到的好消息; pleasakntly surprised
5.	温室 / 溫室	wēnshì	(名)	保持温度的(种花、种蔬菜)房子; conservatory; glasshouse
6.	凛冽 / 凜冽	lǐnliè	(形)	非常冷的; cold and strict; severe cold
7.	盎然 / 盎然	àngrán	(形)	趣味、气氛很浓; exuberant; abundant; overflowing
8.	秧歌 / 秧歌	yāngge	(名)	中国北方的一种民间歌舞; folk dance in north China
9.	滑稽 / 滑稽	huájī	(形)	活泼幽默; clownery; buffoonery; farcicality
10.	捧腹大笑 / 捧腹大笑	pěnfù dàxiào	(习)	笑得非常厉害; belly laugh; burst one's sides with laughter
11.	纷呈 / 紛呈	fēnchéng	(动)	很多的表现; show in many ways
12.	喝彩 / 喝彩	hè cǎi	(动)	叫好; acclaim; applause; bravo
13.	洗尘 / 洗塵	xǐchén	(动)	请新来的客人吃饭; give a dinner of welcome
14.	酒酣耳热 / 酒酣耳熱	jiǔhān ěrrè	(习)	在宴会上,喝了很多酒的时候; flushed with wine
15.	难以置信 / 難以置信	nányǐzhìxìn	(习)	不能使人相信; beyond belief

16. 摆弄	bǎinòng	（动）	反复地用手拨动或移动
摆弄			fiddle with; order about
17. 恋恋不舍	liànliàn bùshě	（习）	喜欢、不愿意离开
戀戀不捨			be reluctant to part with

报刊惯用语汇及表述模式

1. 不由得 V 起

"不由地"就是"不自觉地"、"下意识地"、"难以控制地"。而下面的动词则表示着一种未经控制的动作和行为。这种句型一般表达一种强烈的和自然的情感。例如：

(1) 在浓浓的节日气氛里，我不由得想起了两年前与法国客人一起回农村老家过年的往事。
(2) 听懂了我们的话以后他非常激动，不由得哭了起来。

2. ……，宛若……

"宛若"是好像的意思，但它比"好像"表现起来典雅。这种句型有时单独插入，承担一种描述氛围的作用。例如：

(1) 接着，大家又到村北参观了鲜花温室大棚，那里鲜花竞放，宛若春天，与棚外寒风凛冽形成鲜明的对照。
(2) 元宵节的灯真多呵，到处都是五颜六色的光，宛若灯的海洋，我们在那儿整整看了一个晚上还没有看完一半。

3. 又是……、又是……

这种句型是强调一种紧张和忙乱的状态。这种状态有时是一种生动活泼状态的表述，但有时也可以表示一种递进状态。例如：

(1) 法国客人们又是拍照、又是提问，兴趣盎然，久久不愿走出大棚。
(2) 听到了这个好消息，她高兴地又是唱、又是跳，连觉都不愿意睡了。
(3) 本来想这个周末去郊外好好玩玩，没想到这几天又是刮风、又是下雨，看起来是去不成了。

4. ……之际，……

这种句型强调一种时间状态，特别强调在一种时间状态下的行为。它的着眼点在于表达在一个特定的时间情况下的动态。例如：

(1) 太阳落山了,村里负责人为他们洗尘举行欢迎晚宴。酒酣耳热之际,村里人唱起了卡拉OK。

(2) 外边忽然响起了枪声,屋里的人吓得尖叫起来。就在这千钧一发之际,一队警察跑过来了。

5. 无论是……还是……都

这种句型表示一种囊括性或者排他性的强调。在肯定的句型中包括没有例外的状态;在否定的句型中一般表示强烈的情感。例如:

(1) 当晚,15位法国客人分成4组,分别被安排到老乡家里做客。无论是第一次走进中国农民家里的法国人,还是沉浸在除夕欢乐气氛中的主人,人人都喜气洋洋。

(2) 这些人中,无论是得到奖金的还是没得到奖金的都表示不喜欢这个政策,他们决定要对它提出进一步的批评。

(3) 无论是新来的人还是跟他一起工作过多年的人都认为他这个人缺乏做人最起码的道德和学术能力。

6. 不要说……就连……也

这种句型表示一种让步状态,前面是铺垫,后边是强调的重点,突出它的意外性和感情倾向。例如:

(1) 那情景不要说来自异乡的法国朋友,就连我这个常年在外工作的游子,心情也分外激动起来……

(2) 不要说外国人没见过这么精彩的花灯,就连我这个在中国生活了一辈子的人也从来没见过这么好看的花灯啊!

小词典
跟本文有关的背景资料及术语介绍

1. **秧歌舞蹈**

流行于中国北方广大农村的一种民间歌舞,用锣鼓伴奏,气氛热烈,一般在节日或喜庆活动时跳。跳这种舞也叫扭秧歌或闹秧歌。它的种类有陕北秧歌、东北秧歌等。

2. 卡拉 OK

指一种没有乐队伴奏的音响设备。20 世纪 70 年代中期由日本发明。"卡拉 OK"在日语是"无人乐队"的意思。其中"卡拉"是日语的音译,表示"空","OK"译自英语 orchestra,指乐队。"卡拉 OK"也指利用这种伴奏的形式来娱乐。如:去唱卡拉 OK,卡拉 OK 歌厅等等。

3. 摆龙门阵

中国西南官话,特别是四川话里,指聊天或讲故事的意思。后来这个词流传到整个说汉语的范围,成了带有方言色彩的一种流行语言。

练习题

一 根据词性搭配画线连词

表示	催促	难以	祝福
形成	喝彩	互相	大笑
一再	异议	兴趣	洋洋
博得	热烈	捧腹	盎然
气氛	对照	喜气	置信

二 根据课文内容选词填空

1. 春节将到,在浓浓的节日气氛里,我＿＿＿＿＿＿＿地想起了两年前与法国客人一起回农村老家过年的往事。

　　　　　　　　　　　　　　　(不由　　马上　　突然)

2. 他们嘴上虽然没有表示＿＿＿＿＿＿＿,可看得出,他们心中疑虑重重:万里迢迢来到中国,最后却要跑到一个无名小村去,在那里能看到什么呢?

　　　　　　　　　　　　　　　(沉默　　惊喜　　异议)

3. 除夕那天,我们一行驱车离开北京。一路上,法国客人个个沉默无语,＿＿＿＿＿＿＿有人拿着地图向我询问小村所在的位置。

　　　　　　　　　　　　　　　(忽然　　经常　　偶尔)

4. 无论是第一次走进中国农民家里的法国人,＿＿＿＿＿＿＿沉浸在除夕欢乐气氛中的主人,人人都喜气洋洋。

　　　　　　　　　　　　　　　(就是　　还是　　都是)

5. 过去他们从当地媒体得到的消息都是说中国农村怎样落后,＿＿＿＿＿＿＿眼前的事实却令他们大开眼界。

　　　　　　　　　　　　　　　(跟　　就　　而)

三 用指定的词语完成句子

1. 这是他第一次在国外过圣诞节，_____
   _____。（不由地）
2. 最近几天大家忙极了，_____
   _____。（又是……又是……）
3. 不论是第一次来美国的人，_____
   _____。（还是……都……）
4. 这个题目太难了，不要说学生不会做，_____
   _____。（就连）

四 判断画线部分，并予解释

1. 他们嘴上虽然没有<u>表示异议</u>，可看得出，他们心中疑虑重重：万里迢迢来到中国，最后却要跑到离北京一百多公里外的一个无名小村去，在那里能看到什么呢？
   是指_____
2. 法国客人们又是拍照、又是提问，<u>兴趣盎然</u>，久久不愿走出大棚。在我们一再催促下，他们才重新回到村广场。
   是指_____
3. 客人们一边吃着各色各样的零食、水果，一边<u>天南海北地摆龙门阵</u>，气氛热烈。
   是指_____
4. 到了"<u>五更分二年</u>"的时刻，大家走出房间，走出院子，进入眼帘和耳鼓的是那阵阵不断的鞭炮声，村里村外，礼花闪烁，映红了黑夜。
   是指_____
5. 鞭炮声过后，大家又回到屋里，端起酒杯，互相祝福，吃起自己亲手包的热腾腾的水饺，真是<u>别有一番滋味在心头</u>。
   指_____

五 按照正确顺序组合下列句子

1. A. 偶尔有人拿着地图向我询问小村所在的位置
   B. 一路上，法国客人个个沉默无语
   C. 除夕那天，我们一行驱车离开北京
       1)   2)   3)

2. A. 忘情地唱起法国情歌来
   B. 如同回到了自己故乡的怀抱
   C. 法国客人也被这种欢乐亲热的气氛所感染
   　1)　　　　　2)　　　　　3)

3. A. 客人们努力地学着包
   B. 而且越摆弄越糟糕
   C. 可怎么摆弄也不像样
   D. 看似简单的饺子
   　1)　　　　2)　　　　3)　　　　4)

4. A. 还是沉浸在除夕欢乐气氛中的主人
   B. 人人都喜气洋洋
   C. 无论是第一次走进中国农民家里的法国人
   　1)　　　　　2)　　　　　3)

5. A. 法国客人们像顽皮的孩子
   B. 回京路上,车厢里不再是沉默
   C. 一路欢声笑语直到北京
   　1)　　　　　2)　　　　　3)

六　写作练习

1. 细读课文,进一步理解这种新闻报道文体写作的基本特点。
2. 这是一篇报道事件的通讯,作者是采用什么样的手法报道这个新闻题材的?他用了哪些例子来说明问题?
3. 作者是怎样描写法国人去村庄时和离开村庄时的心情的?这种对比描写有什么好处?
4. 在这篇文章中作者选用了哪些细节描写来突出主题的?请举例说明。

七　课堂讨论题

1. 结合本文的结尾内容看,作者为什么要请法国客人到他农村老家去过年?
2. 法国客人为什么对这个提议没表示异议但在去的路上默默无语?
3. 乡亲们用什么迎接法国客人?法国客人为什么对这些感兴趣?
4. 法国客人是怎样评价他们看到的中国农村的?他们当地的媒体对中国农村的评价怎样?
5. 你去过中国的农村吗?如果有机会,你愿意不愿意去参观?

泛读篇

> **风格和内容解析： INTRODUCTION OF THE WRITING STYLE**
>
> 这篇报道介绍外国人怎样在中国庆祝中国新年的情况，题目直白简要。在这篇文章中，作者选取了一个外国人比较集中的居住小区来描写了新年活动的一个侧面。整篇报道是顺时延续性展开的，描写得也比较朴实自然。
>
> 作者首先以一个画面进入主题，写外国人入乡随俗贴剪纸装潢房间，稚气可掬但也很有代表性。接着有一段概括性的描写，推出一个较大的画面，笼统介绍上海的外国人的情况。最后，作者把描写镜头伸入小区，详细描写那儿的活动并通过这种活动折射了"老外们"对中国文化的认同和愿意融入其中的喜悦心情。通过这篇文章的报道，我们可以看出，外国人在中国，已经不像过去那样和当地文化隔离，而是积极地学习和参与，这是一种好的现象。

上海　各国洋人欢庆中国年

【本报讯】 初学中国剪纸的凯瑞笨手笨脚地剪了一个大红"福"字，这位在上海德法学校任教的德国人，决定把它贴在自己上海的家门上，因为"中国人过春节的时候，都把这个象征幸福吉祥的汉字贴在大门上"。

春节期间，在上海繁华的南京路、淮海路、衡山路上，随处可以看到手里提着"喜庆灯笼"、身着"唐装"的外国人，他们放鞭炮、吃饺子、贴对联，见面互相抱拳说"新年好"。

位于浦东的仁恒滨江园是上海国际化程度最高的居住小区之一，1200多户居民中，40%以上来自中国以外的40多个国家和地区。春节期间，这里小区会所大厅内人声鼎沸，热闹非凡，来自澳大利亚、德国、英国、坦桑尼亚、马来西亚等不同国家的居民们和小区里的中国居民聚集在一起，共同欢庆"中国年"，彼此传递"新年祝愿"。不久前刚当选为小区居委会干部的澳大利亚人贾森应邀担任小区"迎春活动"的主持人。"第一次主持中国传统节日活动，真有点紧张。"他的台词单上，密密麻麻注释着汉语"拼音"。

"新年好！拜年啦！"贾森操着一口北京味的中国话，拱手作揖问候着陆陆续续"前来捧场"的小区居民，大厅里外国居民越来越多，好似一个小"联合国"。

浦东仁恒滨江园小区居委会主任张玲宝说："老外们携家带口长时间住在上海，中国的文化对他们的影响非常大，他们也乐意接受这些文化。透过和中国居民的交流，我感到他们越来越能融入中国文化、中国社会。"腰鼓、秧歌、篆刻、剪纸、捏泥人、写对联、中国书画……春节是中国民族文化集中展示的一个大舞台，"没想到中国的春节这么丰富有趣，这里的一切我都喜欢。"半年前随同丈夫来沪工作的德国人莫尔斯·隆娜兴奋极了。"中国人一般在新年穿新衣,我也特意赶订了一套旗袍,算是和中国朋友共度中国年。"

上海市政府外办负责人介绍说,目前仅在上海,就已有6万多名居住时间超过半年的外国居民和境外人士。

《侨报》2003-2-6

生 词 (4.2)
Vocabulary

1. 笨手笨脚 / 笨手笨腳	bènshǒu bènjiǎo	(习)	手脚不巧、动作不灵活	fumble
2. 繁华 / 繁華	fánhuá	(形)	形容城镇、街道很热闹	flourishing; bustling; busy
3. 对联 / 對聯	duìlián	(名)	有上下两联的写字的纸或板子	couplet; distich
4. 小区 / 小區	xiǎoqū	(名)	居民住户区	residential area
5. 人声鼎沸 / 人聲鼎沸	rénshēng dǐngfèi	(习)	很大人,很多声音	hubbub
6. 拱手作揖 / 拱手作揖	gǒngshǒu zuōyī	(习)	客气地问好	submissively greeting
7. 捧场 / 捧場	pěng chǎng		出面支持、帮助	boost; root; compliment
8. 腰鼓 / 腰鼓	yāogǔ	(名)	一种民间跳舞用的鼓	folk drum
9. 旗袍 / 旗袍	qípáo	(名)	中国近代妇女穿的一种长袍	cheongsam

浏览测试
Reading For Main Ideas

这篇文章谈了下面几个主要的内容。第一个内容我们已经为你提供,请你写出其他两个句子来总结出另外两个主要内容:

第一个内容:
外国人在中国学习中国文化,并用中国方式庆祝中国人的新年。

第二个内容：_____。

第三个内容：_____。

阅读细节
Reading For Details

- 细读下面的回答并圈出正确的结论。
- 和你的同学比较、讨论，看看谁的答案对。

1. 凯瑞剪大红"福"字贴在门上是因为他_____。
   A. 笨手笨脚　　　B. 在中国任教　　　C. 学中国传统

2. 澳大利亚人贾森有点紧张是因为_____。
   A. 刚当选为小区居委会干部
   B. 第一次主持中国传统节日活动
   C. 要学汉语拼音

3. 本文说庆祝会场好似一个"小联合国"是因为_____。
   A. 人声鼎沸、热闹非凡
   B. 大家都前来捧场
   C. 有很多不同国家的人

4. 上海市政府外办负责人说现在居住在上海的外国人有_____。
   A. 6万多名　　　B. 1200多户　　　C. 40多个国家和地区

深度阅读
Reading Between The Lines

- 和你的同学讨论下列问题，并写出你们的答案。
  1. 春节期间，在上海的外国人怎样庆祝这个中国人传统的节日？
  _____

2. 什么是居住小区？为什么选举外国人担任小区居委会干部？

3. 为什么说春节是中国民族文化集中展示的一个大舞台？

> **速读篇**
>
> **速读练习** 在速读练习中你不必查字典,也不必认识课文中的每一个字。如果除了提供的词汇你还有生词,你可以根据上下文来猜测生词的意思,试着读懂课文的内容。这种练习的目的是让你忽略细节,争取读懂文章的主要内容。

法国总统请旅法华人吃饺子

【中新社巴黎七日电】 法国总统席哈克*6日晚在总统府爱丽舍宫举行羊年新春招待会,用饺子、春卷和烧卖等中国食品款待受他邀请而来的法国华侨和法国各界人士。

这是法国总统连续第二年在总统府举行中国农历新年招待会。旅法华侨和法国企业、文化界人士近三百人应邀与会。

下午5时45分左右,席哈克来到招待会大厅,并对见到老熟人、中国驻法大使吴建民感到十分高兴。他说,今年是中国羊年,羊年是一个吉利的年份。他向法国的华侨致以节日的祝贺。

出席今天招待会的华侨,有法国陈氏兄弟有限公司、法国华侨华人会、法国潮州会馆、法国华裔互助会等华人企业和侨团的负责人;法华社会文艺界知名人士、法国华人女市长何英、颜如玉等。

招待会上,席哈克说,今年秋季"中国文化年"将在法国举办;明年秋季"法国文化年"将在中国举办。这是法中两国关系中的大事,将势必推动中法两国文明的对话和各方面的交流。

席哈克高度评价了旅法华侨对法国社会和文化事业做出的贡献。他在讲话时特地请法兰西语言研究院院士程抱一走到前排。席哈克感谢程先生为法中两国文化的沟通所做的贡献。他还对过世不久的法国华人艺术家熊秉明表示悼念。致辞后,席哈克特地邀请吴建民大使和与会嘉宾一一见面。

(《侨报》2003-2-10)

*席哈克,内地通译希拉克

生 词 (4.3)
Vocabulary

1. 春卷 春捲	chūnjuǎn	(名)	一种油炸的中国食品 spring roll; egg roll

2. 烧卖 燒賣	shāomai	(名)	食品,用很薄的烫面皮包馅儿,顶上捏成折儿,然后蒸熟 Steamed dumpling with the dough gathered at the top
3. 款待 款待	kuǎndài	(动)	很好的招待 hospitality; entertaining; welcome in
4. 农历 農曆	nónglì	(名)	中国的旧历 Lunar calendar
5. 大使 大使	dàshǐ	(名)	一国元首派往另一个国家(或国际组织)的代表 ambassador
6. 势必 勢必	shìbì	(副)	必然的 certainly will
7. 悼念 悼念	dàoniàn	(动)	怀念死去的人 mourn for

练习题

一 请根据课文判断正误

1. 法国总统席哈克在总统府招待了华侨和法国客人。(　　)
2. 这次中国农历新年招待会上邀请了三百名中国人。(　　)
3. 在这次招待会上,法国总统接见了中国代表团团长吴建民。(　　)
4. 在招待会上,法国总统宣布了举办"中国文化年"的消息。(　　)
5. 法国总统认为,法国的华侨们在法国做了很多著名的好事。(　　)

二 请根据课文回答下列问题

1. 吃饺子跟中国新年有什么关系？法国总统为什么请旅法华人吃饺子？
2. 法国总统邀请了什么样的中国客人？这些人有什么代表性？
3. 法国总统宣布要以什么样的方式来促进中法两国文明的交流？
4. 席哈克是怎样评价旅法华侨对法国社会和文化的贡献的？

精读篇

风格和内容解析： INTRODUCTION OF THE WRITING STYLE

  这是一篇比较纵深报道外国人在中国生活的通讯，是整个系列通讯的第一篇。和别的报道不同的是，这是一篇比较详尽地报道外国人在中国生活情况的故事。

  首先，它报道的角度比较独特。作者在开始时就声明自己没有专门去找那些曝光率最高的老明星而是去发现比较新的、普通的，因而也是比较表现日常生活的例子。接着作者深度跟踪采访了一些演员。通过来自欧美的两个个案，作者展开了自己的报道。

  在这篇文章中，作者其实是先把自己放到了读者的位置，读者想知道什么，他就去了解什么、报道什么。他先报道了这些外国演员从哪儿来、从何处得到信息，为什么选择上海以及在上海的生活怎么样等等。同时还忙里偷闲报道了他们对上海乐团及对上海城的评价。通过老外的嘴说出这些，比较有说服力，同时也让上海人知道自己有哪些强项和问题。

我真高兴选择了上海
——"上海乐团里的老外们"（一）

  和足球有外援一样，上海的几个乐团也有不少"老外"演员。上海广播交响乐团的外籍演员人数近来已增加至十多人，上海交响乐团里也有多位外籍演员。我们从今天起刊出本报记者采写的总题目为"上海乐团里的老外们"的系列报道，介绍外籍演员在上海工作和生活的幕后新闻。

                    ——编者

  上海广播交响乐团里最早的外援之一长笛手爱丽丝已经在上海生活了一年半多了。精湛的技艺和姣好的外貌使她"曝光"率极高，在演出之外频频接受各路媒体采访，成了电视、电台专栏节目的常客，在外援们中有"老上海"的美誉，以至于当记者表示要采访她时，翻译小唐说又是她吗？既然如此，记者只好调整方向，并很快在新人里找到了目标。

  今年8月底刚刚到达上海的雷纳德（Renato BIZZOTTO），原为苏黎世歌剧院和苏黎世交响乐团的双簧管独奏演员，曾出过多张古典音乐唱片。虽然刚在申城不过月余，但雷纳德俨然一副"中国通"的样子。记者来访时，又刚巧碰到房东为他送来自行车钥匙。在沪上骑车上下班的老外已属罕见，但雷纳德还选了一部式样十分落伍的黑色男车。看到记者惊讶的样子，雷纳德得意地问："328元，上海牌子的自行车，不算太贵吧？"

  雷纳德说，上海有一千多万人，这个数字真吓人。原来他的家乡是苏黎世附近一个只有几万人的小镇，他走在上海街头的汹涌的人流中感觉非常陌生和奇妙。

为什么选择上海呢？雷纳德自称和上海"一见钟情"。他有一次在苏黎世偶尔看到介绍上海芭蕾舞团在上海大剧院演出的纪录片，顿时被它浓郁的艺术氛围和美妙的景观深深吸引，于是毛遂自荐寄上了个人资料和代表唱片，要求来上海工作，在通过了严格面试后成为上海广播交响乐团的正式签约演员。对雷纳德而言，中国最迷人的地方是人与人之间的奇妙氛围，注重大家庭的关系，人们互相关心并十分亲热，和欧洲人礼貌但疏远的气氛完全不同。至于烦恼，雷纳德认真地说："我吃过很多好吃的中国菜，可不知道名字，无法点菜！"

年轻的低音长号演员杰夫·迪今年5月刚刚从朱丽叶音乐学院获得硕士学位，毕业时参加了由多明戈担任艺术总监的华盛顿歌剧院交响乐团惟一的低音长号席位的竞争，并在数百名应试者的层层选拔中坚持到最后一轮，在以微弱差距与几十年一遇的机会失之交臂后，他随即接受了邀请，加入了上海广播交响乐团。

在这个历史很短、建团不到10年的年轻乐团中工作，杰夫感到与欧美大部分历史感厚重的乐团相比另有一番滋味。"年轻的团体非常有活力和凝聚力，看中国演员排练，让我觉得他们不是在工作，这就是他们愉快而专注的生活，而且同行的演员水平也很高，比较容易融入其中，感觉自己成为其中的一分子。我真高兴我选择了这里。"

谈到上海，杰夫认为这里的生活一点不比他所熟悉的纽约单调，相反他每个星期都会和朋友一起去发现上海新鲜有趣的好去处。上海青年人爱去的钱柜卡拉OK、衡山路酒吧街都令杰夫觉得很COOL！在设备一流的健身俱乐部，杰夫很快找到了热爱健身的中国"同好"，在这座东方大都市中生活，他觉得很惬意。

为了去上海大剧院排练方便些，杰夫在靠近西藏南路的老城区里借了一套公寓。他说，每次看见弄堂口一大群人围在一起打牌或下棋，甚至就是一起抽烟聊天，杰夫就会觉得这是一种美国现代都市生存环境下完全不可能存在的另一种生命体验，"人们之间如此亲密、相互信任和依靠，上海人一定都很快乐和幸福吧。"

至于说烦恼，可能是为了给记者留些面子，杰夫推托好久才说："我觉得这里交通情况有点疯狂，坐在出租车上我经常会感到恐怖。"

(上海《文汇报》2001-10-15)

生词 (4.4)
Vocabulary

1.	交响乐团 交響樂團	jiāoxiǎngyuètuán	（名）	由管乐和弦乐队组成的大型乐队 symphony orchestra; philharmonic
2.	外援 外援	wàiyuán	（名）	外国或外来力量的帮助 foreign aid
3.	精湛 精湛	jīngzhàn	（形）	技巧高超 consummate; exquisite
4.	曝光 曝光	bào guāng		暴露出来，让人知道 exposal
5.	常客 常客	chángkè	（名）	经常来的客人 frequenter; familiar; habitue
6.	双簧管 雙簧管	shuānghuángguǎn	（名）	一种西方的管乐 oboe
7.	汹涌 洶湧	xiōngyǒng	（形）	非常激烈；非常快 gust; welter; surge
8.	一见钟情 一見鍾情	yíjiàn zhōngqíng	（习）	第一次见面就喜欢上了 fall in love at first sight
9.	纪录片 紀錄片	jìlùpiàn	（名）	记载事件或历史的电影 newsreel; documentary film
10.	顿时 頓時	dùnshí	（副）	马上、立刻 at once; immediately
11.	毛遂自荐 毛遂自薦	Máo Suí zìjiàn	（习）	自己推荐自己 volunteer one's services
12.	总监 總監	zǒngjiān	（名）	总负责人 majordomo
13.	失之交臂 失之交臂	shīzhījiāobì	（习）	很遗憾地错过 just miss the opportunity
14.	凝聚力 凝聚力	níngjùlì	（名）	把人或物团聚到一起的力量 cohesion; cohesive force
15.	惬意 愜意	qièyì	（形）	愉快 pleased; satisfied; contented
16.	推托 推託	tuītuō	（动）	找借口不做 dodgery; shift; tergiversate
17.	恐怖 恐怖	kǒngbù	（形）	害怕 fear; horror; terror

报刊惯用语汇及表述模式

1. ……既然如此，……

   这个句型一般表示对前一种情况的确认和引出下一步行动的内容。这种句型往往暗示出上面的情况并不是一种理想的状态。但在进行一种新的行动和表述时，要根据上述情况来决定下一步行动。例如：

   (1) 这位女士在外援们已中有了"老上海"的美誉，以至于当记者表示要采访她时，翻译小唐说又是她吗？既然如此，记者只好调整方向，并很快在新人里找到了目标。
   (2) 我本来想请他们去吃法国饭，可是他们都说还从来没吃过日本饭。既然如此，那我就先请他们吃日本饭吧。

2. ……俨然……

   这种句型常常用来表示不是真的，但却很像真的，甚至有时候比真的还像(这种句型有时候有贬义)。例如：

   (1) 虽然刚在申城不过月余，但雷纳德俨然一副"中国通"的样子。
   (2) 我到这个单位来找他们的负责人联系，可是这个人却拦住我问这问那，俨然他就是负责人似的。后来我才知道，他只是个普通工作人员。

3. ……已属……，但……

   这种句型一般表示一种强调。这种强调里有一种让步状态，表示"勉强算……"；后面的句型表示一种更进一步的出乎意料的情形例如：

   (1) 在沪上骑车上下班的老外已属罕见，但雷纳德还选了一部式样十分落伍的黑色男车。
   (2) 我们真的发现了奇迹！平时找到几个恐龙蛋已属很幸运了，但在这块小小的地方我们竟发现了几百枚恐龙蛋。

4. 对……而言，……

   这个句型表示"从……的角度看"，"用……的见解来说"或"以……的情况而论"，表示一种设身处地的看法。例如：

(1) 对雷纳德而言,中国最迷人的地方是人与人之间的奇妙氛围、注重大家庭的关系,人们互相关心并十分亲热,这些和欧洲人礼貌但疏远的气氛完全不同。

(2) 损失了一个月的工资不是件好事,但对杰夫而言这却是一个难得的机会。他利用这一个月游览了大半个中国,这对提高他的艺术很有帮助。

5. ……与……失之交臂

这种句型表示错过了一种难得的机遇,是一种很深的遗憾。"失"指错过。"交臂"指擦肩而过。例如:

(1) 在以微弱差距与几十年一遇的机会失之交臂后,他随即接受了邀请加入了上海广播交响乐团。

(2) 为了这场国际比赛他已经准备了四年,几乎做到万无一失了,可没想到仅仅因为一个动作的失误而导致了他和世界冠军的称号失之交臂。

小词典
跟本文有关的背景资料及术语介绍

1. 外援

"外援"一般指外部来的支援,特别是指来自外国的支援。中国改革开放以来,在体育和文艺界开始吸收一些外籍的球员、艺术家参与比赛和演出来加强自己的实力,特别是在一些源自国外的文体项目如足球、交响乐等方面聘请国外的教练、球员和演员的现象比较突出。

2. 中国通

"中国通"过去指一些了解中国的外国人。早期是指一些外国传教士和商人,后来指海外研究中国文化的学者等。现在也用来泛指一些了解中国文化和生活的外国人。

3. 朱丽叶音乐学院

世界著名的音乐学院之一,设在美国纽约市。这个学院培养了大批著名的演奏家和声乐艺术家、理论家、歌唱家等等。

4. 弄堂

上海吴方言,指小巷、胡同。是市民或老百姓聚居和生活、栖息、娱乐和谈话的地方。上海市住房一直比较紧张,所以人们时常聚集在住家附近的弄堂谈话娱乐和交流情况,形成了上海地区独特的"弄堂文化"。

练习题

一　根据词性搭配画线连词

接受	目标	参加	依靠
找到	吸引	接受	同好
深深	学位	找到	竞争
获得	关系	相互	单调
注重	采访	生活	邀请

二　根据课文内容选词填空

1. 精湛的技艺和姣好的外貌使她"曝光"率极高,在演出之外频频接受各路媒体采访,成了电视、电台专栏节目的_____,在外援们中有"老上海"的美誉。

　　　　　　　　　　　　　　　　(信息　　常客　　希望)

2. 原来他的家乡是苏黎世附近一个只有几万人的小镇,他走在上海街头的汹涌的人流中感觉非常陌生和_____。

　　　　　　　　　　　　　　　　(恐怖　　奇妙　　现代)

3. 对雷纳德而言,中国最_____的地方是人与人之间的奇妙氛围,人们互相关心并十分亲热,和欧洲人礼貌但疏远的气氛完全不同。

　　　　　　　　　　　　　　　　(迷人　　高兴　　完美)

4. 谈到上海,杰夫认为这里的生活一点不比他所熟悉的纽约_____,相反他每个星期都会和朋友一起去发现上海新鲜有趣的好去处。

　　　　　　　　　　　　　　　　(舒服　　迷人　　单调)

5. 在设备一流的健身俱乐部,杰夫很快找到了热爱健身的中国"同好",在这座东方大都市中生活,他觉得很_____。

　　　　　　　　　　　　　　　　(方便　　惬意　　爱)

三　用指定的词语完成句子

1. 这位学者在美国非常有名,_____
_____。(以至于)

2. 他看上去对这件事很熟悉_____。（俨然）

3. 既然如此，_____。

4. 对于上海工作的外国人而言，_____。

四　判断画线部分，并予解释

1. 长笛手爱丽丝已经在上海生活了一年半多了。精湛的技艺和姣好的外貌使她"曝光"率极高，成了电视、电台专栏节目的常客，<u>在外援们中有"老上海"的美誉</u>。
   是指_____

2. 为什么选择上海呢？雷纳德自称和上海<u>"一见钟情"</u>。他有一次在苏黎世偶尔看到介绍上海芭蕾舞团在上海大剧院演出的纪录片，顿时被它浓郁的艺术氛围和美妙的景观深深吸引。
   是指_____

3. 在这个历史很短、建团不到10年的年轻乐团中工作，杰夫感到与欧美大部分历史感厚重的乐团相比<u>另有一番滋味</u>。
   是指_____

4. 今年8月底刚刚到达上海的雷纳德虽然刚在申城不过月余，但雷纳德<u>俨然一副"中国通"的样子</u>。
   是指_____

五　按照正确顺序组合下列句子

1. A. 成了电视、电台专栏节目的常客
   B. 精湛的技艺和姣好的外貌使她"曝光"率极高
   C. 在演出之外频频接受各路媒体采访
   　1)　　　　2)　　　　3)

2. A. 和欧洲人礼貌但疏远的气氛完全不同
   B. 人们互相关心并十分亲热
   C. 中国最迷人的地方是人与人之间的奇妙氛围
   　1)　　　　2)　　　　3)

3. A. 但雷纳德还选了一部式样十分落伍的黑色男车
   B. 看到记者惊讶的样子，雷纳德得意地问
   C. 在沪上骑车上下班的老外已属罕见
   D. "328元，上海牌子的自行车，不算太贵吧？"
   　1)　　　　2)　　　　3)　　　　4)

4. A. 让我觉得他们不是在工作
   B. 看中国演员排练
   C. 这就是他们愉快而专注的生活
   　1)　　　　2)　　　　3)
5. A. 在这座东方大都市中生活,他觉得很惬意
   B. 杰夫很快找到了热爱健身的中国"同好"
   C. 在设备一流的健身俱乐部
   　1)　　　　2)　　　　3)

六　写作练习

1. 细读课文,进一步理解这种新闻报道文体写作的基本特点。
2. 作者是怎样报道这个新闻题材的?他用了哪些例子来说明问题?
3. 作者为什么选取了现在这两个例子?他是怎样描写外国人眼中的上海的?
4. 请用一句话来写出这篇文章的中心思想。
5. 请你采访一下你们班级的外国同学,写出他们对新学校的看法。

七　课堂讨论题

1. 中国的交响乐团为什么要外援?你觉得请外援是不是一个好办法?
2. 为什么很多外国演员愿意到上海乐团去工作?
3. 作者是怎样介绍上海的环境和工作状况的,外国演员是怎样评价他们的新的生活的?
4. 如果有机会,你愿意不愿意去中国工作?为什么?

> **泛读篇**
>
> 风格和内容解析： INTRODUCTION OF THE WRITING STYLE
>
> 　　这篇报道是一篇科技方面的新闻,但因为跟中国人有关,所以受到了作者的留意和重点报道。在这类科技新闻报道文体中往往有很多技术性语言,所以作者在文章开头先报道结论和内容概括,让读者先知道谜底,增强读下去的信心和兴趣。
> 　　下面的部分作者报道观点的来源和结论的出处,坐实内容的根据。其后给予更详细的介绍和阐释。这种报道文体的特点是要尽量把道理说得浅显生动,同时要顾及观点的全面,尽量避免先入为主和片面强调自己喜欢的内容,做到客观、公正。本文在结尾部分作者介绍不同观点就是为了全面和客观评价文章中介绍的观点所做的努力。

中新日韩人智商冠全球

　　【本报讯】 一项研究结果显示,国家的富强与国民的平均IQ水平有密切关系。报告并指出,中国内地、香港、台湾等太平洋边缘地区居民的IQ水平全球最高。

　　据英国《泰晤士报》10日报道：北爱尔兰阿尔斯特大学心理学荣誉教授林恩,与芬兰坦佩尔大学政治科学系荣誉教授范汉南研究了全球60个国家和地区的民众智商与当地生产总值(GDP),结果发现两者之间具有明显的关联。他们还发现太平洋沿岸地区居民的IQ最高,中国内地、香港和台湾,以及新加坡、日本和韩国的平均IQ都达到105。

　　根据他们的调查,欧洲、美国、加拿大、澳洲和新西兰人口的平均IQ为100,而南亚、非洲和加勒比海地区人口国家的平均IQ在100之下。

　　在比较各地经济表现之后,他们的结论是,各地的财富差异,58%可用IQ解释。他们称,70以上的IQ每升1点,人均GDP就平均增加约500英镑(约6500港元)。研究报告称IQ高的人能学会复杂技能,制造出迎合世界需求的货品。

　　研究指出,人均IQ高的地方的公共服务,如交通和电信等能提高效率,这些地方的领袖亦多属聪明人,能有效治理经济。不过,政治和经济因素会令IQ派不上用场,例如中国内地、俄罗斯和东欧人的IQ都超过100,但GDP却很低,这些地方过去是靠政治控制市场发展的。

　　林恩教授称:"现在中国推行市场经济,增长加快至每年10%。比欧洲的2%高得多。"他预料中国可在50年内与欧洲和美国看齐,成为新的世界经济和军事强国。

　　其他有利因素如天然资源亦能把IQ低的国家的GDP提升,例如海湾国家的石油、博茨瓦纳的钻石和百慕大吸引游客的气候。

　　虽然IQ很大程度上是遗传得来的(约50%),但环境因素亦能提高IQ,发达国家的平均 IQ 一代就可提升 25 点之多。

　　林恩教授称:"无可否认,营养欠佳对 IQ 有影响。英国约有 10% 儿童营养不足,如果他们在发育期服食营养补充剂,IQ 可提升 5 点。在营养不良严重的发展中国家,营养补充剂可令 IQ 提升 10~15 点。"他说:"教育水平低或缺乏教育也有害 IQ,有人说能刺激思维的科技如电脑游戏是 IQ 上升的原因。"

　　他们呼吁国际救援组织改善怀孕妇女和婴儿的营养,协助发展中国家摆脱贫困,因为营养是决定 IQ 的最重要环境因素,而 IQ 是影响国家财富背后的最大原因,这是良性循环。

　　不过,心理学家詹姆士批评该研究把 IQ 和教育相混淆,过分依赖受文化影响的 IQ 测验来判断智力。他说,一个出身工人家庭的孩子,如被中产阶级家庭收养,IQ 会提升约 12 点。因此良好的教育制度对经济有利,而富裕国家的教育制度通常较好。

(《世界日报》2003-11-11)

生 词 (4.5)
Vocabulary

1.	密切 密切	mìqiè	(形)	很紧密的 osculation; intimate
2.	迎合 迎合	yínghé	(动)	讨好 cater for; cater to
3.	电信 電信	diànxìn	(名)	电子通信 telecommunication
4.	钻石 鑽石	zuànshí	(名)	金刚石 diamond
5.	遗传 遺傳	yíchuán	(名)	由上一代给下一代传递的 descendiblity; heredity; inherit
6.	补充剂 補充劑	bǔchōngjì	(名)	补充的物品 replenish; supplement
7.	呼吁 呼籲	hūyù	(动/名)	呼喊,引起社会注意 appeal; appeal to; call on
8.	救援 救援	jiùyuán	(形)	救助和支援 succor
9.	循环 循環	xúnhuán	(动/名)	重复性的运动或变化 cyc; circulate; circulation
10.	混淆 混淆	hùnxiáo	(动)	混杂零乱 confusion; garble; mix up

浏览测试
Reading For Main Ideas

这篇文章谈了下面几个主要的内容。第一个内容我们已经为你提供,请你写出其他两个句子来总结出另外两个主要内容:

第一个内容:
有人通过研究说明,智商高的民族,国家会富强。

第二个内容:
_____。

第三个内容:
_____。

阅读细节
Reading For Details

- 细读下面的回答并圈出正确的结论。
- 和你的同学比较、讨论,看看谁的答案对。

  1. 科学家认为 _____ 的人智商最高。
     A. 美国 / 欧洲   B. 加拿大 / 澳洲   C. 太平洋边缘地区

  2. 研究证明,IQ 高的人能 _____。
     A. 使各地财富差异   B. 学会复杂技能   C. 增加约 500 英镑

  3. 研究者认为现在中国市场经济每年增长 _____ 跟 IQ 有关。
     A. 58%   B. 10%   C. 2%

  4. 能把 IQ 低的国家 GPD 提升的原因还有 _____。
     A. 遗传得来   B. 市场经济   C. 天然资源

深度阅读
Reading Between The Lines

- 和你的同学讨论下列问题,并写出你们的答案。

1. 你认为这篇文章报道的内容有没有道理?智商跟一个国家的进步和工商业的发展有没有关系?
   _____

2. 研究者是根据什么得出了 IQ 水平高的国家 GDP 高的结论的?
   _____

3. 研究者认为,怎样才能提高 IQ? 请举例说明。
   _____

> **速读篇**
>
> **速读练习** 在速读练习中你不必查字典,也不必认识课文中的每一个字。如果除了提供的词汇你还有生词,你可以根据上下文来猜测生词的意思,试着读懂课文的内容。这种练习的目的是让你忽略细节,争取读懂文章的主要内容。

汉语跃居美第三流行语言

仅次于英语与西班牙语　　两百万人在家使用　　移民激增造成文化冲击

【美联社华盛顿8日电】 人口普查局8日说,几乎有五分之一的美国人在家里使用英语之外的其他语言,总数在过去10年剧增将近50%。其中使用西班牙语的人数最多,其次是汉语。说俄语的人也急剧增加。

汉语是除了英语和西班牙语之外,美国家庭第三普遍的语言,有两百万人在家说汉语,比操法文、德文或意大利文的人还多。

人口普查局说,2000年五岁以上的美国人有4700万人在家使用外语,约占美国人口的五分之一,而10年前的比例为七分之一。因为英语能力有限而被视为"语言孤立"的人随之增加。

一些分析家表示,这些人可能无法完全融入美国社会,从事许多活动也有困难,像采购杂货,或与警察或消防人员沟通。不过,美国五岁以上人口有92%英语能力没有问题。过去10年,美国的西班牙语人口跃增62%,达到2810万人,其中55%英语也说得"非常好"。

这些统计数字进一步反映了1990年以来移民激增的现象,使西语裔超越非洲裔,成为美国最大的少数族群。

加州、新墨西哥州和德州是非英语家庭比率最高的地方,不过在过去10年,外语家庭增加最多的,还是内华达、乔治亚和北卡罗来纳州等西语裔移民增加最快的地区。

这种趋势对美国文化造成了广泛的冲击。许多学区急着寻找双语教师,以应付大批新移民学生。人口普查局2000年首次以中文、韩文、西班牙文等外语印制问卷。越来越多的公司针对外语族群设计宣传行销材料。

2000年的人口普查资料显示,美国五岁以上人口有8%英语能力不太好,约有1190万人住在语言孤立的家庭,也就是家里没有一个14岁以上的人英语"很好",这个数目比1990年增加了54%。

(《世界日报》2003-10-09)

生词 (4.6)
Vocabulary

1.	剧增 劇增	jùzēng	（动）	急速增加 leap
2.	消防 消防	xiāofáng	（动）	灭火的设备和人员 fire control; fire fighting; fire protection
3.	跃增 躍增	yuèzēng	（动）	跳跃性增长 increase rapidly
4.	双语 雙語	shuāngyǔ	（名）	两种/国语言 bilingual
5.	行销 行銷	xíngxiāo	（动）	推销和广告 marketing

练习题

一 请根据课文判断正误

1. 人口普查局发现,几乎有 1/5 的美国人在家里说汉语。（   ）
2. 在美国,使用西班牙语的人数最多,其次是汉语。说俄语的人也急剧增加。（   ）
3. 美国有两百万人在家说汉语。（   ）
4. 分析家认为,大部分人说外语是因为无法完全融入美国社会,但有一半以上英语说得非常好的人也在家说外语。（   ）
5. 从说外语的统计数字上可以看出美国移民的情况。（   ）
6. 说外语的人越来越多,这种现象引起了美国社会的注意。（   ）

二 请根据课文回答下列问题

1. 这篇文章介绍了美国人口调查的情况。为什么美国有那么多的人使用外语？在你们国家的情况怎样？
2. "语言孤立"会导致什么样的情况？如何克服这种现象的发生？
3. 新移民激增对美国的社会和经济会造成什么样的影响？请举例说明。
4. 你认为在美国说汉语的人越来越多是一种好现象还是一种坏现象？它对美国社会将有什么样的影响？为什么？

> **精读篇**
>
> 风格和内容解析： INTRODUCTION OF THE WRITING STYLE
>
> 这是一篇内容比较新奇的新闻报道,从题目上我们就能看出来。在写法上它采用的是"倒金字塔"的结构,先提供结果,再抖包袱。
>
> 在介绍完总体情况后,作者开始对新闻事件进行逐一回放,同时提出了问题的争议性。最后在文章中交代了相关的背景。因为这是一篇短的新闻报道,而且事情还在进一步发展,结果有待出现,所以本文没有结论和最后的报告。
>
> 整篇文章采用了客观、真实的态度,对新闻事件没有加以评论,同时介绍了各方的立场。文笔明白生动。

恐怖分子上诉　最高法院受理

关达纳摩押外国嫌犯　未审即囚是否合法　明年起论证

【本报综合华盛顿十日电】　联邦最高法院同意受理古巴关达纳摩美国海军基地被关押的外国囚犯提出的上诉案,以决定美国当局未经审判即关押这些凯达恐怖组织及前阿富汗神学士政权*战士是否合法。

这是9·11事件以后布什总统下令美国展开反恐战争以来,最高法院首次同意受理涉及未经审判即关押外国人犯行动的合法性案件。

最高法院大法官宣布,他们将从明年开始听取有关此案的论证。这项行动使大法官们卷入了有关个人自由与国家安全的基本辩论。

最高法院表示,它的裁决将"限于美国法院是否对外国囚犯挑战关押行动合法性的案件具有管辖权"。关达纳摩*基地目前关押着来自42个国家的大约650名外国囚犯,其中多数是2001年9月12日美国展开推翻阿富汗神学士政权之后逮捕的,美国认为这个政权窝藏恐怖活动首脑宾拉丹**和他的凯达组织战士。***

布什政府以国家安全为由,拒绝把这些囚犯视为可以受日内瓦公约保护的"战俘"(prisoner of war),而把他们称为"敌方战斗人员"(enemy combatant)。

司法部长艾希克罗与司法部其他高级官员表示,他们反对美国法院对此种关押行动发表意见。

维护人权人士一再反对布什政府此种关押行动,指其非法,想要利用此种诉讼引起人们的注意。

较低层法院的法官曾裁决,这些囚犯不能利用美国的法院向关押行动挑战,因为美国法院对古巴的基地并没有管辖权。

*中国内地通译为塔利班
**中国内地通译为关塔那摩
***中国内地通译为本·拉登
****中国内地通译为基地组织

16名囚犯的律师代表他们向联邦最高法院就此裁决提出上诉。他们之中包括12名科威特人,两名英国人和两名澳洲人,大多数是穆斯林。这16人都没有正式被指控罪名,也未能与律师磋商或会见家人。

(《世界日报》2003-11-11)

生 词 (4.7)
Vocabulary

1.	恐怖分子 恐怖分子	kǒngbùfènzǐ	(名)	从事暗杀、破坏等恐怖活动的组织和个人 terrorist
2.	受理 受理	shòulǐ	(动)	接受并办理 accept and hear a case
3.	最高法院 最高法院	zuìgāo fǎyuàn		国家最高的法律机构 areopagus; sup.ct; supreme
4.	海军 海軍	hǎijūn	(名)	在海上作战或执行任务的军队 navy
5.	基地 基地	jīdì	(名)	作为某种事业基础的地区 base
6.	关押 關押	guānyā	(动)	作为罪犯关起来 lock up; put in prison; jug
7.	凯达 凱達	Kǎidá	(名)	一个国际恐怖组织 Al-Qaeda
8.	神学士 神學士	Shénxuéshì	(名)	阿富汗的宗教政府领导者(塔利班) Tliban
9.	论证 論證	lùnzhèng	(动)	讨论和证实 argumentation; demonstrate; reasoning
10.	裁决 裁决	cáijué	(动)	裁判和决定 arbitrament; verdict; finding
11.	挑战 挑戰	tiǎozhàn	(动)	挑衅并迎战 challenge; dare; defy
12.	敌方 敵方	dífāng	(名)	敌人一方 enemy; oppose
13.	穆斯林 穆斯林	Mùsīlín	(名)	伊斯兰教徒的统称 Muslem; Muslim
14.	指控 指控	zhǐkòng	(动)	指责和控告 accusation; indict

15. 磋商	cuōshāng	（动）	仔细讨论、反复商量
			consultation; negotiation
磋商			

报刊惯用语汇及表述模式

1. ……同意受理……

这种句型一般用于一种跟法律和案件、争端有关的内容。它往往表示对一种事实认定的基础上的决定。一般是指接受案件并同意处理。例如：

(1) 联邦最高法院同意受理古巴关达纳摩美国海军基地被关押的外国囚犯提出的上诉案，以决定美国当局未经审判即关押这些凯达恐怖组织及前阿富汗神学士政权战士是否合法。
(2) 这个案子已经拖了三年。过去一直以证据不足为理由被回绝。谢天谢地，这次终于被同意受理了，我希望我们最终会打赢这场官司。

2. 使……卷入……

"卷入"本来是指不情愿地介入。"使卷入"表示通过一定的方式使不能回避。有时这种句型不一定都代表被动的形式，但它一般都是表示介入一种富有贬义的内容或事实。例如：

(1) 最高法院大法官宣布，他们将从明年开始听取有关此案的论证。这项行动使大法官们卷入了有关个人自由与国家安全的基本辩论。
(2) 老李本来并不想介入他们的纠纷，可是后来的事实不断地牵涉到他，使他不得不卷入了这场矛盾中去。

3. 以……为由

这种句型通常表示采用一个借口或寻找一个理由来做某件事情。请注意这个句型暗含一种贬义，它一般表示说话者不同意这个理由。例如：

(1) 布什政府以国家安全为由，拒绝把这些囚犯视为可以受日内瓦公约保护的"战俘"，而把他们称为"敌方战斗人员"。
(2) 他以他家住得离学校太远为由常常迟到和不来上课，到了学期结束，他的成绩不及格，最后被指定下个学期要重读这门课。

4. ……一再……

这种句型常常用来表示不断地、不止一次地坚持做某件事。例如：

(1) 维护人权人士一再反对布什政府此种关押行动，指其非法，想要利用此种诉讼引起人们的注意。

(2) 虽然我一再告诉他必须及时复写并按时交作业，可是他是一再不听。最后的结果是他的成绩不及格。

小词典
跟本文有关的背景资料及术语介绍

1. **关达纳摩基地**

   关达纳摩基地是美国在古巴的一个海军基地。美国在反恐战争开始以来，在这个基地关押了在阿富汗战争中俘获的战士和其他人员。由于这个基地不属于美国领土，美国的一些法律在此不适用，所以有些囚犯不能够提出诉讼的要求等。

2. **阿富汗神学士政权**

   指阿富汗的以极端伊斯兰教派统治思想为主的教派和它所代表的政权。这个政权强烈反对西方的思想、科技和娱乐，神学士是其统治阶级的代表。这个集团于1997年夺得统治权，控制阿富汗90%的领土。他们自称是忠诚的伊斯兰教信徒并支持宾拉丹的恐怖主义活动。

3. **宾拉丹**

   宾拉丹出生于1957年，是沙特阿拉伯一个富商之子，具有工程师学历背景，信仰伊斯兰教，曾经参加阿富汗"回教圣战"。宾拉丹具有宗教热情，曾经放弃经商，献身反对苏联入侵阿富汗的宗教战争。苏联撤退后，他跟沙特阿拉伯和美国决裂，继续支持伊斯兰教圣战。宾拉丹现在被认为是反美势力的坚定代表和支持国际恐怖主义活动的总后台。

4. 日内瓦公约

文中指国际战争中的人道主义法律条例。它包括一系列的国际法规,在现代国际法中,指一些在日内瓦签订的条约。它专门规定了给予战争受难者(包括武装部队的伤、病员、战俘和平民等)人道主义待遇和保护的原则。有两个基本条款构成了其基础和核心:一,战俘是处于敌国国家权力之下的俘虏,他不能由俘获战俘的个人或军事单位任意处置。对于战俘的任何非法对待,拘留战俘国应在处罚肇事者的同时,承担相应的国际责任。二,战俘在任何情况下都须得到人道待遇。人道待遇,是指战俘享有一切战争法所规定的基本权利,包括人身自由、财产保护、宗教信仰、民事权利、适当的劳动强度、一定的生活和居住条件、免费的医疗待遇、接受国际社会的援助和保护等。

练习题

一 根据词性搭配画线连词

同意	论证	卷入	注意
提出	罪名	关押	辩论
指控	受理	引起	囚犯
听取	上诉	受理	案件

二 根据课文内容选词填空

1. 联邦最高法院同意_____古巴关达纳摩美国海军基地被关押的外国囚犯提出的上诉案,以决定美国当局未经审判即关押这些凯达恐怖组织及前阿富汗神学士政权战士是否合法。

(解决　　受理　　完成)

2. 最高法院大法官宣布,他们将从明年开始听取有关此案的_____。这项行动使大法官们卷入了有关个人自由与国家安全的基本辩论。

(论证　　受理　　同意)

3. 最高法院表示,它的_____将"限于美国法院是否对外国囚犯挑战关押行动合法性的案件具有管辖权"。

(关押　　卷入　　裁决)

4. 维护人权人士_____反对布什政府此种关押行动,指其非法,想要利用此种诉讼引起人们的注意。

(曾经　　经常　　一再)

5. 较低层法院的法官曾裁决,这些囚犯不能利用美国的法院向关押行动_____,因为美国法院对古巴的基地并没有管辖权。

(反对　　挑战　　指控)

三 用指定的词语完成句子

1. 最近，美国政府针对外国移民问题召开了重要会议，_____
   _____。（以决定）

2. 这次关于商业贸易的争议涉及了很多国家，_____
   _____。（使……卷入）

3. 你不能以功课多为由 _____
   _____。

4. 虽然我们一再提醒他，_____
   _____。（一再）

四 按照正确顺序组合下列句子

1. A. 他们将从明年开始听取有关此案的论证
   B. 这项行动使大法官们卷入了有关个人自由与国家安全的基本辩论
   C. 最高法院大法官宣布
   　　1)　　　　2)　　　　3)

2. A. 关达纳摩基地目前关押着来自42个国家的大约650名外国囚犯
   B. 美国认为这个政权窝藏恐怖活动首脑宾拉丹和他的凯达组织战士
   C. 其中多数是美国展开推翻阿富汗神学士政权之后逮捕的
   　　1)　　　　2)　　　　3)

3. A. 这些囚犯不能利用美国的法院向关押行动挑战
   B. 较低层法院的法官曾裁决
   C. 因为美国法院对古巴的基地并没有管辖权
   　　1)　　　　2)　　　　3)　　　　4)

4. A. 而把他们称为"敌方战斗人员"
   B. 拒绝把这些囚犯视为可以受日内瓦公约保护的"战俘"
   C. 布什政府以国家安全为由
   　　1)　　　　2)　　　　3)

五 写作练习

1. 细读课文，进一步理解这种新闻报道文体写作的基本特点。
2. 作者是怎样报道这个新闻题材的？他用了哪些例子来说明问题？
3. 作者采用了什么样的角度来报道美国政府的立场？
4. 请用三句话来写出这篇文章的中心思想。

六　课堂讨论题

1. 你认为这则报道说明了美国法律的哪些特色？
2. 美国政府是怎样看待个人自由和国家安全的关系的？
3. 布什政府为什么把关达那摩的囚犯称为"敌方战斗人员"？
4. 美国的法律为什么允许被俘的囚犯上诉？你认为美国的这项法律合理吗？
5. 美国的联邦法院为什么要受理战争中俘获的外国囚犯的上诉案？

学会用字典、猜字、自己读

[附]: 布什反恐官司 连两败

法院裁定不得以"敌方战士"为名无限期关押公民　关达纳摩囚犯有权见律师

【编译综合十八日电讯报道】 布什政府的反恐策略18日在东西海岸联邦法院分别遭到挫折。纽约市曼哈顿联邦第二巡回上诉法院裁决，布什总统无权以"敌方战士"(enemy combatant)名义在国内逮捕美国公民无限期关押并不准其会见律师。旧金山的联邦第九巡回上诉法院则裁决，被关押在古巴关达纳摩湾美国海军基地的外国籍"敌方战士"应有权见律师及接受美国司法体制审理。布什政府表示将再上诉。

第二巡回上诉法院审理的是美国公民帕迪亚(Jose Padilla)在芝加哥被捕案，他被控计划在美国引爆具有辐射威力的"肮脏炸弹"(dirty bomb)而被捕，并被视为"敌方战士"处理。联邦第二巡回上诉法院18日同时下令国防部在30天内把他释放，移交一般法院审判。

第九巡回上诉法院的裁决针对在阿富汗被俘的一名利比亚男子，他目前被关押在关达纳摩。法院裁决，关达纳摩海军基地关押的外国囚犯应有权见律师及接受美国司法体系审理。这是全美第一个此类裁决。

这两个裁决都是由巡回法院三位法官小组以二票对一票达成。

司法部表示，它将寻求针对第二巡回上诉法院的裁决发布暂时禁制令，同时让政府律师考虑是否要向第二巡回法院全院上诉，还是向联邦最高法院上诉。白宫发言人麦克雷兰表示，这个裁决"与宪法明确赋予总统的权责不符"。

白宫目前尚未对第九巡回上诉法院的裁决发表评论，但很可能向全院提出上诉，或向联邦最高法院上诉。

(《世界日报》2003-12-19)

> **速读篇**
>
> 速读练习　在速读练习中你不必查字典,也不必认识课文中的每一个字。如果除了提供的词汇你还有生词,你可以根据上下文来猜测生词的意思,试着读懂课文的内容。这种练习的目的是让你忽略细节,争取读懂文章的主要内容。

布什访英三天　伦敦抢案增两成
警察忙于保护美国总统　无暇兼顾打击犯罪

【中央社伦敦廿六日电】　美国总统布什上周访问英国三天期间,伦敦各区的警力奉命保护布什的安全而无法兼顾打击犯罪,以致伦敦街道的抢案增加了20%,等到布什返美后,伦敦的街道犯罪又恢复到了往常的水平。

苏格兰警方一位发言人指出,这种街道犯罪的形态多半为抢劫妇女的皮包。抢案数量增加的证据显示,只要犯罪区域内的警力减少时,宵小犯罪的胆子就增加。这表示,罪犯多半怀着投机心理,视情况而决定是否下手。

这位发言人指出,2001年9月,美国发生"9·11"恐怖攻击事件后,英国的警察忙于防范恐怖分子活动,无暇顾及这种小型的犯罪,结果也曾出现伦敦街道抢案大幅增加的现象。

根据统计,上星期的头两天,伦敦的街道犯罪案件维持在平均每天150件左右,这是正常的水平。但是到了布什来访的第一天,街头犯罪突然增加至184件;访问的第二天,升至187件;第三天也有177件。布什结束访问离开英国后紧接的三天,伦敦街道每天的犯罪案件分别降至146件、109件以及154件。

英国警方担心,接下来数星期伦敦的街道犯罪仍会居高不下,因为许多警察在上周长时间工作后需要休假,这将会继续造成伦敦32个区域的警力不足。

(《星岛日报》2003-11-27)

生　词 (4.8)
Vocabulary

1. 无暇 無暇	wúxiá	(动)	没有时间 immaculacy; have no time to	
2. 兼顾 兼顧	jiāngù	(动)	能照顾两方面 give attention to two or more things	
3. 宵小 宵小	xiāoxiǎo	(名)	小人、坏人 ganef	

4. 投机 投機	tóujī	（动）	寻找机会做坏事 speculate; gamble; venture
5. 防范 防範	fángfàn	（动）	防备 keep away
6. 居高不下 居高不下	jūgāo búxià	（习）	始终在很高的位置/水平，不可能落下来 in a very high position; in a high ratio

练习题

一 请根据课文判断正误

1. 布什访问英国期间警察很多，因此伦敦抢案减少了。（ ）
2. 伦敦的街道犯罪在警力减少时比较少。（ ）
3. 布什返回美国后，伦敦的街道犯罪比他在英国时减少了。（ ）
4. 伦敦的宵小不喜欢布什，所以在他访问时作案。（ ）
5. "9·11"的时候，伦敦街头的犯罪现象也出现过增加。（ ）
6. 英国警方怕因为布什到英国的访问，伦敦的街头犯罪会有一个持续几个星期的高峰。（ ）

二 请根据课文回答下列问题

1. 美国总统对英国的访问为什么会跟伦敦街头的抢案有关系？
2. 伦敦街头犯罪的主要形式是什么？谁是主要受害者？
3. "9·11"为什么会对英国社会产生影响？这种影响是怎样影响伦敦的？
4. 布什离开以后，为什么英国警方仍然担心伦敦街头的犯罪？

速读篇

> **速读练习** 在速读练习中你不必查字典,也不必认识课文中的每一个字。如果除了提供的词汇你还有生词,你可以根据上下文来猜测生词的意思,试着读懂课文的内容。这种练习的目的是让你忽略细节,争取读懂文章的主要内容。

克林顿仍是最受欢迎的前总统　日程表上排满活动

据哥伦比亚《旁观者报》近日报道,美国前总统克林顿的日程表上排满各种活动,他同夫人通过演讲和著书等赚了大笔金钱。

在离开白宫的最初 16 个月里,克林顿通过演讲、咨询和广告等活动共赚得 1000 万美元收入。这是他的夫人希拉里亲口透露的,而希拉里本人除作为参议员的薪水以外,还有 280 万美元的进账,这是写自传的预付稿酬。预计这本自传一共能为她带来 850 万美元收入。

这位退休的总统已经变成名副其实的超级巨星,他从一个大洲飞到另一个大洲,在东京呆了 3 天就拿走 45 万美元。如果路途短一些,在国外演讲一次要 30 万美元,国内演讲要 12.5 万美元。这个价位已被接受,未来几个月内他的日程表中排出了从新西兰到北爱尔兰的 56 项活动。克林顿的口才是众所周知的。尽管在任期间闹出了诸多丑闻,但克林顿仍是最受欢迎的前总统,而且其知名度和受欢迎程度在卸任以后仍不见减退。借助这一点,克林顿与美国全国广播公司商讨主持脱口秀节目,由于克林顿索要 5000 万美元年薪,双方的谈判最终流产。但克林顿不一定就吃不到这块大肥肉,不久之后便有福克斯电视台和美国广播公司等接踵而至,希望克林顿能加盟访谈、分析和评论节目。

克林顿夫妇正在考虑哪份工作占用的时间更少一些,因为一旦签约就意味着不能满世界旅行,通过谈论全球化、艾滋病和战争等话题来填满自己的腰包。在考虑这个问题的同时,克林顿还可以从克诺夫出版公司拿到 1200 万美元,作为撰写白宫生活回忆录的预付报酬,创下了美国前总统回忆录预付稿酬的最高记录。

尽管希拉里也为家里经济收入作出了贡献,但她主要的精力放在参议员的工作上。怀着当总统梦想的前第一夫人不会做出任何可能影响她走进白宫的事情。当有些参议员批评她身为公务员不应该大卖特卖自己的回忆录时,希拉里决定陪丈夫出席所有的慈善活动。在澳大利亚,克林顿夫妇为医院募得 200 万美元,还筹得 1 亿美元的善款,用于资助"9·11"遇难者子女的教育。现在克林顿又开始为他的总统图书馆筹集建设资金了。图书馆将建在阿肯色州的小石城,需要投资 2 亿美元,克林顿夫妇已筹集了 1.45 亿美元,证明了他们在号召力和唤醒美国人凝聚力方面无可争议的才能。

波士顿大学教授埃伦·埃克哈特说:"在位期间,克林顿打破了陈规,更亲近民众,也犯了些错误,表现出他人性的一面。这一点美国人不会忘记,他们继续爱戴和支持他。"

根据最新民意测验结果,如果这位前总统有意重返政坛,在赢得群众支持方面不会遇到大问题。最近有传闻说克林顿可能会竞选纽约市长,毫无疑问,如果那样,他会获胜。

(《世界日报》2003-12-05)

生　词 (4.9)
Vocabulary

1.	日程表 日程表	rìchéngbiǎo	(名)	设定的日期和工作安排计划表格 calendar; schedule
2.	旁观者 旁觀者	pángguānzhě	(名)	在旁边观看的人 spectator
3.	排满 排滿	páimǎn	(动)	日期和程序都安排满了 arranged fully
4.	咨询 諮詢	zīxún	(动)	问和请教 consultation; refer
5.	透露 透露	tòulù	(动)	放出消息 disclose; reveal; uncork
6.	参议员 參議員	cānyìyuán	(名)	给国家大事提供意见的高级官员 senator
7.	进账 進賬	jìnzhàng	(名)	收入 income
8.	价位 價位	jiàwèi	(名)	价格 price
9.	口才 口才	kǒucái	(名)	演说和使用语言的才能 eloquence; speechcraftonery; arcicality
10.	卸任 卸任	xièrèn	(动)	离开职务 leave off one's post
11.	脱口秀 脫口秀	tuōkǒuxiù	(名)	谈话类的节目 talk show
12.	流产 流產	liúchǎn		中途失败 abort; abortion; miscarry
13.	接踵 接踵	jiēzhǒng	(动)	一个接一个 follow

14. 加盟 加盟	jiāméng	（动）	加入、合作 join in; league
15. 填满 填满	tiánmǎn	（动）	塞满 cram; full in
16. 预计 预计	yùjì	（动）	事先计划 calculate in advance; estimate
17. 善款 善款	shànkuǎn	（名）	捐助的钱 donated money
18. 民意测验 民意测验	mínyìcèyàn	（名）	调查老百姓的意见 mass observation; poll; public-opinion poll

练习题

一 请根据课文判断正误

1. 克林顿夫人亲口透露，她作为参议员的薪水是 280 万美元。（　　）
2. 克林顿离开白宫后开始演讲、咨询和广告活动，他还写自传得到了 850 万稿酬。（　　）
3. 克林顿的口才非常好，他常常被邀请演讲，并得到很多钱。（　　）
4. 美国的广播公司曾经邀请克林顿主持广播节目，但他要价太高，最后没用达成协议。（　　）
5. 克林顿决定写回忆录，他的回忆录稿酬创下了前美国总统回忆录稿酬最高的记录。（　　）
6. 克林顿影响力很大，所以他会很容易地募捐到钱。（　　）
7. 最近传闻克林顿可能会竞选总统，本文认为他会获胜。（　　）

二 请根据课文回答下列问题

1. 克林顿的日程表上排满了什么样的活动？他为什么从事这样的活动？
2. 为什么本文说退了休的克林顿是"名副其实的超级巨星"？
3. 为什么美国人那么喜欢克林顿？请根据本文举例说明。
4. 克林顿夫妇为什么要去出席慈善活动？
5. 美国的媒体和学术界对克林顿的评价怎么样？这篇文章是在褒扬还是在批评克林顿？

> **速读篇**
>
> **速读练习** 在速读练习中你不必查字典,也不必认识课文中的每一个字。如果除了提供的词汇你还有生词,你可以根据上下文来猜测生词的意思,试着读懂课文的内容。这种练习的目的是让你忽略细节,争取读懂文章的主要内容。

市场监督　咬牙来碗肉汤面

【本报讯】 25日临近中午时,上海虹桥国际机场候机楼餐厅。刚下飞机,饥肠辘辘的王先生在看了橱窗里的"明码标价"后,说:"50元一碗牛肉汤面,太贵了。"就头也不回地出了机场大厅。

机场宾馆底楼咖啡室供应的饮料,"咖啡现磨35元,浓咖啡32元",橙汁、鲜牛奶、苏打水、雪碧、红茶等每杯的价格也大都标着24元。就是在上海白领比较推崇的衡山路的哈鲁酒吧,饮料的价格也要比这里低一半多。

在候机楼一家中日合资餐厅,烧牛肉定价80元,砂锅牛肉100元,所有餐饮都要加收10%的服务费。这里只有六七名旅客在吃饭,大都要的是汤面。

市场监督　楼里楼外两重天

【本报讯】 咸阳国际机场候机楼有10多个商品销售柜台或商店,销售的商品主要有食品、服装、图书、中药材、工艺品及土特产。其中,价格高的商品加价幅度较小,价格低的小商品却比一般商场贵出一半甚至一倍多。候机楼二楼内有两家餐厅,其价格水平、饭菜质量与当地三四星级涉外宾馆大致相近。

经常到机场接送客人的司机告诉我们,其实,候机楼外不远处就有不同档次的宾馆和餐馆,饭菜质量、价格都很公道。但是,一般不熟悉机场情况或不便远离候机楼的消费者,就只能在楼里"高消费"了。

(《人民日报》)

生词 (4.10)
Vocabulary

1. 饥肠辘辘 飢腸轆轆	jīcháng lùlù	(习)	非常饥饿 hungry; starve

2. 标价 標價	biāo jià		标示的价格 marked price
3. 推崇 推崇	tuīchóng	(动)	推重和崇敬 canonize; cry up

练习题

一 请根据课文判断正误

1. 王先生不喜欢明码标价的食品,所以走出了机场大厅(　　)
2. 机场的饮料都是西方饮料,所以这篇文章批评它。(　　)
3. 中日合资餐厅的汤面最好吃,所以大家都吃汤面。(　　)
4. 咸阳国际机场东西太贵,老百姓不欢迎它们。(　　)
5. 咸阳国际机场的饭菜虽然贵,但质量不错。(　　)
6. 飞机场外面的餐馆价格不贵,但不熟悉情况的顾客不知道。(　　)

二 请根据课文回答下列问题

1. 为什么飞机场内的食品、饮料价格和别处有那么大的不同?
2. 机场的饭菜那么贵,它们会不会担心没有顾客?
3. 为什么在飞机场附近的其他宾馆和餐馆会比候机楼便宜?
4. 在你们国家的飞机场是不是也有上面的情况?你认为应该怎样解决?

第五章 报纸写作体裁简介

报纸作为群众最喜闻乐见的读物,有其整体一贯的写作风格。比如,报纸上的文章表述多短句,多分段,避免冗长和西化的表述;所使用的词汇尽量规范化和口语化,通俗易懂,有表现力。报纸的语言除了做到容易懂之外,还要生动、切合一般读者的阅读水平,照顾他们的阅读兴趣。此外,报纸为节省篇幅,它在标题和一些正规的表述中往往喜欢使用古汉语或成语等。下面我们打算分别介绍一下相关报纸写作和体裁情况。

第一节 消息和新闻的写作

消息是报社、通讯社、广播电台、电视台关于国内外新近发生的重要事情的报道。如本地消息、最新消息等。

消息和新闻的不同在于,"消息"一般指通过电讯、简讯等形式所作的简短报道,它多用语言文字报道,而"新闻"则兼指通过电讯、简讯和公报、通讯、特写、综合报道等形式所作的报道。它的内容可以是简短的,也可以是很长的。新闻报道的形式不限于语言文字,还可以是图片、电视、电影等。

"消息"作为口语词指口头的或书面的音信。"新闻"作为口语词则泛指社会上最近发生的新鲜事情。

"消息"的特点:

1. 篇幅短小,内容简明扼要,文字干净利落。
2. 常有一段导语,开门见山,吸引读者。
3. 通常一事一报,讲究用事实说话。
4. 更注重时效,报道快速及时。
5. 基本表达方法是叙述。

新闻的写作一般以报道事实为主,不发表意见,讲求客观。报纸上的新闻大多以直述新闻(Straight news)为主。直述新闻是一种最常见、最基本,也是最重要的新闻形式。我们平时看到的90%的本地新闻和国际新闻都属于此类。这类直述新闻一般来自记者的第一手采访、通讯社发出的新闻稿等,它们一般都比较客观、正规,从内容上来说多属于硬性的新闻。

新闻写作要求客观公正,不做主观评论,不带褒贬评价,用语简单明快,主体突出,而不能加入文学描述。它的写作要求语言准确,文句清晰,庄重得体,避免价值判断,善用数字和动词,等等。

新闻一般都由六个基本因素即人物、时间、地点、事件、原因、经过和结果(Who, When, Where, What, Why and How)构成,所以读者一般也都是有意或无意地带着这六个问题来阅读新闻。

报纸上的新闻文章一般都由标题、导语和文章躯干组成。标题是新闻的中心内容,要用简洁、精粹而有吸引力的文字概括新闻的重点和主体,让读者望题而知意。标题是读者对内容的第一印象,是读者决定是否要读下去的第一步,所以,新闻文章起一个好的标题非常重要。

第二个重要之处就是新闻的导语。新闻的导语就是新闻稿的第一段。它通常都是以扼要和简洁的笔触,把新闻的要点和事件轮廓叙述出来,为整个报道定下基础,使读者对新闻的内容产生强烈的兴趣,从而引起阅读的愿望。

新闻导语一般是新闻事件的浓缩和提要,强调事件中最打动人和最有价值的部分。它的段落短,但内容多,信息量大,主要用来强调整篇新闻的意义和价值,它应该言简意赅,表现力强而且文字有活力。

新闻的躯干是新闻的正文,它一般比较全面,它进一步解释和叙述事件的细节,使读者能够更深入地了解新闻事件。另外,它还可以更加详细地补充资料和相关的背景说明等。

第二节　报纸与天下事

现代的报纸除了文字以外,为了增强表现力,往往还利用图片、图表和其他富有表现力的内容来表述新闻,赢得更多的读者。除了图片以外,有时候还要用不同的字体和其他文字技巧来便利读者阅读,这类的内容一般被看作是新闻的辅助体。这种辅助体包括图片新闻、标题新闻、图表等,这类内容往往能够积极有效地烘托和更好地表达新闻效果。

标题新闻一般出现在报纸的比较重要的版面和比较显著的位置。标题新闻一般有两种,一种是利用大号的字体和标题的形式来突出报道新闻事件以引起读者的注意和留心;第二种标题新闻则是起导读的作用,即在第一版或比较显著的位置上用大号字或标题的形式报道新闻事件,然后用小字标出在报纸后面的哪一个版面将有全文的详细报道。这种形式在西方的报纸如《纽约时报》等上面多见,近年来在中国报纸上也大量出现。

此外,还有一种综合上面两种功能的标题新闻形式是用几种大号字体来详细报道新闻事件的内容,标题本身几乎就是一篇小文章,而下面的文章基本上等于是一篇对标题的注解和补充。这样的新闻近年来也越来越多地出现在中国报纸上,具体内容可以参见本书上册的第三章第三节"报纸文章标题的形式和种类"。

至于图片新闻则是以图片报道来突出新闻的可视性它以图片和视觉形象为主,用文字辅助描写说明或提醒一些细节或补充一些图外的信息。虽然如此,文字在这儿也不是可有可无的。好的图片新闻的文字描写可以画龙点睛地突出新闻的意义,从而最大限度地起到突出新闻报道的作用。

生 词 (5.1)
Vocabulary

1.	喜闻乐见 喜聞樂見	xǐwén lèjiàn	(习)	喜欢听见和喜欢看见的 love to hear and see
2.	一贯 一貫	yíguàn	(副)	一直的 all along; persistent
3.	冗长 冗長	róngcháng	(形)	长而使人烦闷的 lengthiness; prolixity; verbiage
4.	西化 西化	xīhuà	(形)	学习西方、变成西方那样 westernization
5.	规范化 規範化	guīfànhuà	(形)	把……变成标准 standardization
6.	切合 切合	qièhé	(动)	符合 match with
7.	缘故 緣故	yuángù	(名)	原因 cause; sake
8.	限于 限於	xiànyú	(动)	受限制 limited to
9.	褒贬 褒貶	bāobiǎn	(动)	评论好坏 appraise
10.	躯干 軀幹	qūgàn	(名)	身体、主要部分 trunk; body
11.	精粹 精粹	jīngcuì	(名)	精华的部分 masterpiece
12.	扼要 扼要	èyào	(副)	抓住要点 to the point
13.	图表 圖表	túbiǎo	(名)	说明内容的图式和表格 chart; graph; diagram
14.	辅助 輔助	fǔzhù	(动)	帮助、辅佐 assistant

15. 烘托	hōngtuō	（动）	在旁边造声势
烘托			foil
16. 注解	zhùjiě	（动/名）	注释和解答
注解			annotation; comment; note
17. 画龙点睛	huàlóng diǎnjīng	（成）	最后做出关键的完成动作
畫龍點睛			make the finishing point

练习题

一 选择题

1. 报纸有整体一致的写作风格比如，报纸上的文章表述多：
   a. 冗长、西化　　　b. 规范、口语　　　c. 短句、分段
2. 报纸的标题和正规表述中喜欢用古汉语和成语是因为它们：
   a. 节省篇幅　　　b. 照顾读者阅读兴趣　　　c. 通俗易懂
3. 标题是一篇新闻的中心内容，所以它一定要：
   a. 简洁、精粹　　　b. 读起来有意思　　　c. 用古汉语或成语
4. 图片新闻是以图片报道来突出新闻的_____为主：
   a. 可视性　　　b. 信息量　　　c. 感染力

二 填充题

1. 报纸作为群众最喜闻乐见的_____，它有其整体一贯的写作风格。比如，报纸上的文章表述_____、多分段，避免冗长和_____的表述。
2. 消息是报社、通讯社、广播电台、电视台关于_____新近发生的重要事情的_____。如本地消息、最新消息等。
3. 新闻的写作一般以_____为主，不发表意见，讲求_____。报纸上的新闻_____以直述新闻为主。
4. 新闻写作要求_____，不做主观评论，不带_____，用语简单明快，主体突出，而不能加入_____。
5. 现代的报纸除了_____以外，为了增强表现力，往往还利用_____、_____和其他富有表现力的内容来表述新闻，赢得更多的读者。

三 思考题

1. 报纸文体的写作风格和其他文体有什么不同？为什么会有这些不同？
2. "消息"和一般新闻报道有什么不同？请举例说明。
3. 新闻的写作有哪些基本要素？为什么要有这些要素？
4. 新闻的报道有哪些辅助体？新闻报道为什么需要辅助体？
5. 为什么报纸上会有标题新闻？标题新闻有哪些种类？
6. 谈谈图片新闻的意义。为什么有的图片新闻还要文字描写？

第三节 通讯的写作

"通讯"主要指通过电报、电话、电传、无线电等形式传递的讯息。

通讯是对新闻事件、人物和各种见闻的比较详尽而生动的报道。它不仅交代发生了什么事,而且交代事情发生发展的来龙去脉以及情节、细节和有关的气氛、背景材料、舆论反响甚至社会效果等等。

通讯与我们上面提到的消息的区别在于

1. 通讯报道的事实比较详尽、完整,而消息则是简略的概述。
2. 通讯比消息更具形象性、生动性,所以也更具感染力。
3. 通讯文体比较自由。
4. 通讯主题鲜明,结构完整。
5. 通讯和消息写作的表现手法不同。
6. 通讯较消息的时效性差。

通讯的特点是:一、容量大,范围广,取材全面。二、讲究结构变化,展开情节、情景交融。三、表现方法多样,结合叙述、描写、抒情和议论,有时亦富有感情色彩和理论色彩。四、篇幅一般较长,时效性的要求比较宽松。

通讯可以根据其内容、题材、表现方式的不同特点分为:记事、访问记、巡礼、速写、散记、侧记、小故事等。而从它反映的内容划分,又可以分为人物通讯、事件通讯、工作通讯和风貌通讯等等。

通讯的写作一般有三种结构:一、纵式结构。二、横式结构。三、纵横结合式结构。纵式结构一般按事物发展的时间顺序来安排材料,同时作者也往往按照自己对事物发展的认识顺序来安排材料。横式结构写作时作者往往以主题立意,以空间变换来安排材料和以事物性质区别来安排材料。纵横结合式结构往往以时间顺序为经,以空间变换为纬,或者以认识顺序为经,以事物性质为纬,着重描写这两类过程之间的进一步交叉渗透,使作品更加显示出开放自由的形态。

描写是通讯写作中的一种重要的表达方式,这与消息写作的区别最为明显。

第四节 特写的写作

特写新闻(Feather stories)仍然是以客观报道为主,不加评论和意见,但比直述新闻更富有人情味和趣味性。一般地说,特写所写的内容不如直述新闻广泛,但题材挖掘要深入得多。如果把直述新闻写作比为广角镜头拍摄,那么特写新闻写作就可以被看成是特写镜头的拍摄。

特写是报告文学的一种。它以描写现实生活中的真人真事为主,辅以艺术加工，以生动形象地反映人物或事物的某个侧面。

报纸上的特写的写作特点是它往往截取新闻事实的一个横断面，即抓住富有典型意义的某个空间和时间，通过一个片断、一个场面、一个镜头来对事件或人物、景物做出形象化的报道的一种有现场感的生动活泼的新闻体裁。它的写作特点在于一、内容集中在一点，着力于细节描写。二、现场感强烈，注重记者的直观反映。三、有较强的文学色彩，形象化地刻画人物和事物。因为有着上述特点和表达上的优势，特写往往可以事先拟定主题或内容进行有目的的采访（如人物专访），或者在一个可以预知的新闻事件（如大型会议、卫星发射、展览、产品发布、事件追踪、一些开幕式或闭幕式等）发生前有准备地取材和写作。比如我们后面章节中所选的《〈上海公报〉奠定美中关系基础》、《乡村义教终无悔》、《跨入大学重返童年》、《神舟五号顺利载人升空》、《海明威变性子后事和解　八子女拒继母分享财产》、《身穿内裤追逐梦想》等都属于这类作品。

由于有着描写手段上的优势和时间上的准备，报纸上的特写往往生动突出地描写人物、事件，比较纵深地报道和塑造人物，拓宽读者对新闻了解的深度和广度，是读者喜爱的一种表达形式。特写的写作比一般的新闻体裁要求更多的文学特色和写作技巧，好的特写能给报纸赢得更多的读者，但因为篇幅较大、内容较多和时效性不强的因素，报纸上也不宜刊载和安排特别多的特写类文章。

生　词 (5.2)
Vocabulary

1.	电传	diànchuán	（名）	通过电讯传递图文的方法／机器
	電傳			fax
2.	来龙去脉	láilóngqùmài	（习）	整个的过程
	來龍去脈			cause and effect; context
3.	巡礼	xúnlǐ	（名）	全面的观察和浏览
	巡禮			make a pilgrimage; tour; sight-seeing
4.	侧记	cèjì	（名）	从一个角度记录
	側記			sidelights
5.	风貌	fēngmào	（名）	风格面貌
	風貌			style and features; scene
6.	纵式	zòngshì	（形）	竖立的方式
	縱式			vertical; endlong
7.	横式	héngshì	（形）	横的方式
	橫式			horizontal; sidelong
8.	渗透	shèntòu	（动）	慢慢地进入
	滲透			filter; infiltration; penetrate

9.	人情味 人情味	rénqíngwèi	（名）	人性的关怀与温暖 the milk of human kindness
10.	挖掘 挖掘	wājué	（动）	发现、寻找 dig; dredge up
11.	广角镜 廣角鏡	guǎngjiǎojìng	（名）	全面拍摄和记录影像的工具 wild-angle lens
12.	截取 截取	jiéqǔ	（动）	切取一个部分 intercept; cut
13.	直观 直觀	zhíguān	（形）	能直接看见的 direct observation; audiovisual
14.	拟定 擬定	nǐdìng	（动）	设计好的 study out; design
15.	追踪 追蹤	zhuīzōng	（动）	沿着痕迹寻找 pursue; trace; trail
16.	优势 優勢	yōushì	（形）	比别的好的地方 predominance; superiority
17.	纵深 縱深	zòngshēn	（形）	很深的内部 depth
18.	拓宽 拓寬	tuòkuān	（动）	开展得更宽广 develop; open up
19.	不宜 不宜	bùyí	（形）	不合适 inadvisable; not suitable

练习题

一 选择题

1. 通讯和消息的不同是通讯比消息的内容：
   a. 快速、明白　　　　b. 精彩、简练　　　　c. 详尽、生动
2. 特写的写作和其他报纸文体的不同是它有更多的：
   a. 人情味和趣味性　　b. 客观性和直述性　　c. 挖掘性和深入性
3. 特写的特点是它_____预先准备和有目的地进行采访。
   a. 不可以　　　　　　b. 可以　　　　　　　c. 偶尔
4. 读者喜欢阅读报纸上的特写作品是因为它们往往：
   a. 有深度和广度　　　b. 题目比较新　　　　c. 时效性不强

二 填充题

1. 通讯不仅交代发生了什么事,而且交代事情发生发展的＿＿＿＿以及情节、细节和有关的＿＿＿＿、背景材料、舆论反响甚至＿＿＿＿等等。
2. 纵式结构的通讯一般按＿＿＿＿的时间顺序来安排材料,同时作者也往往按照自己对事物发展的＿＿＿＿来安排材料。
3. 横式结构通讯写作时作者往往以＿＿＿＿,以空间变换来安排材料和以事物性＿＿＿＿来安排材料。
4. 描写是通讯写作中的一种重要的＿＿＿＿这与消息写作的区别最为。
5. 一般地说,特写所写的内容不如直述新闻＿＿＿＿,但题材挖掘要＿＿＿＿。如果把直述新闻写作比为＿＿＿＿拍摄,那么特写新闻写作就可以被看成是＿＿＿＿的拍摄。

三 思考题

1. 通讯和消息写作的最大不同在什么地方?为什么会有这些不同?
2. 请结合实例谈谈报纸上的通讯写作方面的特色。
3. 报纸上通讯的写作为什么有三种不同的结构?它们各自有哪些特色?
4. 特写新闻和一般的新闻有哪些不同?
5. 请结合实例谈谈新闻特写的特点。
6. 读者们为什么喜欢读报纸上的特写文章?
7. 报纸能不能多刊登或只刊登特写类的文章?为什么?

第五节 评论的写作

报纸上的评论一般指办报者对社会上发生的某些事实或观点、思想的看法和评价。评论有正面的,也有反面的,评论可以表扬也可以批评。

评论是一种特殊的文体。它是一种以议论或论说为主的文章。"天下兴亡,匹夫有责",中国历来有知识分子关心时事和参政议政的传统,特别是在中国近代史和中国人民的爱国救亡、走向现代化的过程中,报纸上的评论文章一直在起着极为重要的作用。

报纸上评论的写作事实上是一种表达报纸编写者看法和意见的写作。它们一般表达作者对某项新闻事件的意见和评价,加上作者或评论者个人的看法和分析,它的目的是讲道理而不在于报道客观的事实。报纸上的评论属于一种阐述性的政论文和论说文,例如在报刊新闻版上的社论、短评、时事分析、时事论坛等都属于此类。

报纸上的评论按照内容和写作技巧划分,有一事一议、数事一议或一事数议

(针对时局、现象或正在发生的延续性的系列的事件——如 1963 年中国《人民日报》九评苏联问题、中国政府近年来关于台湾问题的系列评论等)和无事而议(不一定切合时事但有感而发——如读书有感、读史有感 或书评、影评等) 几种。

一般而言,报纸上的评论比较多见的是一事一议。这样的文章一般对新闻事件或情况的反应比较快速、有力、简洁,富有针对性,因为它大都是对一件具体的事情有感而发,它也比较容易写作。比如我们后面选的文章《"两小时上一次厕所"是什么制度?》、《国产车为何要换洋车标》、《不妨示弱》等都属于这一类。数事一议的评论一般都是指对一种系列发生的内容或对一组相近或相似的新闻现象进行集中的评论。它的好处是系统性强、力量比较集中,对坏人坏事的批判比较准、狠。例如我们后面选的文章《警惕博士学位贬值》、《挤一挤文凭的水分》、《官员"博士化"与不务"政"业》等属于这一类。第三类无事而议的文章的写作比前面两种有些难度,因为它们不一定针对一个具体的新闻事件而写但却要有感而发,有指导意义。这类的文章可以是间接的新闻述评、书评和文化评论、翻案文章等,这类文章虽然跟时事的联系不一定紧密,但也要有新意和启发性,如《"眼高手低"辩》、《服装的语言》等。

报纸上评论的特点一般都是语言简明有力、逻辑性强、以小见大、通俗易懂。这类文章一般就事论事,即使不是就事论事的评论一般也都要阐发出道理来,这种道理往往都会升华,从而使它更具有普遍意义。这种普遍意义一般不仅能使读者受到启发,而且有一定的指导性,能开启读者的思路,以便他们对类似的问题都能有一个明确的看法。这种方法很像传统中国作文中"赋、比、兴"的方法即第一步先表达事实,讲清道理,第二步打比方或通过比较来进一步讨论阐发,最后把事实和比较的结果上升到理论的高度,从而让它们具有理论上的指导意义。

第六节　广告的写作

广告是一种用途广泛的宣传手段。广告一般是通过媒体来传播,它主要刊载在报纸、广播、电视或互联网上。"广"是扩大范围,"告"是目的。随着科技手段的日益发达,现代的广告充分利用了视觉、听觉甚至味觉等各种特殊效果来突出自己的宣传作用,但广告首先的也是最重要的宣传途径还是要用语言来完成。

不管使用什么样的媒介和方法(画面、音乐、综合效果),广告一般还是靠语言表达。所以,广告的语言至关重要。也正是因为这一点,虽然有电视、互联网等高科技手段,报纸上的广告今天仍然是威力最大、流传量最广、宣传效果最好也最有实效的广告。因此,报纸上的广告最流行也最普遍,值得我们重视和了解。

广告上的语言一般不同于人们的口头表达,但它也不同于一般的书面语言。首先,广告的语言要准确、清新、可信,能够打动读者。其次,广告的语言要形象化、描写性强、有影响力,便于传播和记忆。第三,写好广告必须了解大众心理和媒体传播模式,写广告词要有目的性和针对性。

现代报纸上的广告一般都配以图片、图案或相关的视觉材料来突出宣传效果。在本书后面的章节我们将用一些专门的篇幅来讨论报纸广告的文字撰写和图文编排的问题。

生 词 (5.3)
Vocabulary

1. 匹夫 匹夫	pǐfū	(名)	一个人、单人 a single person; everyone
2. 参政议政 參政議政	cānzhèng yìzhèng	(习)	关心政治和议论国家大事 participate and care of the public affairs
3. 救亡 救亡	jiùwáng	(动)	挽救和保卫祖国 save the nation from extinction
4. 阐述 闡述	chǎnshù	(动)	明确地表达 expatiate; exoatiate on
5. 论坛 論壇	lùntán	(名)	讨论和发表的园地 forum
6. 时局 時局	shíjú	(名)	当前的情况和形势 the current political situation
7. 有感而发 有感而發	yǒugǎnérfā	(习)	有了感想而发表它 express with a concern
8. 示弱 示弱	shìruò	(动)	害怕、显示出弱点 show the impression of weakness
9. 翻案 翻案	fān'àn	(动)	改变一些现成的说法 reverse a verdict
10. 升华 昇華	shēnghuá	(动)	提高到一种高度 sublimation; sublime
11. 开启 開啓	kāiqǐ	(动)	打开 / 开辟 turn on; unlock; unseal
12. 途径 途徑	tújīng	(名)	道路 avenue; approach; pass

练习题

一 选择题

1. 报纸上的评论一般指办报者对社会上发生的某些事实或观点、思想的看法和评价,它的写法是:
   a. 通讯/报道　　　　b. 议论/论说　　　　c. 新闻/消息
2. 报纸上评论文章的目的一般都在于:
   a. 报道客观事实　　　b. 表达写作方法　　　c. 讲道理
3. 现代的广告首先的同时也是最重要的宣传途径是通过_____来完成的。
   a. 听觉　　　　　　　b. 味觉　　　　　　　c. 语言
4. 在报纸上,广告语言的优越性主要是靠_____来表达:
   a. 口头　　　　　　　b. 语言　　　　　　　c. 画面

二 填充题

1. 报纸上的评论一般指办报者对社会上发生的某些事实或观点、思想的_____和评价。评论有_____,也有_____,评论可以表扬也可以批评。
2. 报纸上的评论按照内容和写作技巧划分有_____、_____或_____和_____几种。
3. 报纸上评论的特点一般都是语言_____、逻辑性强、_____、通俗易懂。
4. 广告一般是通过媒体来传播,它主要刊载在_____、_____、_____或_____上。
5. 现代的广告充分利用了_____、_____甚至_____等各种特殊效果来突出自己的宣传作用,但广告首先的也是最重要的宣传途径还是要用_____来完成。

三 思考题

1. 报纸上为什么要刊登评论?评论的目的是什么?
2. 评论是一种什么样的文体?它有什么样的作用?
3. 报纸上的评论按照写作技巧划分有哪些种类?
4. 请谈谈报纸上评论写作的基本特点。
5. 报纸上广告的主要特色是什么?
6. 为什么现在有了电视、广播、多媒体,报纸广告的影响力仍然最大?
7. 报纸上广告的语言和普通的口语及书面语有什么不同?

第六章 报纸上的特写（一）

精读篇

风格和内容解析： INTRODUCTION OF THE WRITING STYLE

　　这是一篇人物专访类的特写。作者访问的是一位有历史影响意义的人物，这个题材的意义决定了它的体裁和风格。整篇报道的文风庄重、亲切。为了照顾不同背景的读者，作者首先对被访问的人物给予了简要的介绍。

　　接着，以典型的新闻报道方式进行了采访。时间、地点、人物、事件回放和讨论，题目紧扣《上海公报》的历史意义和现实意义。作者通过被采访的人物基辛格的口，补述了一些重大的史实，使本文不仅有新闻意义，而且有了文献意义。除了回顾历史，作者也关注目前的问题。中美关系是广大读者都关心的大题目，那么让基辛格这样的重要人物作些预测和展望会富有指导意义，而且读者对此一定有兴趣。

　　最后，作者引用了基辛格的祝福作为文章的结尾，鲜明、有力而且意味深长。

《上海公报》奠定美中关系基础
——访亨利·基辛格博士

　　在20世纪下半叶的国际关系中，中美关系的突破无疑是要载入史册的。1972年2月21日美国总统尼克松对中国的访问"改变了世界"，2月28日发表的中美《上海公报》则为中美关系奠定了基础。整整30年过去了，但人们不会忘记为中美关系奠定基础的两国领导人毛泽东、周恩来、尼克松、基辛格。在这些创造了历史的政治家中，目前健在的只有亨利·基辛格博士。记者日前来到基辛格的办公室，采访了这位传奇人物。

　　在纽约著名的花园大道，基辛格宽敞明亮的办公室里，陈列着他与世界各国领导人的合影。其中与中国三代领导人毛泽东、邓小平和江泽民会见的照片放在最前列。

　　提到《上海公报》，基辛格回忆起30年前那段不平凡的历史。他说，在过去

30年里，美中关系已经成为国际政治体系中极为重要的组成部分。现在，人们很难想像出《上海公报》签署之前美中之间根本没有固定联系的那种情景。从这个意义上来讲，《上海公报》标志着一个转折点，有着重要的历史意义，它以非常直截了当、非常坦诚的方式处理了双方共同关心的问题。这是我所熟悉的第一个既表明了分歧，又求同存异的外交公报。《上海公报》为美中双边关系的发展奠定了基础，它强调了双方的共同利益所在，标志着美中关系重要的新起点。它的精神在后来出现的许多情况下都是适用的。

《上海公报》来之不易。基辛格回忆了公报谈判的艰难过程。他说，谈判经历了两个阶段。第一阶段是他1971年10月的中国之行，谈判是从公报的基本框架开始的，双方就公报的基本原则达成了一致。从技术上讲，公报在他这次中国之行时就确定了。周恩来总理为此确定了方向。周总理转达了毛泽东主席的话，说如果我们聚在一起，连一个协议都达不成，就无法给世界一个交代。接着，双方开始讨论公报的文本，这时就不像先前那样公开了，因为我需要经常与尼克松总统商议。

双方决定把对台湾问题的表述留到第二年2月尼克松访华时再最后确定。基辛格说，如何处理台湾问题对我们来说是个难题，因为当时美中还没有正式建交。我们怎样才能在谈及一个中国的同时，又不会特别指明我们是在说海峡两岸的哪一边。最终美方提出了这样的表达方式："美国认识到，在台湾海峡两边的所有中国人都认为只有一个中国。台湾是中国的一部分。"

基辛格认为，《上海公报》之所以会取得突破，主要是因为美中双方都认识到建立直接接触是可能的，也是符合双方共同利益的。尼克松总统一上任，就确立了要与中国建立关系的目标，这是他的国际战略的一个组成部分。中方也有同样的考虑。这都是公报取得突破的基础。

他说，美中当时通过某种外交渠道来建立关系是符合逻辑的，也可以说，双方注定要走到一起。但他同时强调，美中两国领导人在这个过程中发挥了重要作用。如果没有毛泽东、周恩来、尼克松这样的领导人，在当时那样的历史背景下，双方可能不会如此之快地消除各种障碍。这需要双方领导人具有相当的政治权威和信心。从美国方面看，尼克松总统决心避开官僚程序，加速了双边关系正常化的进程。当时美国一些专家也提出了一整套逐步推进的方案，比如先建立经贸关系等，但尼克松总统没有采纳。《上海公报》能够很快谈判成功，也是由于同样的原因。

针对所谓"《上海公报》已经过时"的论调，基辛格认为，"《上海公报》没有过时"。他说，公报的基本精神是在美中之间建立直接合作的关系。虽然冷战已经结束，但相信这个基本精神仍然适用，公报确定的基本方向并没有改变。基辛格指出，《上海公报》有两个独特之处：第一在于双方在公报中表达不同看法的方式；第二是美中宣布了一些共同的目标，这些目标现在仍然有效。通过《上海公报》，美中建立了正常的联系，并奠定了进一步促进政治和战略对话的基础。

谈到目前的美中关系，基辛格说，美国在某些领域是最强的，但不是在所有领域都最强，而且也不是一成不变的。作为技术上最先进的国家，美国当然要重视与中国这个人口最多而富有活力的发展中国家的合作。从某个角度来说，布什总统与江泽民主席也面临着多年尼克松总统与毛泽东主席所面临的同样考验，那就是为双边关系在未来相当长一段时间的发展确定方向。从刚刚过去的20世纪90年代看，美中关系中还存在不少障碍，比如台湾问题，但双方并不想让障碍影响发展。双方都认识到，分歧固然是存在的，但通过各种各样的建设性方式来加强合作，对双方是有益的。合作可以超越对抗。

基辛格指出，当前国际局势变化很快，美中高层的坦诚对话对双方来说都是至关重要的。中国是如此重要的国家，而布什总统又是在如此具有历史意义的一天抵达北京，他当然会意识到这次北京之行的意义。美中两国领导人会发现双方在相当多的方面有着共同的利益。"我期待着他们把美中关系推进到新的阶段。"

基辛格最后表示："请向中国人民和中国政府表达我最良好的祝愿。"他还专为本报的读者写下了纪念《上海公报》发表30周年的题词："上海公报标志着30年前美中关系的一个转折点。我希望美中关系和中国人民的宏伟事业所取得的更大进步将会载入下一个30年的史册。"

(《人民日报》)

生 词 (6.1)
Vocabulary

1.	载入史册	zǎirù shǐcè	（习）	记录进历史书
	载入史册			make a record historically objection
2.	奠定	diàndìng	（动）	建立和确定
	奠定			establish; settle
3.	健在	jiànzài	（动）	健康地活着
	健在			be still living and in good health

4. 宽敞 寬敞	kuānchǎng	(形)	宽阔敞亮 specious; roomy
5. 转折点 轉折點	zhuǎnzhédiǎn	(名)	拐弯的地方 milestone; turning point
6. 直截了当 直截了當	zhíjié liǎodàng	(习)	直接的、不曲折的 not to put too fine an edge on it
7. 分歧 分歧	fēnqí	(名)	不一样的、互相不同意的 bifurcation; branching; difference
8. 求同存异 求同存異	qiútóng cúnyì	(习)	寻找共同点,把不同的地方先保存起来 seek common points while reserving difference
9. 双边关系 雙邊關係	shuāngbiān guānxì		两国或两地的关系 relationship between two countries or to areas farcicality
10. 框架 框架	kuāngjià	(名)	形式和状态 frame; casing
11. 权威 權威	quánwēi	(名)	让人信服的人和力量 authority; princedom; standard
12. 采纳 採納	cǎinà	(动)	采取、吸收 accept; adopt
13. 冷战 冷戰	lěngzhàn	(名)	没有战争的敌对状态;第二次世界大战后美国和苏联之间的斗争状态 cold war
14. 一成不变 一成不變	yìchéngbúbiàn	(习)	永远不变化 invariable; unalterable
15. 坦诚 坦誠	tǎnchéng	(形)	坦率诚恳 honest; frank
16. 宏伟 宏偉	hóngwěi	(形)	伟大崇高 grandiosity; grandness

报刊惯用语汇及表述模式

1. 载入史册

"史册"是记录历史上重大事件的文献。"把……载入史册"表示对一个重大的历史事件的评价。这种句型通常用来表述一些重大的,有里程碑意义的国际和国内大事件。例如:

(1) 在20世纪下半叶的国际关系中,中美关系的突破无疑是要载入史册的。
(2) 中国神舟五号载人飞上太空是将载入中国科技史册的重大历史事件。

2. 奠定……基础

这种句型常常用来表示一种成就和完成状态,而这种状态是另一个更进一步的行动的基础。它通常用来表述比较重要的内容。例如:

(1) 整整30年过去了,但人们不会忘记为中美关系奠定基础的两国领导人毛泽东、周恩来、尼克松、基辛格。
(2) 美国科技卫星成功地登上了火星,这种伟大的科学成就奠定了人类今后更大规模地探讨太空计划的基础。

3. 从这个意义上来讲,……

这种句型表示对一种状态的认可和同意,同时引申发展到下一个命题。例如:

(1) 现在,人们很难想像出《上海公报》签署之前美中之间根本没有固定联系的那种情景。从这个意义上来讲,《上海公报》标志着一个转折点,有着重要的历史意义。
(2) 电脑给现代人的生活和工作带来了很多的方便,我们的日常生活离不开电脑。从这个意义上讲,说电脑引起了现代工业和科技革命、也影响了现代人的思维这句话不算过分。

4. 就……达成了一致

这个句型表示在一定的限制和前提下双方同意某种内容,这是表达一种限制状态的句型,强调的部分在于共同点,这个共同点是镶嵌在句型中间的部分。例如:

(1) 谈判的第一阶段是基辛格1971年10月的中国之行,这次谈判是从公报的基本框架开始的,双方就公报的基本原则达成了一致。
(2) 在这次的会谈中,中英两国领导人在贸易、更进一步经济合作和香港问题等方面的看法达成了一致。会谈在欢乐友好的气氛中结束。

5. 之所以……是因为

这种句型强调一种原因,它以倒装形式出现,先呈现结果,再展示原因,目的不是说明结果,而重在对原因的强调。例如:

(1) 基辛格认为,《上海公报》之所以会取得突破,主要是因为美中双方都认识到建立直接接触是可能的,也是符合双方共同利益的。
(2) 小李告诉我们,她之所以会中国功夫是因为她的爷爷和爸爸都是很有名的武术师,她小时候爸爸几乎每天都教她练习武术。

6. 针对……的论调

"论调"指一种错误的或不受欢迎、不被认可的观点和言论(这个词有贬义)。"针对"表示"对准",这个介词一般也是对一种不喜欢和反对的见解而使用的。例如:

(1) 针对所谓"《上海公报》已经过时"的论调,基辛格认为,"《上海公报》没有过时"。
(2) 有人认为"战争罪犯也是人,他们是为国家而死的,应该对他们给予尊敬",针对这种无耻的论调,中国政府提出了强烈的抗议。

小 词 典
跟本文有关的背景资料及术语介绍

1. 中美《上海公报》

应中华人民共和国总理周恩来的邀请,美利坚合众国总统理查德·尼克松自一九七二年二月二十一日至二月二十八日访问了中华人民共和国。陪同总统的有尼克松夫人、美国国务卿威廉·罗杰斯、总统助理亨利·基辛格博士和其他美国官员。尼克松总统于二月二十一日会见了中国共产党主席毛泽东。两位领导人就中美关系和国际事务认真、坦率地交换了意见。访问中,尼克松总统和周恩来总理就美利坚合众国和中华人民共和国关系正常化以及双方关心的其他问题进行了广泛、认真和坦率的讨论。此外,国务卿威廉·罗杰斯和外交部长姬鹏飞也以同样精神进行了会谈。这次访问期间中国和美国在上海就中美关系等问题发表了共同声明,这个声明被称作《上海公报》,它成了中美关系的最具有历史意义的一个文献,决定了此后的中美关系、中国内地和台湾的关系以及其他国际关系的发展道路。

2. 基辛格

亨利·艾尔弗雷德·基辛格(Henry Alfred Kissinger)，1923年5月27日生于德国费尔特市。犹太人后裔。1938年移居美国。1943年加入美国籍。1943年至1946年在美国陆军服役。1950年毕业于哈佛大学，1952年获文学硕士、1954年获哲学博士学位。1951年至1969年任哈佛大学国际关系研究班执行主任、国际问题研究中心负责人、讲师、副教授和教授。1969年至1974年任尼克松总统国家安全事务助理。1969年至1975年任国家安全事务助理。1973年至1977年任国务卿。此後在乔治敦大学任客座教授，兼任全国广播公司顾问、大通曼哈顿银行国际咨询委员会主席、阿斯彭学会高级研究员等职。1982年开办基辛格"国际咨询"公司并担任董事长。1983年任美广播公司新闻分析员。1983年至1984年任美国中美洲问题两党全国委员会主席。1986年9月任美印委员会主席。1987年3月任美国中国协会两主席之一。2002年11月27日，基辛格被美国总统布什任命为调查"9·11"事件的一个独立委员会的主席，12月14日，基辛格辞去该委员会主席职务。

练习题

一 根据词性搭配画线连词

奠定	历史	采纳	确定
确定	一致	符合	障碍
达成	方向	取得	方案
创造	史册	最后	突破
载入	基础	消除	逻辑

二 根据课文内容选词填空

1. 1972年2月21日美国总统尼克松对中国的访问"改变了世界"，2月28日发表的中美《上海公报》则为中美关系＿＿＿＿＿＿＿了基础。

（解决　　载入　　奠定）

2. 在纽约著名的花园大道，基辛格宽敞明亮的办公室里，＿＿＿＿＿＿＿着他与世界各国领导人的合影。

（展览　　陈列　　表示）

3. 《上海公报》标志着一个＿＿＿＿＿＿＿，它以非常直截了当、非常坦诚的方式处理了双方共同关心的问题。

（转折点　　意义　　完善）

4. 尼克松总统一上任,就确立了要与中国建立关系的目标,这是他的国际战略的一个组成部分。中方也有同样的_____。

(问题　　突破　　考虑)

5. 基辛格指出,当前国际局势变化很快,美中高层的_____对话对双方来说都是至关重要的。

(坦诚　　抵达　　利益)

三　用指定的词语完成句子

1. 她在世界上的九个国家上过大学,_____
_____。(其中地)

2. 经过了近两年的谈判,双方终于_____
_____。(就……达成了一致)

3. 中国的经济这些年之所以得到很快地发展,_____
_____。(是因为)

4. 如果没有30年前中美两国领导人的努力,_____
_____。(可能)

四　判断画线部分,并予解释

1. 《上海公报》为美中双边关系的发展奠定了基础,这是我所熟悉的第一个既表明了分歧,又求同存异的外交公报。
是指_____

2. 双方都认识到,分歧固然是存在的,但通过各种各样的建设性方式来加强合作,对双方是有益的。合作可以超越对抗。
是指_____

3. 在20世纪下半叶的国际关系中,中美关系的突破无疑是要载入史册的。
是指_____

4. 《上海公报》标志着一个转折点,有着重要的历史意义,它以非常直截了当、非常坦诚的方式处理了双方共同关心的问题。
是指_____

五　按照正确顺序组合下列句子

1. A. 标志着美中关系重要的新起点
　B. 《上海公报》为美中双边关系的发展奠定了基础
　C. 它强调了双方的共同利益所在

　　　1)　　　　　2)　　　　　3)

2. A. 尼克松总统一上任
   B. 这是他的国际战略的一个组成部分
   C. 就确立了要与中国建立关系的目标
   　1)　　　　　2)　　　　　3)

3. A.《上海公报》标志着一个转折点
   B. 从这个意义上来讲
   C. 它以非常直截了当、非常坦诚的方式处理了双方共同关心的问题
   D. 有着重要的历史意义
   　1)　　　　2)　　　　3)　　　　4)

4. A. 比如先建立经贸关系等
   B. 但尼克松总统没有采纳
   C. 当时美国一些专家也提出了一整套逐步推进的方案
   　1)　　　　　2)　　　　　3)

5. A. 但相信这个基本精神仍然适用
   B. 虽然冷战已经结束
   C. 公报确定的基本方向并没有改变
   　1)　　　　　2)　　　　　3)

六　写作练习

1. 细读课文,进一步理解这种新闻报道文体写作的基本特点。
2. 这是一篇人物访问性的文章?作者用了哪些例子来说明被采访人的观点?
3. 这篇文章牵涉到很多史实和历史上的大事件,作者是怎样处理这些史实和今天的关系的?
4. 请简单概括出这篇文章的中心思想

七　课堂讨论题

1. 本文作者为什么要采访基辛格博士?他跟美中关系的历史有什么关系?
2. 基辛格是怎样评价30年前的中美领导人的?他认为他们有什么贡献?
3. 为什么《上海公报》对中美关系的发展有那么重要的意义?
4. 基辛格为什么说《上海公报》来之不易?
5. 为了跟中国建立关系,尼克松总统采取了什么样的措施?
6. 为什么有人认为《上海公报》已经过时了?基辛格是怎样评价这种看法的?

泛读篇

> **风格和内容解析： INTRODUCTION OF THE WRITING STYLE**
>
> 　　这是一篇文艺类的新闻报道,但它平淡中有新奇。这篇报道的中心是介绍一部新出版的小说,因为小说的作者身份比较奇特,所以它就引起了不同层次读者的关心,这篇文章就有看头了。这是此文比一般的新书预告和文艺类报道独特的地方。
>
> 　　接着,作者用简练的文笔勾勒出了原美国总统卡特和别的总统不一样之处,点出他是一位喜欢写作、勤于写作甚至靠写作谋生的习惯和生活风格。然后,对他的近作进行了简单的介绍和评说。最后,用卡特自己对自己新书的评价来作结尾。
>
> 　　整篇报道的文风朴素,文理清晰,有叙有议,信息量比较大。

卡特小说处女作《马蜂窝》上市

卸任后以出书为主要收入　是第一位写小说的美国总统

【本报系综合报道】　最新一期《新闻周刊》报道,美国前总统卡特上周推出第 18 本创作《马蜂窝》(The Hornet's Nest)。卡特所出的书有诗集、有历史、有公共政策、回忆录和儿童读物,《马蜂窝》却是小说。

今年 79 岁的卡特是第一位写小说的美国总统。这点很令人吃惊,他本人则很引以为傲。他说:"写书是我主要收入来源之一,我从没旅行演说过,也没当过公司董事。我说这些不是在批评某些人,只是说我大部分所得来自出书。这些书很畅销。"

《马蜂窝》讲的是卡特的故乡乔治亚州在美国革命时期所发生的一段故事。卡特显然对这本书很自傲。当被要求给他自己打个分数时,他说"暂时打个乙上(B+)吧"。

以处女作来说,《马蜂窝》还算不错。故事中有很多人物,情节也很曲折。最令人注意的是,卡特完全没有遵循传统对美国革命的刻板印象,他没有把英国人及其同情者塑造成坏人,也没把美国革命人物都捧为毫无缺点的英雄。

卡特花了七年写《马蜂窝》。在这七年中,他还写了另外三本书。他说:"我是农夫。我每天5时起床,8时或8时半之间和太太吃早饭。这时我已工作了三个小时,写了很多字。"为了写这本小说,他先把书中人物的传记和个性写好,也研究殖民时期的历史,还看过卅本书,所以书中的角色栩栩如生。

(《星岛日报》2003-11-09)

生 词 (6.2)
Vocabulary

1.	董事	dǒngshì	(名)	企业、学校、团体等的领导成员
	董事			director
2.	畅销	chàngxiāo	(形)	受欢迎的书或商品
	暢銷			best sale; salability; move off
3.	显然	xiǎnrán	(副)	很明显
	顯然			all appearance; obvious
4.	处女作	chǔnǔzuò	(名)	作者的第一部作品
	處女作			a maiden work; first work
5.	情节	qíngjié	(名)	故事和内容
	情節			plot; scenario
6.	刻板	kèbǎn	(形)	死板、不活泼
	刻板			stiff; starch; stiffness
7.	塑造	sùzào	(动)	用文艺手段创造
	塑造			figure; lick into shape
8.	农夫	nóngfū	(名)	农民
	農夫			peasant; farmer; compassion
9.	殖民	zhímín	(动)	强国向它侵害的地区移民并抢夺资源
	殖民			colonize; plantation
10.	栩栩如生	xǔxǔ rúshēng	(习)	非常生动、像活的一样
	栩栩如生			vivid and lifelike

浏览测试
Reading For Main Ideas

这篇文章介绍了美国总统写小说这样一条新闻。请你用一句话来简单概括出它的基本内容:

_____。

阅读细节
Reading For Details

- 细读下面的回答并圈出正确的结论。
- 和你的同学比较、讨论，看看谁的答案对。
  1. 卡特的第18本书《马蜂窝》是一本_____。
     A. 公共政策书　　　B. 回忆录和儿童书　　　C. 小说

  2. 卡特退休后的主要收入来源是_____。
     A. 当公司董事　　　B. 写畅销书　　　C. 旅行演说

  3. 卡特新出版的这本书的内容是描写_____。
     A. 历史和诗　　　B. 历史小说　　　C. 美国革命

  4. 卡特对自己这本小说的评价是_____。
     A. 情节曲折　　　B. 刻板印象　　　C. 水平不错，中等偏上

深度阅读
Reading Between The Lines

- 和你的同学讨论下列问题，并写出你们的答案。
  1. 作为卸任后的美国总统，卡特为什么从没旅行演说过，也没当过公司董事，而是人心于写作？
     _____

  2. 为什么卡特的作品多种多样（诗、历史、公共政策、回忆录、儿童书、小说）？
     _____

  3. 卡特自己对这本小说是怎么评价的？本文的作者对这本书又是怎么介绍的？
     _____

> 学会用字典、猜字、自己读

[附]：哈利·波特作者　英女性首富
罗琳今年进账1亿2500万英镑　是女王的八倍

【本报综合伦敦二日电】最新调查显示，至9月为止，哈利·波特的作者罗琳女士是今年英国收入最高的女性，她今年已进账1亿2500万英镑，为英国女王伊莉莎白二世的八倍。

《星期泰晤士报》一项调查发现，罗琳女士的年收入排名居英国全国第五，全英收入最高的人是英超足球队切尔西队的俄国籍新老板安伯拉默维奇。目前定居英国的安伯拉默维奇，今年1月至9月的收入已高达5亿6400万镑(9亿5400万美元)。

据《星期泰晤士报》每年所做的英国收入500大调查，单单最新一部哈利·波特系列——《哈利·波特与凤凰令》就让罗琳进账7500万英镑。

足球金童贝克汉仍是英国收入最高的球员，今年夏天他由曼联队转会到西班牙皇家马德里队，收入大幅增加，排名一举跃升11位，所得跃居英国第34位。

2003-11-03

速读篇

> **速读练习** 在速读练习中你不必查字典,也不必认识课文中的每一个字。如果除了提供的词汇你还有生词,你可以根据上下文来猜测生词的意思,试着读懂课文的内容。这种练习的目的是让你忽略细节,争取读懂文章的主要内容。

调查显示：今年毕业生平均起薪比去年低40%左右

大学毕业生就业形势严峻

薪水高低无疑是毕业生求职时考虑最多的因素之一，人事部门最新调查显示,今年的毕业生起薪呈现出三大趋势。

首先,今年毕业生的起薪较去年有明显降低。数据显示,今年毕业生平均起薪是25000到30000元,其中,硕士毕业生的平均起薪是40000到48000元。这样的工资水平相当于去年平均水平的60%左右。

其次,对于不同性质和行业的公司,毕业生起薪差距呈现出拉大趋势。在上海,一些跨国公司为本科毕业生提供的平均起薪是每年45000元,硕士毕业生的平均起薪是每年66000元,明显高于其他行业的薪酬水准。

此外,科技企业薪酬政策对于高级人才和尖端人才也体现出明显的倾斜性。调查结果显示,今年高科技行业中本科毕业生平均起薪约为每月2500元,硕士平均每月可以挣到4500元,博士月薪为6500元,均高于平均指标。

专家建议,毕业生的工资期望最好不要超过2500元,这样最容易被企业接受。而培训机会、各种保险以及职业发展前景也应该引起毕业生们的关注。

大学生要提高求职成功率重在知己知彼

目前,毕业生们最为关心的问题就是如何找到自己理想的职业了。对此,人事部门的专家认为,大学生要提高求职成功率,重在知己知彼。

首先,大学毕业生要摆正心态,期望值不要太高。虽然大学生掌握了丰富的书本知识,但把学的东西变为成果,得到社会的承认却需要一个较长的过程。所以保持平常心,有利于求职的成功。

其次,要了解市场,准确定位。大学生应聘的时候,一般会把薪酬作为工作合意与否的主要根据。专家建议,定位薪酬应该先了解市场。一般刚刚从事某个行业的人员薪酬会相对比较低,干得出色公司才会加薪。

最后,要在交流中对自己的发展方向有清楚的认识。专家建议,在交谈中多说"我对这个岗位感兴趣"、"我在某方面擅长"等语句,少说"不知道"、"你看着办吧"、"怎么都行"等语句。而且事后不能干等,要主动与用人方保持联系,多打一个电话,多问一句话,或许都能为自己多争取一次机会。

(《人民日报》2003-12-06)

生 词 (6.3)
Vocabulary

1.	起薪 / 起薪	qǐ xīn		开始时的工资 / starting salary
2.	呈现 / 呈现	chéngxiàn	(动)	表现出 / present; show itself
3.	数据 / 數據	shùjù	(名)	数字资料 / data
4.	倾斜 / 傾斜	qīngxié	(形)	往…发展 / incline; slant; slope
5.	知己知彼 / 知己知彼	zhījǐ zhībǐ	(成)	对自己和别人都明白清楚 / know oneself and others clearly
6.	心态 / 心態	xīntài	(名)	心理和态度 / mood; attitude
7.	期望值 / 期望值	qīwàngzhí	(名)	对目标的希望程度 / value of expectation
8.	平常心 / 平常心	píngchángxīn	(名)	正常的态度 / ordinary mood
9.	定位 / 定位	dìngwèi	(名)	确定的位置 / fit the position; expectation
10.	擅长 / 擅長	shàncháng	(动)	对……有经验/能力 / be good at; be accomplished in

练习题

一 请根据课文判断正误

1. 因为今年大学毕业生起薪较低,所以很多大学生不愿意找工作。(　　)
2. 跨国公司提供的工资比一般公司提供得高。(　　)
3. 高科技行业的工资虽然不高,但培训机会和前景比较好。(　　)
4. 人事部门认为,如果期望值不要太高,求职就容易成功。(　　)
5. 如果你刚开始工资不够高但你工作出色就会得到加薪机会。(　　)
6. 人事部门认为大学生应该争取主动,多学习一些求职技巧。(　　)

二 请根据课文回答下列问题

1. 今年毕业生起薪为什么比去年低?
2. 不同行业和不同公司之间的工资起薪为什么有那么大的不同?
3. 专家对今年的毕业生有些什么样的建议?他们为什么这样建议?
4. 你认为,中国大学生应该怎样提高自己找工作的技能?

精读篇

> 风格和内容解析： INTRODUCTION OF THE WRITING STYLE
>
> 　　这是一篇内容和事迹都很普通的新闻文章,但意义却很不平凡。它的中心内容是谈中国贫困落后地区的中小学教育,但通过这个内容却表彰了关心国家教育事业的普通人和老百姓。这个老百姓并不是个富翁或知识分子,而是一个城市下岗女工。那么,这个内容就值得引人深思了。
>
> 　　这篇特写首先从被采访者的动机入手来做文章,讨论主人公为什么那么执著地要当一个乡村女教师？回忆真实、具体且漫长,但也勾勒出了查文红这个普通人的生命轨迹。作者没有把叙述流于流水账,而是把事件用一些闪光点穿缀了起来,叙述得生动有致。
>
> 　　接着,作者报道了主人公当民办教师的动力、动因和过程;特别重要的是作者详细叙述了所历经的困难等,给读者展示了一系列感人的场景和画面,增加了此文的感染力。文章的结尾作者巧用事例、以情动人,突出了文章标题的深长含义。

乡村义教终无悔
——记全国师德标兵查文红

　　时隔30年,查(Zhā)文红在她47岁下岗以后又一次上山下乡,当起了民办教师。所不同的是,30年前,梦想的种子刚刚在心里萌芽,她就被"文革"的浪潮卷到了北大荒;30年后,带着圆梦的喜悦,她自己选择了距离上海1500里的安徽省砀(Dàng)山县。

梦想从未远离

　　从下岗女工到乡村女教师,绝不像听上去那么浪漫。是什么促成她做出了这样的选择？查文红一言难尽。

　　也许缘于儿时的梦想。查文红从小就有一个愿望:长大后成为一个光荣的人民教师。每次和小朋友做游戏,她总是自告奋勇扮演起老师的角色。小学里她是品学兼优的好学生,进了中学她更盼望着有朝一日能加入师范院校深造。

　　也许缘于"文革"中的经历。查文红到现在也说不清楚,上山下乡使她与梦想间的距离是远了还是近了。在农村,除了劳动,她还兼任当地小学的民办教师。繁重的体力劳动和贫困的生活给她留下了深刻的印象。尤其当她面对那些没钱上学的孩子时,她为自己不能给予他们更多而内疚。

　　也许缘于工作后的旅行。回城以后,她被分到一家百货公司当营业员。和别人一样,工作之余,她喜欢旅游,只是方向和别人不同——十多年里,她的足迹遍布江苏、江西、浙江、安徽和辽宁的广大农村。她踏问农家:"你们家孩子都上学吗？"是她最关心的问题；她寻访小学，只要有可能，她就会留下来给孩子们上一两天的课。

改变命运的三个决定

偶然之中，往往蕴含着必然。1993年，当查文红偶然看到杂志上一则关于希望工程的公益广告时，她毫不犹豫地做出了第一个决定。

从那年开始，她就与丈夫、女儿为希望工程捐款，少则30元，多则一千元。两年后，一张救助卡从团中央寄到了查文红手中。安徽省砀山县曹庄镇魏庙小学马晓宏成了她的救助对象。夫妻俩每月工资总共不过六七百元。为了保证每月100元的救助款，她停了女儿的牛奶，女儿的学费还是靠自己勤工俭学支付的。

只是那个时候，她还不曾想到，这张小小的救助卡改变的不只是马晓宏的命运。

1997年，查文红收到寄自魏庙的一封信，落款不是已考入中学的马晓宏，而是他的班主任张燕。查文红心里有了一种不祥的预感，果然，张燕告诉查文红，与马晓宏相依为命的奶奶病重，马晓宏打算辍学了。读完信，查文红当即作出了又一个决定：去砀山！她要去看看马晓宏，她要去留住马晓宏。

马晓宏留下来了，查文红的心也留在了砀山。她看到，所谓的教室，屋顶是漏的，窗户是破的，围墙破破烂烂，没有电灯，只有用蜡烛和油灯照明。孩子们在这样艰难的环境中还渴望读书。她听说，在魏庙，老师的工资经常几个月发不出来，师范学校的老师一分配到这儿，马上就想方设法调走。当曹庄镇教委主任告诉她，这里还有许多像马晓宏这样的孩子渴望上学，渴望知识，需要一大批有知识、有爱心的教师来帮助他们，为他们打开通向未来之门时，她郑重承诺：等我退休了，身体允许的话，我愿意来这里义务教学。

事后想起，查文红觉得，自己和魏庙一定有着不解的缘分——就在当年，单位效益不好，查文红下岗了。每天在家洗衣做饭，查文红觉得这实在是浪费生命。她度日如年，想起在曹庄镇的承诺，作出了第三个决定。她给曹庄镇教委写了一封信，希望马上履行诺言。

执教魏庙小学

1998年8月，在丈夫的陪同下，查文红来到了砀山，执教魏庙小学一年级，除了教一个班的语文外，还教两个班的音乐、思想品德和绘画，并且担任学校的少先队大队辅导员，平均每天上五节课。

当地的孩子不懂普通话，查文红向当地农民学习方言，再用方言教学生说普通话。为了让孩子们学得好一些，她将课文编成儿歌教给学生唱；每次备课，她都要自己先读上好几遍，每天备课都要到夜里11点。就这样，查文红，一个从未受过专业师范训练的下岗女工，硬是把一个班级带到了全镇20所小学40个同级班中的第一名，自己则被国家教育部授予"全国师德标兵"的光荣称号。

在魏庙小学,查文红是惟一的编外教师,她不拿工资,每月150元的补助,除了维持自己的基本生活所需,其余都用在了学生们身上。她为功课落后的学生补完课后,总是让他们吃完饭再回家,为的是不让家长们担心。她给孩子们买文具,甚至给每位学生都买了脸盆、毛巾和手帕,为的是让他们从小养成讲卫生的好习惯。日子虽然过得很清贫,可是查文红觉得自己很富有。她有孩子们的爱。

下乡的第一个春节,查文红要回上海过年了,也许是看过了太多的一去不回,听到这个消息,全班47个孩子放声大哭,恳求老师留下来:"不回家好吗?到俺家过年好吗?"当得知老师家里还有一个姐姐在上海等着查文红时,孩子们又请求:"老师,走以前亲亲我好吗?"47个吻,用了整整一节课,孩子的泪和查文红的泪流在一起,她的心像鼓足了风的帆,涨满了感动与幸福。此后,每一个寒暑假,查文红每次离开都不敢带行李,每次都要提前一周甚至十天赶回学校,她不愿意让学生们失望。至于中秋节,她从来都是和学生们一起度过的。

(上海《文汇报》2002-11-22)

生 词 (6.4)
Vocabulary

1.	标兵 標兵	biāobīng	(名)	榜样、模范 example; model
2.	萌芽 萌芽	méngyá	(动/名)	刚刚发芽、事情刚刚起头 sprout; bud; germinate
3.	圆梦 圓夢	yuánmèng	(动)	完成梦想 fulfil one's dream
4.	缘于 緣於	yuányú	(动)	因为 because; due to
5.	自告奋勇 自告奮勇	zìgào fènyǒng	(习)	主动愿意去承担、做…… come forward; voluntarily
6.	品学兼优 品學兼優	pǐnxué jiānyōu	(习)	道德和学习都好 good both in character and scholarship
7.	深造 深造	shēnzào	(动)	进一步学习、提高 pursue advanced studies
8.	兼任 兼任	jiānrèn	(动)	做两件或更多的事 pluralism; do more than one job
9.	内疚 內疚	nèijiū	(形)	心里惭愧 guilt; the worm of conscience

10. 寻访 尋訪	xúnfǎng	（动）	寻求、访求 look for; make inquiries about
11. 偶然 偶然	ǒurán	（形/副）	不经常、没预先希望而遇到的 by accident; by chance; incidentally
12. 公益 公益	gōngyì	（名）	公众利益 commonweal; public benefit
13. 捐款 捐款	juānkuǎn	（动/名）	为公众利益或其他原因贡献钱 donation; offertory
14. 勤工俭学 勤工儉學	qíngōng jiǎnxué	（习）	一边工作一边学习，用工作得来的支钱持学习 work-studies
15. 不祥 不祥	bùxiáng	（形）	不吉利 unfortunate; unluck
16. 相依为命 相依爲命	xiānyī wéimìng	（成）	互相依靠着生活, 谁也离不开谁 depend on each other
17. 辍学 輟學	chuòxué	（动）	中途停止上学 discontinue one's studying
18. 承诺 承諾	chéngnuò	（动）	答应 promise; consent; undertaking
19. 当即 當即	dāngjí	（副）	马上、立刻 at once; immediately
20. 退休 退休	tuìxiū	（动）	年纪大了, 从工作的地方退下来 retire; hang up one's spikes
21. 义务 義務	yìwù	（名）	志愿；责任 voluntary; duty; obligation
22. 缘分 緣分	yuánfèn	（名）	因缘 luck; opportunity; karma
23. 度日如年 度日如年	dùrì rúnián	（成）	形容日子难熬 (suffering) one day seems like a year
24. 履行 履行	lǚxíng	（动）	执行 carry out; fulfil; go through
25. 清贫 清貧	qīngpín	（形）	非常穷困 poor
26. 帆 帆	fān	（名）	船上用布或其他东西做成的利用风力的设备 sail

报刊惯用语汇及表述模式

1. 少则……多则……

"则"是"就"的意思,表示一种追随状态的反映。这个句型一般表示选择的状况,也有假设的意思。类似"如果少……,如果多……"。例如:

(1) 从那年开始,她就与丈夫、女儿为希望工程捐款,少则30元,多则一千元。

(2) 他告诉我们这次旅行的时间不会太长;少则一个星期,多则两个星期,在月底前一定会赶回来。

2. 不是……,而是……

这种句型常常用来表示一种出乎意料的情形。"不是"后面的情形往往是预先希望和等待的,"而是"带来的是一种没想到的情形。例如:

(1) 1997年,查文红收到寄自魏庙的一封信,落款不是已考入中学的马晓宏,而是他的班主任张燕。

(2) 看了这封信,彼得一下子气傻了。它不是他在等待着的增加工资的信,而是一封解雇他的通知书。

3. ……,果然……

这种句型表示一种发生的情况和原来的预期完全吻合的情形。用这个句型时一般表示一种肯定的状态;有时候发生的情况即使不是理想的状态,也是原来曾经预想过的。例如:

(1) 他知道自己已经努力了,而且这次考试又考得不错,考上大学不应该有问题。果然。三天以后他得到了清华大学的录取通知书。

(2) 查文红心里有了一种不祥的预感,果然,张燕告诉查文红,与马晓宏相依为命的奶奶病重,马晓宏打算辍学了。

4. ……硬是……

"硬是"表示"实在是"、"真正是"的意思。这种句型通常表示通过一种决心和努力而最终达到了一种状态。例如:

(1) 就这样，查文红，一个从未受过专业师范训练的下岗女工，硬是把一个班级带到了全镇20所小学40个同级班中的第一名。

(2) 没想到，过去从来没有学过英语的他，来到英国以后，只用了三个月的时间，硬是把英语学会了；除了能应付生活以外，他还找到了工作。

5. ……为的是……

这种句型表示一种目的。它一般在前面部分说出结果，而在下面的部分用"为的是"来介绍这样做的原因。例如：

(1) 她为功课落后的学生补完课后，总是让他们吃完饭再回家，为的是不让家长们担心。

(2) 她给孩子们买文具，甚至给每位学生都买了脸盆、毛巾和手帕，为的是让他们从小养成讲卫生的好习惯。

6. ……至于……

这种句型往往用来转换话题，把内容引进另一件事。"至于"后面的部分是另一个话题，这个话题后面往往会有一个停顿，以引起注意。例如：

(1) 每一个寒暑假，查文红每次离开都不敢带行李，每次都要提前一周甚至十天赶回学校，她不愿意让学生们失望。至于中秋节，她从来都是和学生们一起度过的。

(2) 他基本上是一个吃素的人，平时吃菜以蔬菜为主，最多吃一些豆腐和简单的海鲜；至于肥肉，他是从来都不吃的。

小词典
跟本文有关的背景资料及术语介绍

1. 民办教师

中国的民办教师是在集体或个人建立的学校任课的老师。也有在政府建立的学校任教但属于临时雇用或某种合同形式雇用而不在正式编制内的人员。这种民办教师的工资待遇一般都比较低，工作条件和生活条件也不好，有时候工资被拖欠。

2. 上山下乡

上山下乡是"文化大革命"当中对初高中学生的一种遣散性的措施。从1968年起开始大规模执行。当时政府号召中学毕业生到农村去,上山下乡锻炼自己,并号召他们"扎根农村干革命,广阔天地炼红心"。由于这个政策带有明显的不合理性和盲动性,后来政府改正了这个政策。但"上山下乡"运动影响了一代人的命运,在中国当代史上造成了很深的影响。

3. 希望工程

建立于1989年10月30日,是中国第一个救助贫困地区失学少年基金会,它的目的是让千千万万因贫困而失学的孩子重返校园。"希望工程"旨在集社会之力,捐资助学,保障贫困地区失学孩子受教育的基本权利。"希望工程"的资助方式是:一、设立助学金,长期资助中国贫困地区品学兼优而又因家庭困难失学的孩子重返校园;二、为一些贫困乡村新盖、修缮小学校舍;三、为一些贫困乡村小学购置教具、文具和书籍。"希望工程"的近期目标是:经过三五年的努力,在国家重点扶贫县普遍设立"希望工程"助学基金,以提供助学金的方式,实现救助失学少年的目的。对少数确有培养前途,而家庭又特别贫困的中小学生提供特别助学金,支持他们继续深造,直至中学、大学毕业。

4. 全国师德标兵

中国政府给予优秀教师一种荣誉称号。除了全国规模的标兵以外,有的省市还有省市和地方性的师德标兵称号来奖励那些有突出贡献的和优秀的教师。

练习题

一 根据词性搭配画线连词

兼任	决定	提前	称号
作出	命运	浪费	习惯
渴望	辍学	养成	赶回
打算	读书	授予	诺言
改变	教师	履行	生命

二　根据课文内容选词填空

1. 从下岗女工到乡村女教师,绝不像听上去那么_____。是什么促成她做出了这样的选择？查文红一言难尽。

(圆梦　　浪漫　　梦想)

2. 小学里她是品学兼优的好学生,进了中学她更盼望着有朝一日能加入师范院校_____。

(圆梦　　深造　　兼任)

3. 偶然之中,往往蕴含着_____。1993年,当查文红偶然看到杂志上一则关于希望工程的公益广告时,她毫不犹豫地做出了第一个决定。

(希望　　开始　　必然)

4. 1997年,查文红收到寄自魏庙的一封信,落款不是已考入中学的马晓宏,_____的班主任张燕。

(就是　　但是　　而是)

5. 就这样,查文红,一个从未受过专业师范训练的下岗女工,_____把一个班级带到了全镇20所小学40个同级班中的第一名。

(硬是　　马上　　当然)

三　用指定的词语完成句子

1. 时隔二十年,_____。(以决定)

2. 我原来想毕业后到银行工作,_____。(果然)

3. 没想到,他得到的不是录取通知书,_____。(而是)

4. 她妈妈说,她现在这样吃苦,_____。(为的是)

四　判断画线部分,并予解释

1. 30年前,梦想的种子刚刚在心里萌芽,她就被"文革"的浪潮卷到了北大荒；30年后,带着圆梦的喜悦,她自己选择了距离上海1500里的安徽省砀山县。

是指_____

2. 偶然之中,往往蕴含着必然。1993年,当查文红偶然看到杂志上一则关于希望工程的公益广告时,她毫不犹豫地做出了第一个决定。

是指_____

3. 马晓宏留下来了,查文红的心也留在了砀山。她看到,所谓的教室,屋顶是漏的,窗户是破的,围墙破破烂烂,没有电灯,只有用蜡烛和油灯照明。
   是指 _____

4. 47个吻,用了整整一节课,孩子的泪和查文红的泪流在一起,她的心像鼓足了风的帆,涨满了感动与幸福。
   是指 _____

五 按照正确顺序组合下列句子

1. A. 女儿的学费还是靠自己勤工俭学支付的为了保证每月100元的救助
   B. 为了保证每月100元的救助款
   C. 她停了女儿的牛奶
      1)   2)   3)

2. A. 查文红向当地农民学习方言
   B. 当地的孩子不懂普通话
   C. 再用方言教学生说普通话
      1)   2)   3)

3. A. 查文红一言难尽
   B. 绝不像听上去那么浪漫
   C. 是什么促成她做出了这样的选择
   D. 从下岗女工到乡村女教师
      1)   2)   3)   4)

4. A. 为的是不让家长们担心
   B. 她为功课落后的学生补完课后
   C. 总是让他们吃完饭再回家
      1)   2)   3)

六 写作练习

1. 细读课文,进一步理解这种新闻报道文体写作的基本特点。
2. 作者是怎样报道这个新闻题材的?他用了哪些例子来说明问题?
3. 作者是怎样描写中国农村孩子的情况的,请用课文中的例子来说明。
4. 请用三句话来概括出这篇文章的中心思想。

七 课堂讨论题

1. 这篇报道是怎样介绍中国农村小学的教育情况的?
2. 在这篇文章的描写中,查文红为什么会对农村的孩子感兴趣?她为什么要帮助不相识的农村孩子?
3. 是什么因素改变了查文红的命运?她对这些改变是怎样看的?
4. 查文红在农村执教遇到了哪些困难?她又是怎样克服的?

> **速读篇**

速读练习 在速读练习中你不必查字典,也不必认识课文中的每一个字。如果除了提供的词汇你还有生词,你可以根据上下文来猜测生词的意思,试着读懂课文的内容。这种练习的目的是让你忽略细节,争取读懂文章的主要内容。

新闻点击　西湖离世界遗产有多远?

　　近几年到过杭州西湖的人都有这么一个印象,在湖滨、北山路一带远眺西湖,西湖美景尽收眼底,而从湖滨往南转入南山路后,西湖就从眼前"消失"了。沿湖地带被不少的建筑物所占据,这些建筑缺乏整体布局,显得较为凌乱,大煞西湖风景。

　　去年下半年,哈佛大学和国内一些专家曾为西湖申报世界遗产"把脉"。有关专家分析说,西湖美景和优雅的杭州古城本来可以作为世界文化和自然双重遗产申报和推荐,但由于杭州古城的大片物证几近消失,西湖周围的景观发生了以上这些碍眼的改变,它登入世界遗产名录的困难增加了。他们认为,西湖的"包袱"似乎格外重,保护区内新房林立、环境不善、人口骤增等问题亟待解决。

　　虽然如此,西湖的申报工作并没有止步,目前西湖已被列入世界遗产备选清单,准备接受世界遗产委员会专家的考察验收。

　　根据有关要求,世界遗产必须具真实性、完整性和规范性于一体。真实性指的是保证遗产主体的历史真实,"拆近护古"是申报必不可少的过程。资料显示,承德避暑山庄、北京天坛、颐和园等景观都下决心拆掉了大批与世界遗产要求不符的建筑;泰山为申报花了10多年时间,5亿多元资金。看来,为申报世界遗产,"申遗"所在地必须付出相应的代价。完整性则要求遗产有一定的规模,保护较好,而不是被分割破坏后的残余。这项要求对西湖而言,则要求还西湖60平方公里保护区内绿地开放,墙体拆除。此外,规范性要求西湖的管理法制化、规范化。

　　对照申报世界遗产的要求,杭州市政府决定,从今年下半年开始,再次加大环湖景点的绿地动迁工作,南山路一带及西山路花圃、灵隐路植物园等区域的450余户住家被列入拆迁名单。

(上海《文汇报》)

生词 (6.5)
Vocabulary

1. 远眺 遠眺	yuǎn tiào		向很远的地方望 overlook
2. 占据 佔據	zhànjù	（动）	强行取得或保持 occupied; hold; lock-in; inhabit
3. 布局 佈局	bùjú	（名）	分布和格局 overall arrangement; composition; layout
4. 凌乱 凌亂	língluàn	（形）	非常混乱 in disorder; in a mess
5. 把脉 把脈	bǎ mài		寻找问题、诊治 take pulse
6. 申报 申報	shēnbào	（动）	报名申请 declare; apply
7. 物证 物證	wùzhèng	（名）	实物的证明 material evidence
8. 碍眼 礙眼	ài yǎn		不好看 be an eyesore
9. 包袱 包袱	bāofu	（名）	负担 burden
10. 止步 止步	zhǐ bù		不能前进 stop; go no further
11. 验收 驗收	yànshōu	（动）	检验合格、查收 check and accept
12. 残余 殘餘	cányú	（名）	剩下的 remainder; remains; fag end
13. 花圃 花圃	huāpǔ	（名）	花园和养花的地方 flower nursery/bed
14. 拆迁 拆遷	chāiqiān	（动）	拆除并迁走 pull down (old house) and move

练习题

一 请根据课文判断正误

1. 杭州的西湖有一面好看，一面不好看。（　）
2. 因为不注意保护文物和自然风景，杭州现在很难列入世界遗产。（　）
3. 哈佛大学认为杭州可以申报世界遗产，国内一些专家不同意。（　）
4. 根据有关要求，必须是大城市才能申报世界遗产。（　）
5. 杭州花了十年时间和五亿元资金仍然没有评上世界遗产。（　）
6. 杭州政府决定要继续努力，争取成功，让杭州列入世界遗产。（　）

二 请根据课文回答下列问题

1. 为什么从两个地方看西湖有两种不同的印象？
2. 哈佛和国内专家认为杭州申请世界遗产的问题在哪里？为什么？
3. 世界遗产应该具有哪些条件？对照这些条件，杭州应该怎样努力？
4. 杭州政府对照上面的条件有些什么样的具体措施？

西湖风景

第七章 报纸上的特写（二）

精读篇

> 风格和内容解析： INTRODUCTION OF THE WRITING STYLE
>
> 　　这是一篇科技方面的新闻特写。但是这篇新闻的意义非常重大，它的意义已经远远超过了科技而成了全世界关注的焦点。
> 　　首先，作者用最平白如话的语言来做标题，虽然寥寥几个字，但意义深远。为了突出新闻效果和引起不同层次读者的注意，作者给文章加了副标题。读了副标题，相信任何读者都不再会无动于衷了。
> 　　文章开头选用了描写性的手法开场，使读者有身临其境的感觉。接着报道了一些背景材料，以使一般读者有个参照系。然后报道了飞船运载情况和国际反响，突出了新闻事件的重大意义。接下来介绍了飞船的基本情况和升空情形的回顾。最后补述了中国宇航员的介绍。
> 　　整篇文章简洁生动，叙述流畅。

神舟五号顺利载人升空

中国大陆成为送人上太空第三国
首位太空人杨利伟报告"感觉良好"
飞行任务约 21 小时

【本报北京十五日电】 今天上午 9 时整，随着大地一阵震颤，烈焰升腾，长征二号 F 型火箭载着神舟五号和中国第一位太空人杨利伟飞向太空，34 分钟后杨利伟向地面指挥中心报告"感觉良好，神舟五号飞船工作正常"。这次太空飞行任务大约 21 小时。

中国大陆顺利展开首次载人太空任务，成为继苏联和美国之后第三个能独立进行载人太空飞行的国家，时距 1961 年前苏联第一位太空人进入太空 40 余年。

神舟五号在 9 时 10 分精确地进入预定轨道，预计用 21 小时绕地球轨道 14 圈。9 时 42 分，载人航天工程总指挥李继耐宣布："神舟五号载人飞船发射成功"。中国国家主席胡锦涛及黄菊、吴官正、曹刚川等党政军领导人在酒泉卫星发射中心现场观看了发射,总理温家宝等则在北京观看。

美国航空暨太空总署(NASA)和日本内阁官房长官福田康夫立刻向中国祝贺,NASA署长欧奇夫说,中国的载人太空飞行是人类太空探险史上的重要成就,并祝福中国未来载人太空飞行顺利。

神舟五号全长8.86米、重7790公斤,杨利伟在绕地球14圈飞行中主要在6米立方的返回舱活动,随后返回舱将在内蒙古中部着陆,轨道舱则继续留在轨道进行科学探测和技术实验。

在距离发射时间只剩40分钟时,环抱神舟五号的第三组平台徐徐展开,随着发射时间一秒一秒逼近,终于到了"5分钟准备"阶段,杨利伟关上面罩,准备展开飞天之旅。

倒数计时"10、9、8、……点火,起火!""逃逸塔分离"、"助推器分离"、"一、二级分离"、"抛整流罩",发射步骤逐一完成。当太空中传来杨利伟清晰洪亮的报告声,指控大厅立刻爆发出热烈掌声,久久不歇。

杨利伟是辽宁绥中县人,汉族,中共党员,今年38岁,1983年参加解放军,1988年入党,现为解放军航天员大队三级航天员,正团职军官,中校军衔,1992、1994年两次立下三等功。

(《世界日报》2003-10-15)

生　词 (7.1)
Vocabulary

1. 轨道 軌道	guǐdào	(名)	用钢铺成的火车或电车行使的路; 行动应该遵照的规范、程序 track; path
2. 探险 探險	tànxiǎn	(动/名)	探索、寻找新的出路 explore; exploration
3. 探测 探測	tàncè	(动)	寻找和检查 detect; exploration
4. 徐徐 徐徐	xúxú	(副)	慢慢地 gently; slowly
5. 逼近 逼近	bījìn	(动)	一点一点靠近 approach; close in upon; gain on

报刊惯用语汇及表述模式

1. ……，成为……

这种句型前面一般报道一个事实，后面的部分则对这个事实进行总结，说出事实本身的重要性，这种事实往往具有历史性意义。例如：

(1) 中国大陆顺利展开首次载人太空任务，成为继苏联和美国之后第三个能独立进行载人太空飞行的国家。
(2) 这个国家不断发展养牛业，经过了多年的努力，它终于达到了目标，成为世界上最大的牛肉和牛奶制品的出口国。

2. ……，时距……

这种句型往往强调一种时间性的比较，这种比较有一种历史感和重要性。它往往用在一种回顾性的评价中。例如：

(1) 中国载人太空任务圆满成功，成为继苏联和美国之后第三个能独立进行载人太空飞行的国家，时距1961年前苏联第一位太空人进入太空40余年。
(2) 他又一次来到日本，发现他已经认不出这块曾经是战场的土地了。这次重访，时距上次在日本不愉快的记忆已有39年了。

小 词 典
跟本文有关的背景资料及术语介绍

1. 神舟五号

神舟五号是中国自己设计的第一个宇宙飞船。神舟五号飞船共有52台发动机，它的推进舱安装有28台发动机，飞船与火箭分离后，飞船在运行段的姿态和轨道控制任务均由这些发动机承担。飞船返回舱上的8台发动机，担负着调整返回时的姿态和降落速度的任务。轨道舱上的16台发动机则主要用于其自身运行轨道的控制。中华人民共和国在2003年10月15日成功地发射神舟五号到太空并于次日顺利收回。这是中国航天史上一个最重大的事件，也受到了全世界的关注。

2. 太空飞行

太空飞行是人类探讨和挑战大气层外的宇宙空间的一种行动和科学实验。它包括载人和不载人两种。1961年,苏联最早成功地进行了载人太空飞行,其后美国和苏联又进行了一系列成功的太空飞行,包括登月飞行和对其他宇宙空间的探讨,建立宇宙空间站等等。

3. 美国航空暨太空总署

即 NATIONAL AERONAUTICAL AND SPACE ADMINISTRATION,成立于1958年10月1日,它是负责美国航空学太空活动的民间组织。成立至今发展的成就有,阿波罗计划;水星号计划;双子星太空船;太空探险以及太空梭计划等。它最近一次最有名的成就是美国的火星登陆探险计划的成功。

练习题

一 根据词性搭配画线连词

进入	成功	观看	顺利
工作	太空	逐一	测验
宣布	正常	祝福	完成
飞向	轨道	进行	发射

二 根据课文内容选词填空

1. 今天上午9时整,_____大地一阵震颤,烈焰升腾,长征二号F型火箭载着神舟五号和中国第一位太空人杨利伟飞向太空。

（因为　　随着　　根据）

2. 中国大陆顺利展开首次载人太空任务,_____继苏联和美国之后第三个能独立进行载人太空飞行的国家。

（已经　　发展　　成为）

3. 神舟五号在9时10分_____地进入预定轨道,预计以21小时时间绕地球轨道14圈。

（当时　　精确　　非常）

4. NASA署长欧奇夫说,大陆的载人太空飞行是人类太空探险史上的重要成就,并_____大陆未来载人太空飞行顺利。

（希望　　祝福　　欢乐）

5. 杨利伟在绕地球14圈飞行中主要在6公尺立方的返回舱活动,随后返回舱将在内蒙古中部着陆,轨道舱则_____留在轨道进行科学探测和技术实验。

(经常　　　永远　　　继续)

三 用指定的词语完成句子

1. 2001年9月11日的纽约,_____
_____。(随着)

2. 通过这次成功的太空飞行_____
_____。(成为)

3. 中国国家总理将先在美国进行访问,_____
_____。(随后)

四 按照正确顺序组合下列句子

1. A. 随着大地一阵震颤,烈焰升腾
   B. 长征二号F型火箭载着神舟五号和中国第一位太空人杨利伟飞向太空
   C. 今天上午9时整
   1)　　　　2)　　　　3)

2. A. 成为继苏联和美国之后第三个能独立进行载人太空飞行的国家
   B. 时距1961年前苏联第一位太空人进入太空40余年
   C. 中国大陆顺利展开首次载人太空任务
   1)　　　　2)　　　　3)

3. A. 杨利伟开始准备展开飞天之旅
   B. 在距离发射时间只剩40分钟时
   C. 随着发射时间一秒一秒逼近
   D. 环抱神舟五号的第三组平台徐徐展开
   1)　　　　2)　　　　3)　　　　4)

4. A. 随后返回舱将在内蒙古中部着陆
   B. 杨利伟在绕地球14圈飞行中主要在6公尺立方的返回舱活动
   C. 神舟五号全长8.86公尺,重7790公斤
   1)　　　　2)　　　　3)

五 写作练习

1. 细读课文,进一步理解这篇新闻报道文体写作的基本特点。
2. 作者是从什么角度报道这个新闻题材的?他用了哪些例子来报道事件?
3. 神舟五号上天是一个震动世界的新闻,作者是怎样评价它的历史意义的?

4. 除了事件本身的报道和评述,作者在本文中还给我们介绍了什么讯息?作者为什么要作这些介绍?

5. 请用三句话来写出这篇文章的中心思想。

六 课堂讨论题

1. 这篇新闻报道的是一篇科技新闻,它为什么会对世界产生那么大地影响?
2. 你认为,中国太空飞行成功的意义主要在哪里?
3. 这边篇文章为什么重要报道了中国国家领导人观看卫星发射的情况?
4. 美国和日本的领导人为什么要祝贺中国航天飞行的成功?这则新闻报道的事实对美国和日本会有什么样的影响?

学会用字典、猜字、自己读

[附]:杨利伟、成龙将率四万观众大合唱

征空英雄杨利伟访港,港府将于本周六在大球场举行4万人隆重欢迎活动。据知"英皇三宝"谢霆锋、容祖儿、Twins以及演艺界大哥成龙获得中联办点名,跟征空英雄一起为活动揭幕及压轴,杨利伟更有可能会开金口,与成龙一起领唱《男儿当自强》。

杨利伟成为中国首名成功升空太空人后,将于在本周五来香港访问,港府为隆重其事,他到港翌日(即本周六),在可容纳4万观众的大球场举行隆重欢迎仪式"香港各界欢迎杨利伟一行访港活动",与4万香港市民一同欢迎征空英雄到港,活动将于当日下午4时举行。

据知,中联办对这次活动非常重视,当日每位演出歌手都经过严格挑选,中联办特别重视揭幕及闭幕仪式,并点名谢霆锋、容祖儿与Twins陪伴杨利伟进行揭幕,霆锋将唱出《中国人》、祖儿以《我的骄傲》伴杨利伟出场,以表扬杨利伟的功绩,而Twins尚未决定唱哪首歌。

至于闭幕仪式,中联办则点名演艺界大哥成龙担任表演嘉宾,有可能届时征空英雄亦会大开金口,因有消息指中联办正积极安排杨利伟与成龙一起带领现场4万观众大合唱《男儿当自强》,如果成事的话,场面将会相当壮观感人。

对于以上消息,英皇艺人管理部总监霍纹希(Mani)表示:"中联办的确联络霆锋、容祖儿及Twins,能够出席民族英雄欢迎仪式,我觉得好荣幸。"Mani并表示霆锋与Twins千辛万苦届时都要出席欢迎仪式,Mani指称当晚霆锋与Twins要在晚上8时前赶往广州出席雪碧榜颁奖礼,所以当日完成欢迎杨利伟活动后,他们要立即飞车往广州,将出动公安车在深圳关口候驾霆锋及Twins,为他们开路飞车赶往广州。

(《侨报》2003-10-29)

精读篇

风格和内容解析： INTRODUCTION OF THE WRITING STYLE

这是一篇报道中国大学生情况的特写。作者在标题中就透露了报道的角度，她所要报道和描写的是中国大学校园里每天在发生的，但又不是那么正常的现象。

上大学是中国年轻人的一个梦想，但限于各种各样的条件，在今天的中国，能考上大学特别是能考上名牌大学的人毕竟仍然是极少数。考上大学以后他们的生活怎么样呢？神秘的大学校园里新生的生活不止是同龄人感兴趣，家长们，包括社会上一般的读者都对此有兴趣，因此，这篇文章的作者知道读者的问题和如何展示、回答这些问题。

由于是一种近距离的观察、采访和报道，作者从日常生活小事入手描写了大学新生如何"跨入大学、重返童年"的。文章写得生动具体，也对中国的中小学教育制度提出了问题，同时还对新一代大学生的生活、自理能力等提出了委婉的批评。这些批评其实已经不仅仅是面对大学生的，它也是面向整个社会的。也许，这正是这篇文章的意义所在。

跨入大学　重返童年

—— 本报记者住进学生宿舍体验大一学生生活

[编者按]

大学新生从中学时代老师、家长百般呵护的环境，突然进入到一个开放、新奇和陌生的天地，一下子手足无措，一下子童心大发。教育界将这种现象称之为"童年期的延长"。"童年期延长"是好是坏暂且不论，至少有一点可以肯定，由于在中小学期间被严加看护，已使他们缺乏享受大学生活相对比较自由的能力。于是一个新问题向高校提出来了：如何完善新大学生的自身素质，锻炼他们的独立生活能力？如何面对新的情况进行科学管理和教育？这都是需要研究和探索的，让我们关注"年轻的世界"。

"今天我又去看了一晚上的卡通片，从来没有这么开心过……"大学新生进入高等学府后，仿佛重新回到久违了的童年时期，这是记者日前走进本市某高校一年级新生的宿舍，在"年轻的世界"中体验生活时的感受。

10月24日晚，记者敲开了本市某高校学生宿舍3号楼321房间，成为这个宿舍的临时成员。小小的寝室里除了临时为记者准备的那张床之外，其余每张床上都至少躺着一个长毛绒玩具，有些床头还挂着诸如SNOOPY（小狗）、PIYO（小鸭）之类的卡通明星的"照片"，一些日常用品和文具上，也印满了形象夸张的卡通图案。桌上除了书本、字典以外，还出人意料地摆着《樱桃小丸子》、《灌篮高手》等漫画书和目前正在中学生中风靡的《神奇宝贝》，此外还有各种积木和拼图等等。乍一看，好像是来到了一个童趣盎然的"娃娃天地"。一名本市某重点中学毕业的女生表示，现在终于没有人再管束她们了，可以想干什么就干什么了。而复旦大学附近的一卡通廊里的服务员也告诉记者，大学新生的心态一年比一年年轻，现在就连适合15岁以下孩子看的《小熊维尼》这样的卡通片，在大学新生中也颇受欢迎。

谈起自己的爱好，一名姓蒋的女生很是"愤愤"地表示："我从小就喜欢看卡通书，可是中考、高考逼得我根本不能尽兴地做这些我想做的事。现在我想一定要补回来。"另一名酷爱流行音乐的姓陆的女生也说，以前在中学时，耳朵里尽是父母老师的唠叨，她已经"忍"了整整3年了。进入大学后，她办的第一件事，就是出去买了两个小音箱，现在即使是在看书的时候她也要听CD。

晚上，9点——在3楼公用的盥洗室里，两名经济系新生之间发生了一场关于洗衣服应该先用洗衣粉还是先用肥皂的争论。最后其中一名女生不惜用手机打了个长途电话，才从母亲那里问来了准确的答案。这两个女生很不好意思地透露，开学一个月以来，类似的争论已经进行过好几次了，其中有一次争论的话题是枕头脏了是不是要用水洗。在宿舍盥洗室里，曾有一盆衣服泡了两个星期也没人管，最后才发现是化学系一名女生忘记了自己这一盆衣服。

晚上10点半熄灯——3号楼外出的成员们陆续回到宿舍，盥洗室里一下子热闹起来，但更热闹的似乎还是在走廊，每个寝室门口都站着拨打手机的学生。321室的成员也开始她们每天必做的功课：打电话向父母报告自己一天的生活，连每顿饭吃了些什么都不厌其烦地一一汇报。一名姓卢的女生说，开学以来，她单手机费就花了近五百元，"以前爸爸妈妈整天唠叨，现在连要加减衣服都没有人告诉我了，只好多给家里打电话了。"

临睡前，一名学生告诉记者，她一个月零花钱花了3000多元，但是"买了些什么都不知道"，至于记账，她从来没有也从来没有想过要有这个习惯。当被问道带来的钱花光了怎么办时，不少学生表示："向爸爸妈妈要。"

(上海《文汇报》2001-10-30)

生 词 (7.2)
Vocabulary

1. 久违 久違	jiǔwéi	(动)	长久没有见到 haven't seen for long time
2. 风靡 風靡	fēngmǐ	(动)	很流行 fashionable
3. 积木 積木	jīmù	(名)	一种儿童玩具 toy bricks
4. 管束 管束	guǎnshù	(动)	管理约束 control; restrain
5. 尽兴 盡興	jìnxìng	(动)	兴致得到满足 do as you want to; try one's best
6. 唠叨 嘮叨	láodao	(动)	不断地说 chatter; gab; jaw
7. 盥洗室 盥洗室	guànxǐshì	(名)	洗脸、洗衣服的房间 washroom
8. 不厌其烦 不厭其煩	búyànqífán	(习)	耐心地、不怕麻烦地 take great pains

报刊惯用语汇及表述模式

1. 乍一看

"乍"表示"突然"、"猛地"的意思，它所指的内容不一定是真的或大部分都不是真的。这个句型表示上句提供的事实并非真相，但有时有提醒和强调的意思。例如：

(1) 桌上、床上到处都是玩具和卡通，乍一看，好像是来到了一个童趣盎然的"娃娃天地"。

(2) 今天丽丽打扮得真年轻，穿着粉红色的衬衣和很时髦的套装，乍一看，我还以为是她女儿来了呢。

2. ……不惜 V

"不惜"表示"不在乎""不以……为可惜"。这种句型往往表示一种很决绝的行动，有时候也表示一种过度或过分的行动。例如：

(1) 她们实在不知道怎么洗衣服,最后其中一名女生不惜用手机打了个长途电话,才从母亲那里问来了准确的答案。
(2) 老王非常喜欢看京剧,上个周末他为了看一场京剧居然不惜开了五个小时的车到伦敦去。

3. 单……就……

"单"是"只""仅"的意思。这是一种强调的句型,表示在一种具体项目上的夸张和不同寻常的状态。例如:

(1) 一名姓卢的女生说,开学以来,她单手机费就花了近五百元。
(2) 最近那个地区很不安全。根据国际通讯社报道,那儿单上个星期就发生了四次爆炸事件,有二十多人伤亡。

练习题

一 根据词性搭配画线连词

进入	畅销	发生	生活
回到	图像	酷爱	争论
印满	童年	尽兴	音乐
颇为	学府	体验	干事

二 根据课文内容选词填空

1. 大学新生进入高等学府后,仿佛重新回到_____了的童年时期。
   (过去   经常   久违)

2. 一名本市某重点中学毕业的女生表示,现在终于没有人再_____她们了,可以想干什么就干什么了。
   (教育   告诉   管束)

3. 另一名酷爱流行音乐的姓陆的女生也说,以前在中学时耳朵里尽是父母老师的_____,她已经"忍"了整整3年了。
   (声音   教育   唠叨)

4. 这两个女生很不好意思地透露,开学一个月以来,_____的争论已经进行过好几次了。
   (就是   但是   而是)

5. 321室的成员也开始她们每天必做的_____:——打电话像父母报告自己一天的生活,连每顿饭吃了些什么都不厌其烦地一一汇报。
   (报告   汇报   功课)

三 用指定的词语完成句子

1. 我简直不敢相信这儿是一间教室，_____
   _____。（乍一看）

2. 为了能够跟她交朋友，_____
   _____。（不惜）

3. 在过去的一年里，_____
   _____。（单……就）

4. 他的全部目的就是要得到好成绩 _____
   _____。（至于）

四 判断画线部分，并予解释

1. 这是记者日前走进本市某高校一年级新生的宿舍,在"<u>年轻的世界</u>"中体验生活时的感受。
   是指 _____

2. 10月24日晚,记者敲开了本市某高校学生宿舍3号楼321房间,<u>乍一看,好像是来到了一个童趣盎然的"娃娃天地"</u>。
   是指 _____

3. 谈起自己的爱好,一名姓蒋的女生很是"愤愤"地表示:"我从小就喜欢看卡通书,可是<u>中考、高考逼得我根本不能尽兴地干这些我想干的事</u>。"
   是指 _____

五 按照正确顺序组合下列句子

1. A. 在"年轻的世界"中体验生活时的感受
   B. 大学新生进入高等学府后
   C. 仿佛重新回到久违了的童年时期
   D. 这是记者日前走进本市某高校一年级新生的宿舍
        1)_____ 2)_____ 3)_____

2. A. 现在终于没有人再管束她们了
   B. 一名本市某重点中学毕业的女生表示
   C. 可以想干什么就干什么了
        1)_____ 2)_____ 3)_____

3. A. 开学一个月以来
   B. 其中有一次争论的话题是枕头脏了是不是要用水洗。
   C. 类似的争论已经进行过好几次了
   D. 这两个女生很不好意思地透露
        1)_____ 2)_____ 3)_____ 4)_____

4. A. 现在连要加减衣服都没有人告诉我了
   B. 以前爸爸妈妈整天唠叨
   C. 只好多给家里打电话了
   1)　　　　2)　　　　3)

六　写作练习

1. 细读课文,进一步理解这种新闻报道文体写作的基本特点。
2. 作者是怎样报道这个新闻题材的？他用了哪些例子来说明问题？
3. 作者是用什么样的写作手法来突出自己的主题的？
4. 请用三句话来写出这篇文章的中心思想。

七　课堂讨论题

1. 文章中的大学生为什么在考上了大学以后又重新回到了童年？
2. 作者为什么写这些大学生的孩子气的行为,她想告诉读者些什么？
3. 作者是怎样描写这些大学生和父母的关系的？为什么？
4. 你理解这些大学生的生活吗？你有没有和他们相似的经历？

北京大学未名湖

> **速读篇**
>
> **速读练习** 在速读练习中你不必查字典,也不必认识课文中的每一个字。如果除了提供的词汇你还有生词,你可以根据上下文来猜测生词的意思,试着读懂课文的内容。这种练习的目的是让你忽略细节,争取读懂文章的主要内容。

厦门发生首宗SOHO族自杀事件
长期缺乏交流引发抑郁症 幸家人及时发现送医得救

日前一名试图割腕自杀的男子被家人及时发现后送医得救。出人意料的是,这名轻生者竟是知名度极高、业界公推首吃"SOHO"螃蟹的高级平面设计师王平先生。

在外人眼中,"SOHO族"(即 Small office-Home office,意为"在家办公")是令人羡慕的、自由到可以"穿着内衣上班"的都市新族群。

王先生怎么会产生轻生行为?

据王先生表示,他一年前从一家大广告公司辞职后就开始了"SOHO"生活。刚开始"SOHO"生活很新鲜,慢慢地就趋于平淡。

最近三个月来,他发现自己变得闷闷不乐、没精打采,坐在办公桌前就心烦意乱,原先半天就能出一个活,如今三天下来也做不好一个,好几个已经到手的业务也丢掉了。王先生以为自己得了病,医院的体检结果又一切正常,为此,王先生更加烦躁,茶饭不思。

一个月前,王先生开始失眠,痛苦不堪,工作早已停顿,对生活也极度厌倦。16日下午,王先生剪断电话线,用刀片划开了左手腕。关键时刻,住在别处的母亲刚好来为他打扫房间,见此情景急忙报警送医。

庆幸的是,王先生只把腕部浅表静脉割破。经过止血包扎后,王先生被朋友送到心理医生那里,经治疗,王先生康复得很好。

为王先生提供心理治疗的厦门市心理学会副理事长、振明心理诊所主治医师郑先生说,王先生由于长期以来与世隔绝式的"SOHO"生活而引发了抑郁症。

郑先生说,SOHO族由于缺乏交流和沟通,极易引发心理障碍甚至疾病,近年来,这类患者呈上升趋势,但至于像王先生这样严重到产生自杀行为的案例在厦门市还是首例,凸显出"SOHO"族心理健康亟待重视。

另据全省首家心理学专业网站——厦门心明心理咨询网提供的调查显示，十个"SOHO"族中有八个反映有头痛、头昏、失眠、工作效率下降、注意力不集中、记忆力减退、不愿与人交往、消沉懒惰等负性情绪或病症——郑医师称之为"SOHO综合症"。

"SOHO综合症"如果得不到及时的排解，很容易发展为抑郁症或焦虑症，久拖不治极易产生轻生念头。

(《侨报》2003-11-23)

生 词 (7.3) Vocabulary

1.	割腕 割腕	gē wàn		割破手腕自杀 cut wriest (suicide)
2.	公推 公推	gōngtuī	(动)	公开推荐、认为 recommend by the public
3.	轻生 輕生	qīngshēng	(动)	不愿意活下去 commit suicide
4.	趋于 趨於	qūyú	(动)	接近 go; to
5.	没精打采 沒精打采	méijīngdǎcǎi	(习)	没有精神、兴趣不高 listless; in low spirits
6.	划 劃	huá	(动)	用光锐的东西割开 scratch
7.	庆幸 慶幸	qìngxìng	(动)	感到幸运 fortunate; felicitate
8.	静脉 靜脈	jìngmài	(名)	输送血液回心脏的血管 vein; vena
9.	与世隔绝 與世隔絕	yǔshì géjué	(习)	不和外人交流 isolated from society
10.	抑郁症 抑鬱症	yìyùzhèng	(名)	一种情绪低落的病 depression
11.	亟待 亟待	jí dài		迫切地等待 hastily; in a hurry
12.	焦虑症 焦慮症	jiāolùzhèng	(名)	焦急、心情烦躁的病症 a disease of anxious/apprehensive

练习题

一　请根据课文判断正误

1. 因为经济问题,王先生产生了自杀的想法。(　　)
2. 由于工作太累,王先生身体越来越不好。(　　)
3. 王先生虽然精神上有病,但去医院检查结果一切正常。(　　)
4. 王先生生活越来越困难,没有钱,他只好自杀。(　　)
5. 很多在家工作的人都很不开心,自杀的人比较多。(　　)
6. 医生们建议人们应该到办公室工作,不要在家里工作。(　　)

二　请根据课文回答下列问题

1. 在这篇文章中,人们对SOHO是什么看法?
2. 你认为王先生的情况为什么发生了变化?
3. 医生们认为王先生出现了什么样的问题,应该怎样处理?
4. 你认为应该不应该提倡SOHO式生活?为什么?

> **速读篇**
>
> 速读练习　在速读练习中你不必查字典，也不必认识课文中的每一个字。如果除了提供的词汇你还有生词，你可以根据上下文来猜测生词的意思，试着读懂课文的内容。这种练习的目的是让你忽略细节，争取读懂文章的主要内容。

海明威变性子后事和解　八子女拒继母分享财产

【本报系综合三日电讯报道】　大文豪海明威的八名孙辈和继母争遗产的案子3日达成和解，海明威小儿子葛雷哥莱两年前去世，留下了价值750万元的不动产和海明威作品的部分版权。八名子女以父亲动过变性手术，和继母的婚姻无效为由，不让继母伊姐分产。

本案原定8日在迈阿密法院开庭做遗嘱认证，但两造已达庭外和解，使法官逃过了必须判决葛雷哥莱到底是男是女的头痛问题，至于和解的条件则未公布。

葛雷哥莱是海明威三个儿子中最小的一个，20多岁时曾去非洲学习狩猎，一个月内猎杀过18头大象。但他深受酗酒、吸毒、性别错乱之苦，虽然四度结婚，育有七名子女并领养一名，却在1977年接受变性手术，从此变为葛萝莉亚·海明威。

两年前，69岁的葛雷哥莱当街脱掉粉红洋装、女性内衣和高跟鞋，赤裸裸地走在街上，被迈阿密警方以妨害风化罪名逮捕，四天之后心脏病发死在女子监狱中。法医鉴定证实，葛雷哥莱确实以变性手术打造出女性性征。

葛雷哥莱身后，妻儿为遗产闹翻天，伊姐是他第四任妻子，两人在1995年离婚，但他变性后于1997年和伊姐又再度结婚。

根据葛雷哥莱在1994年所立的遗嘱，遗产由子女和伊姐均分，但伊姐却提出1997年改立的另一份遗嘱，只留给每名子女各一千美元，另一个朋友分得两万美元，其余财产都由伊姐继承。

葛雷哥莱的八个孩子指这份遗嘱是假造，并坚持父亲已变成女儿身，和伊姐的同性婚姻在佛罗里达州不具法律效力。

一代文豪身后，媳妇和孙儿争夺不休的不仅是不动产，葛雷哥莱还拥有海明威33%的文学信托金和版权，每年有好几百万美元进账。

葛雷哥莱不愧为是文豪之后，1967年他撰写的《爸爸：个人回忆录》曾登上畅销书排行榜。他在书中回忆，海明威也曾是慈父，常带他打猎、钓鱼，还从鲨鱼口中救回他的小命。但他似乎认为自己的性别错乱困扰要归咎于父亲。他说："我花大笔钱来克制变装癖。这种事错综复杂，不过追根究底是因为有个超级硬汉作风的父亲。"

(《世界日报》2003-10-04)

生 词 (7.4)
Vocabulary

1.	变性 變性	biànxìng	(动)	用手术的方法改变性别 change gender; denaturalization
2.	文豪 文豪	wénháo	(名)	杰出的、伟大的作家 eminent writer
3.	版权 版權	bǎnquán	(名)	著作权 copyright
4.	认证 認證	rènzhèng	(动)	认可和证明 attestation; authentication
5.	两造 兩造	liǎngzào	(名)	两边当事人 two parties
6.	狩猎 狩獵	shòuliè	(动)	打猎 hunt; hunting; chevy
7.	酗酒 酗酒	xù jiǔ		没有节制地喝酒 drink; hit the bottle; bibulosity
8.	领养 領養	lǐngyǎng	(动)	收养孩子 adopt
9.	风化 風化	fēnghuà	(名)	道德和社会风气 arislake; effloresce
10.	遗嘱 遺囑	yízhǔ	(名)	一个人在生前对自己的事情和财产的处理留下的文件 will; testament
11.	回忆录 回憶錄	huíyìlù	(名)	一个人对自己的生活下的回忆的记录 memoir; memoirist
12.	排行榜 排行榜	páihángbǎng	(名)	公布的排列次序 a ranking board/bulletin
13.	归咎 歸咎	guījiù	(动)	责备和归罪于 blaming; imputation

练习题

一、请根据课文判断正误

1. 因为海明威的儿子的子女比较多遗产不够分,所以他们打官司。（　　）
2. 海明威的儿子动过变性手术,所以他官司失败了。（　　）
3. 海明威的儿子喜欢做女人,后来用手术把自己变成了女人。（　　）
4. 因为变成了女人,海明威的儿子犯了罪被送进了监狱。（　　）
5. 因为海明威的儿子变成了女人,他的子女认为他的遗嘱是假造的。（　　）
6. 海明威的儿子也是个作家,但他的书很少有人买。（　　）

二、请根据课文回答下列问题

1. 海明威儿子的八名子女以什么理由上诉法庭？
2. 迈阿密法院的法官为什么要面临判决葛雷哥莱是男是女的"头痛问题"？
3. 为什么葛雷哥莱会有两份遗嘱？葛雷哥莱为什么和伊姐结两次婚？
4. 葛雷哥莱对海明威是怎样评价的？你认为他的话有没有道理？

速读篇

> **速读练习** 在速读练习中你不必查字典,也不必认识课文中的每一个字。如果除了提供的词汇你还有生词,你可以根据上下文来猜测生词的意思,试着读懂课文的内容。这种练习的目的是让你忽略细节,争取读懂文章的主要内容。

身穿内裤追逐梦想
——纽约街头的"裸体牛仔"

无论大雨倾盆还是艳阳高照,他总是出现在时报广场上,拨弄着他心爱的吉他,用沙哑的嗓音向路人献歌。他身上除了一条白色紧身内裤、牛仔靴帽外,几近全裸,表达着他自己的生活哲学。

对于大众而言,这位赤裸的牛仔仅仅是街头艺人中的一员,而且可能还是一个不怎么样的一个歌手。但是当他每天站在百老汇大街凭借自己花哨的行头和演技从游客那里挣到个子儿的时候,这个裸体牛仔相信他已经实现了自己的梦想,即成为"有史以来最著名的艺人"。

"我已经成为纽约城的标志之一。"这位名叫罗伯特·约翰·伯克的牛仔对路透社记者说。

脚穿带马刺的牛仔靴,飘逸的金发上戴着一顶牛仔深帽,身穿一条亮白色三角内裤,这个俄亥俄牛仔在过去三年,风雨无阻,每天定时出现在纽约时报广场。

他赤裸的半身仅仅用吉他半掩着,当川流不息的游客们,通常是女性要与他合影时,这位街头"施瓦辛格"总是中止演唱,用自己粗壮的胳膊环抱着她们,摆出漂亮的姿势。

假如游客并没有看到他在自己的白靴子上绘出的美元标志而忘记付小费时,他会善意地提醒道:"请把钱放在靴子里,我的内裤里可没有地儿。"罗伯特·约翰·伯克称自己平均每天可以赚到700到1000美元。

在他自己的网页上 http//www.nakedcowboy.com ,32岁的伯克写道,几年前他就立志成为有史以来最著名的艺人。在问到他是否实现了这个计划时,他说自己已经做到了。

与珍妮弗·洛佩兹名声相比,伯克说,"洛佩兹上了电视,十亿人能看到她,而我是走向十亿人。"在伯克看来,和洛佩兹惟一不同的就是,他一对一贴近自己的 fans。

从伯克网站上的个人历史可以看出,他从事现在这个职业更多地是出于自己的志向而不是个人智慧的驱动。

他第一次公共场合露面是 1997 年,当时他在辛辛那提广播台音乐比赛胜出。

他拿着奖金去了加利福尼亚作为嘉宾参加了电视剧"护滩使者"(Bay Watch)的拍摄。他仅在电视上出镜 2 秒。

回到俄亥俄的家中,他参加了一些声乐培训,从母亲那借了一把旧吉他,前往纳什维尔美国乡村音乐圣地,在那里他立誓成为一名有名的乡村音乐歌手。

当他的这一梦想破灭时,他回到加利福尼亚,在威尼斯海滩做慈善演出。然而第一天,他仅仅收入 1.02 美元,他的一个朋友建议他得想点新招了。"穿着你的内衣表演,"朋友说道,"这样会让人们停下脚步。"

第二天,伯克就用上了上述的演出行头:"脚穿带马刺的牛仔靴,飘逸的金发上戴着一顶牛仔深帽,身穿一条亮白色三角内裤"。他大获成功,"赤裸牛仔"在纽约街头站稳了脚跟。

伯克有一箱白色纯棉内裤,大部分内裤后部都印着蓝红相间的"赤裸牛仔"的字符——他的个人注册商标。但是有时候他也改变一下他的标志性字符,比如在伊拉克战争期间,他改为:"打倒萨达姆!"

(《侨报》2003-06-09)

生　词 (7.5)
Vocabulary

1.	艳阳 艷陽	yànyáng	(形)	明亮的晴天 bright sunny day
2.	牛仔 牛仔	niúzǎi	(名)	放牛的人 cowpoke; bull-puncher; cowboy
3.	凭借 憑藉	píngjiè	(介)	凭……为根据;借…… 来 by right of; resort
4.	花哨 花哨	huāshao	(形)	颜色(俗)鲜艳 flowery; garish
5.	飘逸 飄逸	piāoyì	(形)	飘散、好看地摆动 elegantly fly

6. 风雨无阻 風雨無阻	fēngyǔwúzǔ	（习）	所有天气都适合 in all weathers	
7. 善意 善意	shànyì	（形）	好的意愿 goodwill	
8. 立志 立志	lìzhì	（动）	树立志愿 aspire	
9. 贴近 貼近	tiējìn	（动）	靠近、近距离地 press close to	
10. 驱动 驅動	qūdòng	（动）	推动 drive	
11. 声乐 聲樂	shēngyuè	（名）	唱歌 vocality	
12. 立誓 立誓	lì shì		决心、发誓要 impawn; swear	
13. 慈善 慈善	císhàn	（形）	关心别人、有同情心 charity; beneficence; philanthropy	
14. 新招 新招	xīn zhāo		新的方法 new strategy	

练习题

一 请根据课文判断正误

1. 不管天气好坏，"裸体歌手"总是在街上卖唱。（　　）
2. 这名歌手认为自己很伟大，而且很成功。（　　）
3. 在成为街头歌手之前，这名裸体歌手曾经做过演员。（　　）
4. 这名歌手曾经想当一个著名的乡村音乐歌手，但是他没有成功。（　　）
5. 这名歌手一开始街头卖唱就大受欢迎。（　　）
6. 这名歌手的打扮比他的歌更能吸引观众。（　　）

二 请根据课文回答下列问题

1. 这名歌手是怎样评价自己的？观众又是怎样看待他的？
2. 你怎样看待这位歌手的生活态度？你认为他成功吗？
3. 这位歌手的经历说明了什么？
4. 为什么这位歌手说自己已经成了"纽约城的标志之一"？你怎样看待这个标志？

第八章 中文报纸的发展史

第一节 中国报纸发展的初期

报纸是当今世界在传播新闻、通报各种时事情况时被最普遍使用的一种媒体工具。今天,我们尽管有了广播、电视和电脑网络等新型的通信工具和资讯传播方式,阅读报纸仍然是世界上最流行、最受人喜爱的一种获得消息、新闻和传播新闻的渠道。特别是在中国,读书看报是人们生活中的一件大事。中国人读报、关心国家大事有着悠久的历史传统和深远的文化渊源。

中国是世界上最早出现报纸的国家之一。根据中国古代的史料记载和文物的证实,中国早在8世纪的唐朝就有报纸了。在公元713—741年间,唐朝就出现了报纸。那时候的报纸和现在的报纸不一样。唐朝的报纸不是印刷出版的,它是人们用手抄写、发行来传播皇宫里的消息和国家大事的。

中国最早的报纸名称叫"邸报"。为什么叫邸报呢?这还要从当时的政府和国家制度来谈起。唐朝时,中国地域十分大,唐朝皇帝根据汉代的制度,派出了很多军事将领和大官去管理和统治国家的边境;除了边境以外,皇帝还把一些省、市分给了自己的亲信去统治。这些大官和皇帝的亲信离首都很远,他们经常想知道在首都、在皇帝的身边发生了什么事情。在古代,交通和通信都非常不方便,有时

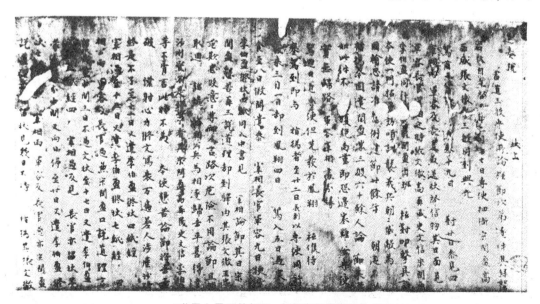

(世界上最早的报纸:中国唐朝的邸报)

候京城发生了一件事,过了很多天甚至几个月外省都不知道情况,这对这些官员和皇帝的亲信们决定如何对这些事情做出反应十分不利。那时候,常常出现天下大乱的局面,也常常打仗。皇帝喜怒无常,宫廷里面也经常出现危机,这些外边的官员们谁先知道了皇帝的情况和首都的消息,对自己的命运、生命财产都有着非常重要的意义。

怎样才能最早知道这些机密的消息呢?当时,这些驻守在外面的官员们就在首都设立了一些"邸"。这些"邸"就是他们派自己信得过的人住在京城替他们传递消息和打听情况的人办公的地方。这些"邸"有点像现在中国内地的地方政府在首都设立的"驻京办事处"或外国人在首都设立的大使馆、领事馆这一类的办公地点。驻在"邸"里的工作人员就要到处去打听消息,得到情报,和一些官员或掌握消息的人交朋友,然后再把得到的消息情报写出来报告给自己的领导和有关人员。他们写出来的这些材料是报告,这就是"报"的最早和最原始的意义。中国人最早的"报纸"就这样产生了。

当时书写这些报纸的人是邸官,邸官们就成了中国历史上最早的一批新闻官员,也是最早的新闻记者和编辑。这些人有的有很大的权力,他们中有些人可以见到皇帝,和宫廷的大官交朋友,他们得到的消息有的甚至就是宫廷里面内部发布的,所以它们很有权威性,也很有新闻价值。这样的报纸在当时被统一称做"邸报"。邸报不但报告宫廷里的情况,有时候还报告官员升迁的消息,报道一些新闻和国家大事、皇帝的意见等等。1982年,在英国的博物馆里发现了中国唐朝时的一份这样的邸报,它发行于公元887年,被认为是现存的世界上最古老的一份报纸,离现在已经一千一百多年了。

第二节 中国报纸发展的成熟期

到了宋朝,除了这些地方官派到京城收集消息和情报的人员自己编写和发行邸报以外,皇帝为了加强统治,树立自己的权威,他要求中央政府自己发表权威的消息和新闻,国家机关发行报纸,这样的报纸已经是代表政府的中央一级的官报了。

可是,政府的公报往往消息比较严谨,政府的舆论控制也比较严格,地方官员们当然不能满足于这些消息。渐渐地,有些人开始利用自己和一些官员的关系以及能够打听到的内幕新闻、朝廷动态等等来编写和发行一些小报,也就是"小道消息"。这些小报上的消息比官报要多,而且来源复杂,新闻性强,时间上也比官报快多了。在当时,谁早些得到消息,就有可能早些行动,早些得到利益或胜利,新闻的时间性非常重要。小报的这些优点使它很受一些人欢迎,办小报和发行小报成了一个赚大钱的职业。

但是，由于小报不是政府主办的，它的消息来源往往不准确或是政府不愿意披露出来的。而且有的小报会报告假的消息，造成社会混乱。虽然小报受到了社会上不少人的欢迎，可是政府和朝廷痛恨并制止小报的出版和发行。在宋朝、明朝和清朝，政府都制定了非常严格的法律禁止小报的出版和发行，对发行小报的人要给予严厉的处罚甚至处死。但是在当时因为出版和买卖小报有利可图，所以在几百年的时间里，小报的发行一直屡禁不止。

到了明朝，在首都已经没有地方官设置的"邸"了，于是邸报就改名被叫成了"京报"。明朝开始用印刷机来印"京报"，结束了过去几百年来手写新闻出版报纸的历史。到了清朝，"京报"已经相当丰富，1870年出版的《京报》已经是日刊，发行量已经达到了每天一万

中国清朝的《京报》

份。由于办报纸很赚钱，很多和大官有关系的商人也开始得到了官方的同意翻印和出版报纸。

根据今天收藏的资料来看，当时的《京报》每天出版，发行量很大。它的样子像是一本书，每天的《京报》是一册，每册五六页至十页。这些《京报》已经印刷的比较漂亮，它们的稿件大都是从宫廷里发布或政府颁布的消息。当时出版报纸的商家叫报房。各个报房之间常常会有竞争。报房会雇人把报纸送到订户手中，而且报房还通过邮局把《京报》报纸寄到京城以外的地方。

清朝末期，西方的传教士开始到中国创办报刊，后来有了民间的报纸。清朝灭亡以后，《京报》也就随之停办了。中国报纸的发展就开始了新的一页，进入了近代的发展期了。

生 词 (8.1)
Vocabulary

1. 史料　　　　　shǐliào　　　　（名）　　　历史资料
   史料　　　　　　　　　　　　　　　　　historical data; historical materials

2. 邸	dǐ	（名）	官员住的地方
			mansion; the residence of a high official
邸			
3. 边境	biānjìng	（名）	国家的边界的地方
邊境			border; frontier
4. 亲信	qīnxìn	（名）	亲密的、信任的人
親信			favorite; janissary
5. 机密	jīmì	（形）	机要和秘密
機密			secret
6. 传递	chuándì	（动）	传达
傳遞			pass; transfer
7. 内幕	nèimù	（名）	内部的、别人不知道的
內幕			dope; low-down
8. 发行量	fāxíngliàng	（名）	报纸杂志或书籍、艺术品出版上市的数量
發行量			circulation of (newspaper/magazine)
9. 传教士	chuánjiàoshì	（名）	传播基督教的人员
傳教士			missionary; churchman

练习题

一 选择题

1. 中国是世界上最早出现报纸的国家。中国最早的报纸是报道_____的。
   a. 国家边境统治　　　b. 皇宫消息和国家大事　　　c. 政府制度
2. 在古代中国,最早书写报纸的人都是一些_____。
   a. 官员　　　　　　b. 编辑　　　　　　　　　c. 记者
3. 中国最早出现报纸的朝代是_____。
   a. 宋代　　　　　　b. 汉代　　　　　　　　　c. 唐代
4. 中国古代人们喜欢打听宫廷内幕消息、办小报的原因是_____。
   a. 赚大钱　　　　　b. 关心国家大事　　　　　c. 有新闻价值

二 填充题

1. 唐朝的报纸不是_____的,它是人们_____、出版、发行来传播皇宫里的消息和_____的。
2. 当时书写这些报纸的人都是_____,邸官们就成了中国历史上最早的一批新闻官员,也是最早的_____和_____。

3. _____年,在英国的博物馆里发现了中国唐朝时的一份这样的邸报,它发行于公元_____年,被认为是现存的世界上_____的一份报纸,离现在已经一千一百多年了。
4. 政府的公报往往消息比较_____,政府的舆论控制也比较_____,地方官员们当然不能_____于这些消息。
5. 虽然小报受到了社会上不少人的_____,可是政府和朝廷_____和_____小报的出版和发行。

三 思考题

1. 中国最早的报纸出现在什么时候?古代中国为什么会出现报纸?
2. 什么是"邸"?它的作用是什么?
3. 邸官为什么在中国报纸的历史上起到了重要的作用?
4. 宋代的皇帝为什么要国家机关发行报纸?
5. 为什么有了政府公报,在宋代还发行小报?
6. 在宋朝、明朝和清朝,政府为什么禁止小报的出版发行?
7. 《京报》是什么时候开始产生的?它有些什么特点?
8. 除了《京报》,在清朝末期还有什么其他的报纸?

第三节 中国报纸的近代发展期

19世纪初期,西方文化开始和中国文化发生接触。西方传教士和商人们开始进入中国并从事宗教和商业活动。为了便于他们的活动和宣传他们的思想,这批来到中国的西方人开始用中文创办了自己的报纸、刊物。这些报刊沿袭了西方传媒文化和报纸传播新闻的传统,它们和中国古代社会创办的官方报纸有很大的不同,是一种新型的报纸。西方人办的中文报纸使当时的读书人认识到了新式报纸强大的宣传作用。

当时的中国面临着空前的混乱局面,清朝的封建统治日趋腐朽没落,西方的帝国主义列强开始对中国虎视眈眈,一心想瓜分中国,把中国变成它们的殖民地。当时中国人民遭受着空前的灾难。这时候,一批觉醒了的中国知识分子开始想到要利用报纸来关心国家大事,讨论民族的前途和命运,唤起民众,传播科学和新文化知识,引进西学来图强救国。当时,有很多优秀的知识分子投入报界,用报纸作武器,希望改革中国社会,探索中国富强的道路。就这样,中国的报纸发展进入了近代时期。

中国近代报纸的主要分类有宗教性的报纸、政论性的报纸、商业性的报纸、专业性的报纸和娱乐性的报纸几大类。

最早出现的教会报纸之一《万国公报》

宗教性的报纸 主要是早期西方传教士到中国为了宣传宗教思想,招引更多的信徒而创办的。早期传教士到中国并不受中国人的欢迎。中国人有自己的文化传统和宗教信仰,开始时他们对外来的西方宗教,特别是宗教活动以及因此而来的一些西方文化的内容有反感和抵触情绪。这个时期,为了吸引更多的人,消除人们的敌对情绪,西方传教士做了不少的努力。办报纸就是他们所做努力的一种。宗教性的中文报纸主要目的是宣传宗教思想,但为了吸引中国读者,它们尽量采用中国人喜闻乐见的形式和照顾中国人的阅读习惯。除了宗教思想外,它们还注重介绍一些世界各国概况、简单的科技知识甚至文学艺术等内容,这些新知识的介绍受到了当时一般读者的欢迎,为这些报纸赢得了最早的读者。

政论性的报纸 清朝末期,一批先进的知识分子开始通过报纸来宣传救国救民的道理。这些人中有些是中国最早的一批留学生,有的是一些勤于思考的读书人,有的是一些忧国忧民的官员。留学生到欧美或日本见到了一些发达国家政治、经济改革带来的好处,看到了中国封建统治的种种弊端,他们和其他爱国的知识分子开始力图用报纸了教育民众,宣传西方的政治和科学知识,宣扬"变法"。特别是中英鸦片战争和中日甲午战争以后,这种变法的呼声越来越高。这类报纸的主要特点是启蒙,除了一般的新闻报道外,它们主要是宣传新思想、新知识,强调改革,政论性是它们的共同特色。

强调宣传的作用。在抗日战争时期,中国人更是通过报纸宣传抗日救亡,保家卫国,不做亡国奴,直至赢得战争的胜利。在后来,报纸仍然担当着政府宣传工具的作用。这样,利用报纸直接发表政治言论来影响甚至指导民众的思想,用媒体来统一思想、左右言论,这种特点成了现代中文报纸不同于其他国家报纸的一个主要方面。

商业性的报纸 随着中国的工商业化和现代城市的大量兴起,商业性的报纸开始大量出现。创

中国最早的政论性报纸《强学报》

办这类报纸者本来的目的是为了赢利。发行商业性的报纸最早由西方商人发起，他们引入了西方报纸经营商业运作的理念，除了用报纸宣传以外，他们更注重利用报纸吸引群众阅读，把报纸办成一种文化消费品，办成读者喜闻乐见的读物，使报纸占领中国老百姓的文化消费市场。西方商人在中国办报成功以后，中国的商人和文化人积极跟进，商业性的报纸随即迅速发展了起来。商业性报纸的出现，是中国现代报纸发展成熟的重要一步，它也为中国报纸的发展成熟作出了一定的贡献。商业性报纸的主要贡献之一是它们首先注意在内容上尽量适合中国读书人和一般老百姓的口味，雅俗共赏，报纸设有新闻、评论、文艺副刊和广告等主要内容，这四大主要内容直到今天仍然是中文现代报纸的基本模式。

专业性和娱乐性的报纸 随着报纸和新闻业在中国的不断成熟和发展，专业性和娱乐性的报纸开始在中国出现，这类的报纸包括工人报、农民报、青年报、妇女报和一些信息报、电影、文化娱乐报、某些晚报和文艺性的报纸等。

中国近现代发展的历史正是中国人经受着空前灾难的历史，因此中国近现代报纸发展了历史也是记录着中国人灾难的历史。它见证中国近代国家存亡、军阀混战、抗日战争的历史，也和中国人一起经历了政治、经济、文化上的一系列动

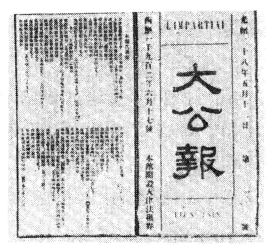

中国最早的商业报纸《大公报》

荡和灾难。中国报纸是中国人了解世界、关心国家兴亡的一个重要的媒介和宣扬自己思想的一个途径。所以，中国人对报纸有一份特殊的感情。直到今天，中国人仍然喜欢阅读报纸并通过报纸了解外面的世界。

第四节 现当代的中文报纸

1949年，中华人民共和国成立，中国报纸的发展进入了一个新的阶段。在这个阶段中，中国共产党成为了中国的执政党，中国的报纸的出版和经营权渐渐被国家所控制。报纸成了宣传国家方针政策的工具。政府直接参与了报纸、新闻和媒体报道等方面的管理工作。报纸的出版发行为政府统筹规划，全党办报，取消私营报纸；国家对报纸和宣传工作最终实现了统一的管理。

这个历史时期，中文报纸的发展大致上可以分为三个阶段。

第一个阶段是从1949年10月至1966年5月。这个阶段包括从中华人民共和国建国到"文化大革命"发生以前的历史时期。这个阶段中，报纸从旧中国的混

乱状况发展到直接为中国共产党和政府控制而成为宣传政府政策的工具。新中国成立了以后，百废待兴，同时经历了很多政治运动；这个时期还爆发了"抗美援朝"战争。当时在政府控制下的报纸积极配合国家的政策，有效地充当了喉舌，完成立了政治宣传的任务。这个时期，由于执政党在工作指导方针上有过严重的失误，因此宣传相关政策法规的报纸也犯了不少错误。总的来讲，这个时期报纸的发展还是呈现出上升的趋势。据统计，在1950年，中国全国性和省级报纸的总印数是8亿份，到了1965年，总印数已经达到了47亿多份。

第二阶段是1966年5月到1976年10月的"文化大革命"阶段。这个阶段被称为是中国报纸发展一个严重的挫折和损失的阶段。"文化大革命"被称为是中国当代发展史上的一场浩劫，国家大乱，中国共产党和政府内部出现了矛盾和斗争，各方面的发展都出现了失控的局面。这个时期的报刊发展当然也遭受了空前的浩劫，大量的报刊都被迫停刊。当时由于政党和政府内部出现了斗争和矛盾的局面，报纸也成了各种政治斗争的工具，有时被"四人帮"等反动势力操纵和控制，混淆黑白、颠倒是非，报纸在人民中的威信空前低落。

第三阶段是指从1976年10月至今。"文化大革命"以后，中国开始系统地批判和检讨了"文革"的错误，厉行改革。特别是在70年代末至80年代初实行了改革开放的政策。中国共产党和政府开始强调要肃清过去的政治错误，把各项工作的重心转移到现代化建设上来。这一时期，随着改革开放政策的提倡，中国的报刊业获得了前所未有的发展，形成了中国报刊史上空前繁荣的重要时期。

根据中国国家统计局统计，到1986年，中国的全国性和省级报纸发行196亿份，全国发行的报纸有2514种。在这以后的十几年里，中国的报纸业又有了更大的发展。中国现在已经成了世界上报纸种类最多、读者最广泛的国家之一。

生　词 (8.2)
Vocabulary

1.	沿袭	yánxí	（动）	按照并延续
	沿襲			follow
2.	虎视眈眈	hǔshì dāndān	（习）	带有贪婪和恶意的关注
	虎視眈眈			eye covetously
3.	瓜分	guāfēn	（动）	像切瓜那样割裂和分配
	瓜分			dismember; partition; whack
4.	图强	túqiáng	（动）	希望强大
	圖強			pursue stronger/strength
5.	信徒	xìntú	（名）	信仰的群众
	信徒			follower; believer; adherent

6.	反感 反感	fǎngǎn	（形）	不高兴的感觉 antipathy; dislike
7.	抵触 抵觸	dǐchù	（名）	不喜欢、敌对的情绪 hostility; collision; clash
8.	弊端 弊端	bìduān	（名）	不好的地方 abuse; malpractice
9.	变法 變法	biànfǎ		政治上的改革 political reform
10.	亡国奴 亡國奴	wángguónú	（名）	国家被侵占，受侵略者奴役的人 slave without country; concurred people
11.	左右 左右	zuǒyòu	（形）	控制，对……产生影响 master; control; influence
12.	赢利 赢利	yínglì	（动）	赚钱 profit; pay off
13.	理念 理念	lǐniàn	（名）	道理和概念 idea; thought; conception
14.	占领 佔領	zhànlǐng	（动）	用武力或势力强住 occupancy; occupy; seize hold of
15.	雅俗共赏 雅俗共賞	yǎsúgòngshǎng	（习）	被各种各样的人欣赏 suit both refined and popular tastes
16.	统筹 統籌	tǒngchóu	（动）	统一计划 plan as a whole
17.	百废待兴 百廢待興	bǎifèidàixīng	（习）	各种各样的事情都等待着处理和兴办 full-scale reconstruction is underway
18.	喉舌 喉舌	hóushé	（名）	喉咙和舌头，指宣传工具 mouthpiece; voice
19.	挫折 挫折	cuòzhé	（名）	受到打击，经历失败 frustration; lurch; setback
20.	浩劫 浩劫	hàojié	（名）	巨大的灾难 catastrophe; great calamity
21.	失控 失控	shīkòng	（形）	失去控制 lose control of; run away
22.	厉行 厲行	lìxíng	（动）	严格实行 strictly enforce
23.	肃清 肅清	sùqīng	（动）	用强力打扫干净 housecleaning; purge; sweep

练习题

一 选择题

1. 西方传教士和商人在中国创办的报纸和中国古代报纸的不同是因为它们代表了_____。
   a. 宣传他们的思想　　b. 西方传媒文化传统　　c. 宗教和商业活动
2. 中国近代的政论性的报纸主要是刊登一些_____的文章。
   a. 宗教信仰　　b. 宣传救国救民　　c. 世界各国概况
3. 创办商业性报纸本来的一个最主要的目的是_____。
   a. 赢利　　b. 宣传　　c. 消费
4. 专业性和娱乐性报纸的出现,标志着中国报纸的_____。
   a. 成熟发展　　b. 灾难的历史　　c. 雅俗共赏

二 填充题

1. 19世纪初期,西方文化开始和中国文化发生_____。西方传教士和商人们开始进入中国并从事_____和_____活动。
2. 中国近代报纸的主要分类有_____的报纸、_____的报纸、_____的报纸、_____的报纸和_____的报纸几大类。
3. 政论性报纸的主要特点是_____,除了一般的新闻报道外,它们主要是宣传_____、_____,强调改革,政论性是它们的共同特色。
4. 发行商业性的报纸最早由_____发起,他们引入了西方报纸经营商业运作的_____,除了用报纸宣传以外,他们更注重利用报纸群众阅读,把报纸办成一种_____,办成读者喜闻乐见的读物。
5. 根据中国国家统计局统计,到_____年,中国的全国性和省级报纸发行_____亿份,全国发行的报纸有_____种。

三 思考题

1. 中国近代的报纸是怎样发展起来的？西方的文化对中国近代的报纸有什么样的影响？
2. 什么是宗教性的报纸？它是怎样赢得中国早期的读者的？
3. 最早创办政论性报纸的是一些什么人？他们为什么要办这类报纸？
4. 中国是什么时候开始创办商业性报纸的？商业性报纸在中国报纸发展史上有什么贡献？
5. 从历史上看,为什么中国人特别喜欢读报纸？
6. 请谈谈中国近现代报纸发展的概况。

第五节　部分最有影响力的中文报纸介绍

为了便于我们尽快了解一些最富影响的中文报纸的基本内容、出版所在地和它们的基本背景、编辑方针特色等，我们准备在这儿择要介绍一些较为著名的海内外中文报纸。

[中国内地报纸]

《**人民日报**》　是世界十大报纸之一，1948年创刊。《人民日报》是中共中央的机关报，它是宣传和解释中国共产党、中国政府方针政策的权威性报纸。同时报道国内外新闻，传播各地各个领域的信息，介绍全国各地的新事物、新经验，反映人民群众对政策、事务的想法和要求。《人民日报》现在已经发行到了世界上122个国家和地区。此外，《人民日报》还有海外版，它的主要读者是海外华侨、外籍华人、港澳和台湾的读者以及能够阅读中文的外国人。《人民日报》的海外版也已经发行到了全世界90多个国家和地区，除了北京以外，还在香港、旧金山、纽约、东京、巴黎等地印刷发行。

《**光明日报**》　是以文化艺术为主要内容的全国性综合大型日报，1949年创刊，它的读者对象主要是知识分子和干部。《光明日报》注重介绍科学、教育、文化方面的内容，同时还有一些其他学科和读者喜闻乐见的内容。

《**文汇报**》　也是一种综合性的大型日报，在上海编辑出版，全国发行。1938年创刊。《文汇报》读者对象以知识分子为重点，重点介绍国内外要闻和相关内容，同时刊登一些重要的文化信息。《文汇报》有偏重介绍上海地区新闻的版面，也着重介绍科学、文化、教育、法律、艺术等方面的内容。其副刊也办得很有特色。

《**中国文化报**》　是中华人民共和国文化部主办的报纸。1986年创刊。以一般的文化艺术工作者和各界关心文化艺术的群众为读者对象。它的宗旨是宣传中国共产党和政府的一些文化方面的方针政策；报道各项文化工作的实际情况，反映文化艺术工作者和群众对文化工作的意见、呼声；传播国内外的文化信息；注重文化艺术理论的研究与探讨；研究和评价文化艺术工作中的新情况、新问题等。

《**中国教育报**》　是中华人民共和国教育部主办的报纸。1983年创刊。以广大教育工作者和高等学校学生为主要阅读对象，同时也面向社会各界。它的宗旨是宣传中国共产党和政府的教育主张，指导全国的教育路线、方针和政策等等。同时报道和交流全国教育工作的新闻、动态和经验，表彰优秀人物，反映广大教育工作者的意见和要求，通报国外新的教育理论和方法，推动中国的教育改革，促进中国教育事业的健康发展，为培养人才服务。

《**工人日报**》　是中华全国总工会主办的报纸，面对工人广大读者。创刊于1949年。它面向中国工业、交通、基建、农林、财贸、文教等各个部门的广大工人、工会工作者、企业的政治工作人员和管理人员，宣传中共中央和政府的政策法规，着重刊载关于工人和工会工作有关的新闻、信息和政策，活跃全国职工和工人的政治文化生活，反映职工的呼声，维护工人的合法权益。

《农民日报》 是中共中央宣传部和农村政策研究室批准主办的报纸，面向中国农村。创刊于1980年。主要读者对象是中国广大农民、农村干部和从事林业、畜牧业、渔业、和乡镇企业的职工等。中国是世界上最大的农业国，《农民日报》主要是强调为农民服务。向农民及时传递中央政府的新政策法规，为广大农民提供相关的新闻信息，为提高农民的素质服务，同时促进农业现代化、科技化是《农民日报》主要的任务。

《中国青年报》 是中国共产主义青年团中央委员会的机关报。它以全国广大青年和共青团干部为主要读者对象。创刊于1951年。《中国青年报》基本任务是在中国共产党领导下，配合教育和引导青年；进一步宣传党的声音，指导青年团工作。由于近年来青年报开始针对青年特点改革了办报的理念，开始以青年人的特点为重心有针对性地办报纸，青年报着重介绍一些新科学、新思想、新观念和对未来社会的展望和探讨，开始吸引了更多的青年读者，越来越受广大青年的欢迎。

《中国妇女报》 是中华全国妇女联合会主办的，以全国各界妇女为主要读者对象，并且面向整个社会其他读者的全国性报纸。1984年创刊。《中国妇女报》的宗旨是介绍妇女运动信息，维护妇女权利，宣传中国共产党和中国政府关于妇女问题的政策法规。同时，宣传先进妇女典型，鼓励妇女关心政治、参加社会活动、学习科技知识、处理好家庭事务、正确教育子女；同时也关心婚姻、恋爱、生育、健康等问题的讨论。

《中国少年报》 是共青团中央主办的中国少年先锋队队报。它以小学高年级和初中一、二年级学生为主要阅读对象。1951年创刊。《中国少年报》主要是为了教育儿童，鼓励他们好好学习、天天向上，让他们从小关心国家大事，关心新闻，关心科学技术，爱好文艺与文学。同时，教育广大少年在德育、智育、体育等方面全面发展，长大以后成为优秀的劳动者。

生 词 (8.3)
Vocabulary

1.	创刊	chuàngkān	（动）	报纸或杂志开始发行
	創刊			start publication
2.	机关报	jīguānbào	（名）	一个部门或机关内部发行的报纸
	機關報			organ

3. 宗旨 宗旨	zōngzhǐ	（名）	根本的目的，主要的指导思想 tenet
4. 呼声 呼聲	hūshēng	（名）	希望和舆论 voice; cry
5. 动态 動態	dòngtài	（名）	发展的情况 trends; developments; dynamic
6. 表彰 表彰	biǎozhāng	（动）	表扬和宣传 honor; commend
7. 畜牧业 畜牧業	xùmùyè	（名）	养殖牲畜和家禽的产业 stock raising; stockbreeding
8. 素质 素質	sùzhì	（名）	事物的本来性质 diathesis; quality

练 习 题

一 选择题

1. 《人民日报》是 _____ 机关报。
   a. 中华人民共和国　　b. 政府方针政策　　c. 中共中央
2. 《中国文化报》的宗旨是 _____ 。
   a. 全国综合性大报　　b. 宣传政府文化政策　　c. 知识分子和干部
3. 《中国青年报》是 _____ 办的报纸。
   a. 中国教育部　　b. 中国总工会　　c. 中国共青团中央
4. 《文汇报》的主要读者对象是 _____ 。
   a. 大学生　　b. 广大青年　　c. 知识分子

二 填充题

1. 《人民日报》每日发行 _____ 份，现在它已经发行到了世界上 _____ 国家和地区。《人民日报》的海外版也已经发行到了全世界 _____ 国家和地区。
2. 《光明日报》注重介绍 _____、_____、_____ 方面的内容，同时还有一些 _____ 和读者喜闻乐见的内容。
3. 《中国教育报》是中华人民共和国教育部主办的报纸。_____ 创刊。以广大教育工作者和 _____ 为主要阅读对象，同时也面向 _____ 。
4. 《农民日报》主要是强调 _____ 。向农民及时传递中央政府的 _____ ，为广大农民 _____ 相关的新闻信息，为提高农民的素质服务。
5. 《中国少年报》主要是为了 _____ ，鼓励他们 _____、_____ ，让他们从小关心国家大事，关心新闻，关心科学技术，爱好文艺与文学。

三 思考题

1. 为什么说《人民日报》是中国的一份权威性报纸？
2. 《光明日报》、《文汇报》的主要读者对象是什么人？它们的报道重点是什么？
3. 谈谈《中国教育报》的办报宗旨和它的办报主张。
4. 为什么《农民日报》在中国有着很重要的地位？
5. 《中国少年报》是中国发行量最大的报纸之一，请你谈谈为什么它会有那么多读者。

[台湾报纸]

《中央日报》 中国国民党中央1928年创刊于上海的报纸，1848年底迁往台湾。是中国国民党中央机关报。在美国、日本、西欧、东南亚和香港等地派有记者，并和其他报社、电台建有新闻交换联系。《中央日报》主要在台湾地区发行，也发行到港、澳及国外华侨聚居地区。介绍台湾地区外新闻、文化科技社会活动、财经消息等。此外还有副刊及广告版等。

《中国时报》 1950年创刊。时报文化事业集团经营。是台湾民间经营的大报。重点报道台湾、香港、内地以及国际新闻，关心政治、经济、产业和文化新闻，内容丰富。在世界各地有400余位采编人员，信息广泛全面，并与内地新闻系统有业务联系。主要发行台湾、香港、澳门地区，兼及海外。每期发行200万份。

《中华日报》 中国国民党在台湾经营的报纸，1946年创刊。在台湾曾有南部版和北部版。主要报道台湾社会动态、国际消息、财贸经济消息及体育文化类消息，有副刊、文教、家庭生活等专版，主要在台湾岛内发行。

《联合报》 1951年创刊。为台湾两大报业集团之一（另一集团为时报文化集团）的联合报集团创办。是台湾报业的"两巨头"之一。由台湾岛内原三家报纸《民族报》、《全民日报》和《经济时报》联合而成。主要内容和版面有要闻、社会新闻、国际动态、文化及综艺等方面的内容。同时有各类休闲、副刊和体育、家庭等方面内容。《联合报》在海外很多地方建有分支机构，它现在拥有台湾岛内外的七份报纸。《联合报》发行台湾全岛，并发行海外航空版。每期发行大约200万份。

《台湾新生报》 1945年创刊。主要报道台湾和国际新闻、社会新闻，同时刊载经济、财经、文艺等方面信息，设有副刊、医疗保健、消费天地、家庭教育等专栏。主要发行网遍及台湾省各市、县及基层地区，并且发行欧、美、日、韩等地。

[香港报纸]

《大公报》 是历史最悠久的中文报纸之一，1902年创刊于天津。由于国内战乱和抗日战争等原因，后来在中国辗转各地出版发行。抗日战争胜利后，在上海、天津、香港等地复刊。50年代以后上海、天津《大公报》相继停刊，香港《大公报》

自 1948 年复刊出版至今。《大公报》主要报道国际新闻、内地新闻、香港新闻以及经济、金融、文化体育等方面的内容,同时有副刊、科学、影视、娱乐及生活等专门版面。《大公报》主要在香港、澳门地区销售,另有部分销售内地和海外。该报很早就设有航空版,销往 100 多个国家和地区。

《文汇报》 1938 年在上海创刊,后被当时政府勒令停刊。1948 年在香港创办香港《文汇报》。重点报道重大新闻、国际电讯、内地和香港新闻、经济、金融以及文化娱乐等方面的信息。《文汇报》有副刊和一些专版介绍其他文化艺术和文学等方面的内容。该报在北京、上海和海外一些大城市设有办事处及特约记者等。《文汇报》主要销往香港、澳门地区,也部分销往内地及海外。

《东方日报》 是目前香港销售量最大的报纸,1969 年创刊。《东方日报》着重报道国际新闻、两岸新闻、港闻、海外华人等消息,同时注意报道财经、金融、体育、文化等方面的内容。《东方日报》还拥有自己的姊妹刊物《东方新地》、《东方周刊》等。该报主要在香港、澳门地区及海外华人聚居地发行。每期销售 170 万份。

《明报》 1959 年创刊。是一份以公司职工、白领工作人员和知识分子为对象的报纸。主要报道要闻、世界电讯、港闻、国际金融、内地消息、两岸评论、体育、文教科技等方面的内容。《明报》除日报外,还有《明报周刊》和《明报月刊》。《明报》主要在香港、澳门地区以及美国、加拿大、欧洲等地华埠发行。每期销售 42 万份。

《星岛日报》 1938 年创刊。星岛报业集团出版发行。主要报道国际国内新闻、港闻、两岸消息、财经消息、股票金融、房地产、文化娱乐等内容。《星岛日报》的广告刊登占很大篇幅。它在世界上很多大都市有代办处和记者。主要在香港、澳门、台湾地区和海外华埠发行。

生 词 (8.4)
Vocabulary

1.	聚居 聚居	jùjū	(动)	集中的居住在某一区域 inhabit (a region)
2.	产业 産業	chǎnyè	(名)	工业生产 industry; domain; property
3.	采编 採編	cǎibiān	(动)	采访、编辑 interview and edit
4.	分支 分支	fēnzhī	(名)	下属部门 branch; filiation
5.	辗转 輾轉	zhǎnzhuǎn	(副)	翻来覆去转动;经过很多曲折 flounder; toss

6. 勒令	lèlìng	（动）	威胁性命令
			order; compel
勒令			
7. 白领	báilǐng	（名）	公司职员
			white-collar
白領			
8. 华埠	huábù	（名）	海外的中国人聚居的地方
			Chinatown
華埠			
9. 代办处	dàibànchù	（名）	代替办理事务的地方
			agency
代辦處			

练 习 题

一 选择题

1. 《中央日报》是在_____创建的报纸。
   a. 台湾 地区　　　b. 上海　　　　　c. 北京
2. 《中国时报》是_____在台湾经营的一份大报。
   a. 中国国民党　　　b. 联合报集团　　c. 时报文化集团
3. 《大公报》是中国最老的中文报之一，它是在_____创刊的。
   a. 天津　　　　　　b. 香港　　　　　c. 上海
4. 目前在香港地区发行量最大的报纸是_____。
   a.《大公报》　　　b.《东方日报》　　c.《星岛日报》

二 填充题

1. 《中央日报》中国国民党中央_____创刊于上海的报纸，_____底迁往台湾。是_____中央机关报。
2. 《中国时报》_____创刊。时报文化事业集团_____。是台湾_____经营的大报。
3. 《联合报》_____创刊。由台湾岛内原三家报纸《_____》、《_____》和《_____》联合而成。
4. 《大公报》是历史最悠久的中文报纸之一，_____创刊于天津。由于国内战乱和抗日战争等原因，后来在中国辗转各地出版发行。抗日战争胜利后，在_____、_____、_____等地复刊。
5. 《明报》_____创刊。是一份以_____、_____人员和_____为读者对象的报纸。

三 思考题

1. 《中国时报》、《联合报》和《中央日报》、《中华日报》相比有什么特点？

2. 《大公报》在中国新闻史上有什么地位?
3. 谈谈《东方日报》的特色。它为什么会成为香港销售量最大的报纸?
4. 《明报》的特色是什么?它的读者对象主要是哪些人?
5. 跟其他报纸比,《星岛日报》的主要特色是什么?

中国一些报纸的头版

第九章　报纸上的评论（一）

精读篇

> 风格和内容解析： INTRODUCTION OF THE WRITING STYLE
>
> 　　评论是我们介绍报纸文章的一种新的文体。它一般的意义不在于报道事实，而在于对眼前发生的新闻事件进行评论或借题发挥来引起读者和舆论的注意，从而影响大众的想法。评论有的代表报纸主办者的观点，如编者按或本报的时事评论等等；有的则来自外稿，不代表报纸主办者的观点；有的甚至是报纸主办者反对的观点，但为了进行辩论和争鸣，也给予刊登以引起读者的注意和参与意见。
>
> 　　本文是一篇讨论中国博士制度的利与弊的文章。作者引用了很多有力的事实和实例来说明中国高等教育制度中值得关心和必须解决的一些问题，特别是和其他国家的博士学位制度进行了比较，引入国际间的标准作为参照系，摆事实、讲道理，严肃批评了存在的问题，最后，还提出了建议，是一篇中肯的、有建设性和说服力的文章。

警惕博士学位贬值

- 对照一下韩国、日本及欧、美等国的情况，就可以发现，在那里取得博士学位确实比我们这里要困难得多
- 现在竟有不少博士论文是从网上下载组合而成，目前的论文评审方式与答辩方式对此类现象难以遏制
- 切实加强学位课程建设，严格课程考核，至关重要
- 博士论文的撰写是全面衡量博士生培养质量的主要坐标，每一个环节都要严格要求，严格检查，并在制度上给予切实的保证

　　自实行博士学位制度以来，许多青年学者经过博士生阶段刻苦攻读，脱颖而出，成为各学科的学术骨干和学术带头人。事实证明，这一制度是成功的。但是，随着博士学位点越来越多，博士生数量越来越大，博士生的培养中也出现了不少新问题。

　　去年冬季，我在韩国讲学，听到一些韩国教授说："在中国取得博士学位太容易了，现在很多韩国学生去中国，花上三四年，就可以拿个学位回来。而在韩国，没有六七年功夫很难通过。不过这样一来，中国的博士便渐渐不被人们看重了。"听了这样的批评，心中很不是滋味。不过，仔细一想，这一批评也不是空穴来风。

　　对照一下韩国、日本及欧、美等国攻读博士学位的情况就可以发现，在那里取得博士学位确实比我们这里要困难得多。第一关，是学位课程。相比之下，我们

这里通过学位课程相当方便。在韩国、日本，每次课程考试，学生的不及格率常在50%以上，不及格者必须重修，有的要考上两三次方能通过。第二关是学位论文，日本攻读博士学位，一般都是先通过学位课程考试，取得资格，然后以三五年或更长时间完成博士论文。在西方国家，撰写博士论文花三四年时间很普遍。我们这里，攻读博士学位，学制定为三年，第一年通过学位课程，第二年起即开始准备学位论文，至毕业，总共只有两年时间，除去论文打印、评审、答辩及寻找工作等时间，只有一年半。许多博士生为写出高质量的博士论文，不得不延长在学时间。但同时，竟然也有不少论文，实际撰写时间不过数月或数周。从网上下载若干现成的成果，重新组合，竟也可以成为一篇洋洋洒洒十万字的博士论文。而目前论文评审方式与答辩方式，又不足以及时发现这些问题和有力遏制这类论文的通过，一粒老鼠屎坏了一锅汤。正是这些鱼目混珠、滥竽充数的现象，严重损害了中国博士学位的声誉。

我以为，提高博士生的培养质量，第一个环节就是要抓好博士学位课程。博士学位课程要求博士生广泛阅读，掌握丰富的学术信息，形成宽广的知识基础、自具特色的知识结构；还要求博士生通过各种专题讨论，掌握各种独立研究和思考的方法，提炼具有创新意义的新思想、新观点、新方法，养成严谨求实的优良学风，为以后取得真正的突破打开通途。同时，博士学位课程又是一个思想交流的讲坛，一名学生只有善于将自己的耕耘和导师及其他师友的努力结合起来，才能在培养独立自主的研究能力的基础上集合和管理一个群体，共同展开重大课题的研究。理、工、医、农及管理等学科的博士生，当然更得重视试验及实践能力。正因为如此，博士学位课程在博士生培养中具有非常重要的地位。切实加强学位课程建设，严格课程考核，至关重要。

博士论文的撰写，在博士生培养中具有特别重要的意义。它是全面衡量博士生培养质量的主要坐标。从选题、立项、开题，到系统了解资料，把握前沿问题，进行调查研究或科学试验；从撰成初稿到进一步充实修改，经过预答辩、专家评审，最后进行论文答辩乃至再加以修正润饰等等。这里每一个环节，都考验和锻炼着博士生独立进行重大课程研究的能力，都表现和培育着博士生的学术水准和学风。提高博士生培养质量就必须在这些环节上严格要求，严格检查，并在制度上给予切实的保证。这就要解决根除目前普遍存在的形式主义走过场的现象。我认为，开题报告和预答辩，都应由教研室全体教师投票决定是否通过；校内外专家评审，能否要求逐章写出评审意见；论文答辩，能否规定每篇博士论文答辩时间不得少于一天。现今一天之内，四五位博士流水作业式的答辩方式，其实并不是真正的论文答辩。

导师的作用非常重要，但更重要的是有无切实可行的严格制度。导师与博士生本人的高度自觉当然是得依靠的，但只有在制度的可靠保证下，这种自觉方能普遍而持久。

在发展先进生产力、先进文化和科教兴国中,在我国现代化事业中,博士生都是栋梁之才,愿博士学位都能体现出它的真正价值。

(上海《文汇报》2001-11-12)

生 词 (9.1)
Vocabulary

1. 贬值 貶值	biǎnzhí	(动)	使失去价值、使不值钱 devaluate; depreciate
2. 脱颖而出 脫穎而出	tuōyǐngérchū	(习)	突破阻力显示出本领 talent showing itself
3. 讲学 講學	jiǎngxué	(动)	讲演、传播学问 give lecture; discourse on an academic subject
4. 被…看重 被…看重	bèi...kànzhòng	(动)	受到重视 be thought important
5. 空穴来风 空穴來風	kōngxuéláifēng	(习)	没有根源和依据的消息 lay self open to criticism
6. 重修 重修	chóngxiū	(动)	因不合格而再一次选修某门课 re-take/ repeat a class
7. 答辩 答辯	dábiàn	(动)	为取得学位而进行的学术辩论 defense; answer
8. 下载 下載	xiàzǎi	(动)	从电子网络上取得资料 download
9. 洋洋洒洒 洋洋灑灑	yángyáng sǎsǎ	(习)	很多、量很大(指写文章) at great length; voluminous
10. 遏制 遏制	èzhì	(动)	抵制、不让发展 keep within limits
11. 鱼目混珠 魚目混珠	yúmùhùnzhū	(成)	用鱼眼代替珍珠来骗人,指弄虚作假 pass away the sham as the genuine
12. 滥竽充数 濫竽充數	lànyúchōngshù	(成)	没有真才实学,混在里面充作一个数目 be there just to make up the number
13. 提炼 提煉	tíliàn	(动)	分析、概括,找出真相 abstract; refine; epurate
14. 至关重要 至關重要	zhìguānzhòngyào	(习)	意义重大 extreme important

15. 坐标 坐標	zuòbiāo	（名）	一个点在空间、平面或一条线上的位置和意义 coordinate
16. 乃至 乃至	nǎizhì	（副）	甚至、甚而 even; go so far as to
17. 润饰 潤飾	rùnshì	（动）	修饰和改善文章 retouch
18. 学风 學風	xuéfēng	（名）	学习的作风 style of study
19. 走过场 走過場	zǒu guòchǎng		不认真，做样子 go through the motions of doing sth.
20. 投票 投票	tóu piào		用选票的方式表示支持或反对 vote; ballot
21. 流水作业 流水作業	liúshuǐzuòyè	（名）	集体的、连续不断地工作 conveyor system
22. 切实可行 切實可行	qièshíkěxíng	（习）	实际的、可以实行的 feasible; practical; realistic
23. 栋梁 棟梁	dòngliáng	（名）	支柱、重要的人物或支持者 pillar; ridgepole and beam

报刊惯用语汇及表述模式

1. 自……以来，……

这种句型强调一种时间概念。这种时间有可能是一个具体的时间，也可能是一个事件或一种政策、有影响力的行为等。例如：

(1) 自实行博士学位制度以来，许多青年学者经过博士生阶段刻苦攻读，脱颖而出，成为各学科的学术骨干和学术带头人。

(2) 自9·11事件发生以来，美国的政治、经济和国际政策发生了很多变化。

2. ……不过，……便/也

这种句型一般表示一种转折和让步状态。如果在前面的部分是表示一种正面的内容，那么"不过"后面是一种相反的信息；反之，如果前面是方面的内容，后面则表示一种肯定的意义。例如：

(1) "在中国取得博士学位太容易了,现在很多韩国学生都要去中国。不过这样一来,中国的博士便渐渐不被人们看重了。"

(2) 这次考试的内容约翰以为自己已经掌握了,就没有好好复习。结果考试的成绩不好。不过通过这次的经历,使他也真正看出了复习的重要性。

3. 对照一下……就……

这种句型一般是引进参照系或者比较的形式,下面的部分是作者要重点表述的观点。这种句型有一种强调的意义。

(1) 对照一下韩国、日本及欧、美等国攻读博士学位的情况就可以发现,在那里取得博士学位确实比我们这里要困难得多。

(2) 对照一下二十年前的情形,我们就可以发现,中国的变化实在是太大了。

4. ……,相比之下……

这种句型强调比较。但它的目的并不在比较本身,而在于比较后要阐述的观点。例如:

(1) 对照一下韩国、日本及欧、美等国攻读博士学位的情况就可以发现,在那里取得博士学位确实比我们这里要困难得多。相比之下,我们这里通过学位课程相当方便。

(2) 你在去年也有了进步,但别人本来的程度都比你高很多,而且他们也都很努力,相比之下,你的进步就不那么明显了。

5. ……,不得不……

这种句型是强调一种无奈的状态。这种状态一般处于没有选择的情况下只能这样做,而这样做并不是一种好的方法。这儿表述的是一种被动的选择。例如:

(1) 许多博士生为写出高质量的博士论文,不得不延长在学时间。

(2) 他从小就喜欢美术,想当一个画家。可是父母只想让他当医生,最后他不得不考了医学院。

6. 我以为/认为,……

这种句型是表达正面想强调的观点时的表述。这种句型用法口气比较强烈,一般用在发表观点和提醒别人注意的时候。例如:

(1) 我以为,提高博士生的培养质量,第一个环节就是要抓好博士学位课程。

(2) 我认为,开题报告和预答辩,都应由教研室全体教师投票决定是否通过。

练习题

一 根据词性搭配画线连词

实行	攻读	养成	通过
攻读	论文	展开	信息
完成	看重	损坏	学风
不被	学位	遏制	研究
刻苦	制度	掌握	声誉

二 根据课文内容选词填空

1. 随着博士学位点越来越多,博士生数量越来越大,博士生的培养中也出现了不少_____。

　　　　　　　　　　　　　　（带头人　　新问题　　脱颖而出）

2. _____一下韩国、日本及欧、美等国,攻读博士学位的情况就可以发现,在那里取得博士学位确实比我们这里要困难得多。

　　　　　　　　　　　　　　（根据　　比较　　对照）

3. 日本攻读博士学位,一般都是先通过学位课程考试,取得_____,然后以三、五年或更长时间完成博士论文。

　　　　　　　　　　　　　　（资格　　成绩　　水平）

4. 博士学位课程要求博士生广泛_____,掌握丰富的学术信息,形成宽广的知识基础、自具特色和知识结构。

　　　　　　　　　　　　　　（考试　　阅读　　答辩）

5. 博士论文的撰写,在博士生培养中具有特别重要的意义。它是全面衡量博士生培养质量的主要_____。

　　　　　　　　　　　　　　（考试　　资料　　坐标）

三 用指定的词语完成句子

1. 自"9·11"事件发生以来,_____
_____。

2. 在中国得到博士学位比较容易，_____
   _____。(不过)
3. 美国的小学教育不太严格，_____
   _____。(相比之下)
4. 我以为，_____
   _____。

四 判断画线部分，并予解释

1. 自实行博士学位制度以来，许多青年学者经过博士生阶段刻苦攻读，脱颖而出，成为各学科的<u>学术骨干和学术带头人</u>。
   是指_____

2. "这样一来，中国的博士便渐渐不被人们看重了。"听了这样的批评，<u>心中很不是滋味</u>。不过，仔细一想，这一批评也不是空穴来风。
   是指_____

3. 目前论文评审方式与答辩方式，又不足以及时发现这些问题和有力遏制这类论文的通过，<u>一粒老鼠屎坏了一锅汤</u>。
   是指_____

4. 从选题、立项、开题，到系统了解资料，<u>把握前沿问题</u>，进行调查研究或科学试验，这里每一个环节都考验和锻炼着博士生独立进行重大课程研究的能力。
   是指_____

5. 现今一天之内，四五位博士<u>流水作业式</u>的答辩方式其实并不是真正的论文答辩。
   是指_____

五 按照正确顺序组合下列句子

1. A. 许多青年学者经过博士生阶段刻苦攻读，脱颖而出
   B. 成为各学科的学术骨干和学术带头人
   C. 自实行博士学位制度以来
   　　1)　　　　　2)　　　　　3)

2. A. 博士生数量越来越大
   B. 随着博士学位点越来越多
   C. 博士生的培养中也出现了不少新问题
   　　1)　　　　　2)　　　　　3)

3. A. 共同展开重大课题的研究
   B. 一名学生只有善于将自己的耕耘和导师及其他师友的努力结合起来
   C. 才能在培养独立自主的研究能力的基础上集合和管理一个群体
   D. 博士学位课程是一个思想交流的讲坛，
   　1)　　　　2)　　　　3)　　　　4)
4. A. 这种自觉方能普遍而持久
   B. 但只有在制度的可靠保证下
   C. 导师与博士生本人的高度自觉当然是得依靠的
   　1)　　　　2)　　　　3)

六　写作练习

1. 细读课文，进一步理解这种评论和论说文体写作的基本特点。
2. 作者是怎样处理自己设立的命题的？他用了哪些例子来说明问题？
3. 作者采用了什么样的论辩方式？他为什么要采用这种方式？
4. 在这篇文章中，作者选用了跟别国比较的方式来突出自己的论点。他为什么要比较？你认为他的比较有道理吗？
5. 这是一篇比较正规的评论文章。除了比较、批评以外，还提出了建议和解决问题的想法。你认为这样的写法好在哪里？

七　课堂讨论题

1. 作者对中国实行的博士学位制度有什么看法？
2. 作者为什么认为中国的博士学位在贬值？你认为他讲的有没有道理？
3. 跟别的国家比，中国的博士学位制度存在着什么样的问题？应该怎样解决？
4. 作者指出中国的博士论文撰写上存在着什么样的不良风气？这种风气是怎样形成的？
5. 作者对中国的博士学位制度提出了哪些意见和建议？你觉得这些意见合理可行吗？

> **速读篇**
>
> 速读练习　在速读练习中你不必查字典,也不必认识课文中的每一个字。如果除了提供的词汇你还有生词,你可以根据上下文来猜测生词的意思,试着读懂课文的内容。这种练习的目的是让你忽略细节,争取读懂文章的主要内容。

挤一挤文凭的水分

在四川某高校成人专科升本科的两个班级中,报名的160多人正常上课的仅34名,但没有上课的人毕业时仍然"混"到了文凭。来自四川省的部分全国政协委员和全国人大代表呼吁,应尽快治一治这种变了味的"文凭热",挤一挤各类文凭的水分,还教育一方净土。

全国人大代表王可植说:"现在社会上有不少人热中专科升本科或上研修班等以获取高学历。有的是经商致富后花钱买文凭,有的是以权谋私要文凭。这些人平时难得去上课、听辅导,一到考试就请老师关照,有的连毕业论文都请人'捉刀'。值得注意的是这种现象已经成为公开的秘密。"

王可植代表的这番话在代表中引起共鸣。一些代表说,这种文凭虽然有据可查,但实际上有很大的水分,没有真才实学的文凭在一定意义上就是一种假文凭,对民族素质和社会风气的危害甚大。

变了味的"文凭热"不仅仅是一种违反社会道德或法规的简单现象,它还反映出社会用人机制的不健全。成都电子科技大学的副校长、全国政协委员吴正德说:"目前,社会上已经形成了一种'以文凭论成败'的社会价值取向,造成巨大的人才浪费。"他认为,重视学历,要求知识化是对的,但学历不应该成为考核能力的惟一标准,重学历更应该重能力。

遏制这种歪风,除了需要建立一套完善的评价和用人体系,学校也必须加强文凭的发放管理。

(《星岛日报》2003-11-09)

生　词 (9.2)
Vocabulary

| 1. 文凭 | wénpíng | (名) | 毕业证书 |
| 文憑 | | | diploma |

2. 水分 水分	shuǐfèn	（名）	不真实的内容 unreal stuff
3. 混 混	hùn	（动）	用不正当的方法得到 muddle along; pass for
4. 净土 净土	jìngtǔ	（名）	干净的、神圣的领域 pure land
5. 致富 致富	zhìfù	（动）	变得富有 become rich; be wealthy
6. 以权谋私 以權謀私	yǐquán móusī	（习）	用权力为自己寻求利益 use power for private gain
7. 关照 關照	guānzhào	（动）	关心照顾 keep an eye on
8. 捉刀 捉刀	zhuōdāo	（动）	替别人考试、写作等 ghostwrite; write for someone else
9. 共鸣 共鳴	gòngmíng	（名）	相同的想法和情绪 resonance; sympathize
10. 论成败 論成敗	lùn chéngbài		评论成功或失败 judge success or fail
11. 歪风 歪風	wāifēng	（名）	不正确的风气 contagion
12. 发放 發放	fāfàng	（动）	分发、发给 grant; provide; extend

练习题

一 请根据课文判断正误

1. 很多人不上课却得到了文凭，这件事受到了中央政府的重视。（　　）
2. 为了得到高学历，很多人让老师帮着做作业，给好成绩。（　　）
3. 在中国，没有真才实学的人得到文凭是违反法律的。（　　）
4. 文凭有水分的主要原因是学校的老师喜欢走后门。（　　）
5. "文凭热"是一种违反社会道德或法规的简单现象。（　　）
6. 不完善的评价和用人体系是引起文凭热的一个原因。（　　）

二 请根据课文回答下列问题

1. 四川省政协委员和全国人大代表为什么要呼吁治一治"文凭热"？
2. 文凭为什么会变成一些人以权谋私的工具？
3. 社会的用人机制对这种变了味的文凭热有什么影响？
4. 你认为应该怎样遏制这种文凭热的歪风？

> **速读篇**
>
> 速读练习　在速读练习中你不必查字典,也不必认识课文中的每一个字。如果除了提供的词汇你还有生词,你可以根据上下文来猜测生词的意思,试着读懂课文的内容。这种练习的目的是让你忽略细节,争取读懂文章的主要内容。

官员"博士化"与不务"政"业

　　据报道,武汉市近日将面向海内外引进67名博士,充实到该市党政机关中层领导岗位。而在广西,一些县委书记、县长为了升迁只顾自己读书捞文凭,不把主要精力放在当地的经济工作上。

　　那些官员为什么没有时间务"政"业而甘心当"学生"? 当然是为了保住乌纱帽,为了升官。很多地区急于改变机关干部"专业知识匮乏、知识结构滞后"的现状,启动"博士化"、"硕士化"工程,把"硕士"当作进入仕途的"硬杠杠",把"博士"当作升迁的"死指标"。要想保住官位在仕途上可持续发展,就只能突击"捞文凭",哪有精力抓经济。

　　更大的危害是,这些硬杠杠的存在加大了现任官员的"做官成本",为了各种文凭,就得花钱啊! 花了那么多的钱,就得想着如何把这些钱捞回来。就这样,捞完文凭捞金钱,腐败也就形成了,这就是自私行为的恶性循环。

(《人民日报》)

生　词 (9.3)
Vocabulary

1. 引进	yǐnjìn	(动)	介绍、引入
引進			fetch in; indraught; work in
2. 升迁	shēngqiān	(动)	调到另一部门,职位比原来高
升遷			be transferred and promoted
3. 乌纱帽	wūshāmào	(名)	古时候当官的人戴的帽子,指做官
烏紗帽			black gauze cap; official position
4. 匮乏	kuìfá	(形)	缺乏、不够
匱乏			pinch; went short of
5. 滞后	zhìhòu	(形)	拖在后面
滯後			lag

6. 仕途	shìtú	（名）	当官的道路
	仕途		official career scholarship
7. 指标	zhǐbiāo	（名）	确定的目标
	指標		guide line; index; target
8. 捞	lāo	（动）	获取
	撈		drag for; fish for; gain
9. 腐败	fǔbài	（形）	混乱、败坏；行为堕落
	腐敗		canker; corruption; decay

练习题

一 请根据课文判断正误

1. 广西引进了太多博士，结果经济工作没有搞好。（　　）
2. 为了升官，很多干部愿意当学生。（　　）
3. 很多地区错误的政策是鼓励干部"捞文凭"的根源。（　　）
4. 因为需要捞文凭，很多干部不好好工作。（　　）
5. 在很多地区，"硕士"是进入仕途的"硬杠杠"，但不欢迎博士。（　　）
6. 有些干部为了当官捞文凭花了钱，他们做官后就要捞钱、腐败。（　　）

二 请根据课文回答下列问题

1. 为什么中国现在出现了"博士化"和不务"政"业的现象？
2. "博士化"和"硕士化"能让中国干部的工作素质提高吗？
3. "捞文凭"现象会给中国政治带来哪些危害？
4. 什么是"做官成本"？为什么说它跟腐败有恶性循环的关系？

精读篇

风格和内容解析： INTRODUCTION OF THE WRITING STYLE

这是一篇深富正义感和辩驳意义的文章。它的逻辑性很强,修辞风格严谨,而且充满了人道和正义的力量,可以看成是一篇维护劳动者权益的檄文。

本文首先根据一篇新闻事件的报道入手,谈了发生在眼前的一种不合理和不人道的制度,对这种制度进行了质疑和批判。接着,更进一步,作者的笔锋直指有关部门"负责人"没有原则立场的解释,通过对这种解释的批判把整个论题提升到了另一个高度:正义和人道的高度。

在这儿,作者肯定地指出,在任何所谓制度之上,有一个人性和人权的基本尺度。不管什么样的规定和解释都不能无视和僭越这个尺度。从这个事件生发开去,作者又对其他类似的"霸王规定"进行了声讨。在文章结尾部分,作者引用了法律专家的观点,对劳动者进行了劝告和鼓励,动员他们用法律作为武器为自己的合法权益而斗争。正是一篇感人的、富有正面意义的文章。

"两小时上一次厕所"是什么制度?

据2003年11月26日《江南时报》报道:近日,苏州市一家外资企业"至少两个小时才能上一次厕所"的规定引起了员工不满。这家名叫"恩德利"的外资企业,员工大部分都是女性,其中以外来打工妹居多,主要工作岗位是车间操作工。

对此,该公司有关人士称,每个企业都有自己的规章制度,企业制定两小时才可以"休息"一次的规定也是为了维护正常的生产秩序。"想什么时候上厕所就去,这怎么行?"

而苏州市的有关医学专家明确指出,这违反了人的生理规律,会对员工的精神和身体造成损害,特别是对于有特殊生理需求的女性更是如此。

苏州市劳动局法规处的一位负责人则表示:公司的规定"违背了人的正常生活、生理需要,限制了人身自由,肯定不正确"。"但这是一个新问题,目前还没有对此类问题的处罚依据。"因为《劳动法》中"并没有对上厕所是不是也应该算入劳动时间作出有关解释"。

那么,问题就出来了:既然"肯定不正确",但又处罚无据,"不便干涉",这种规定究竟算是一项什么制度呢?

其实,在我看来,上厕所的问题本来是大可不必上升到法律和权利的层面来讨论的。因为,这是人的基本的生理需求。《劳动法》等相关法律法规之所以未对像上厕所这样的权利做出具体而详尽的规定和解释,恰恰说明了这一点。设想一下,假如上个厕所也要参照法律法规,多长时间上一次为合法,上几次为不合法,那么,这样一个社会,不仅可笑,而且可悲!

企业严格内部管理当然是必要的,或许,在某些企业,也确实存在个别职工借上厕所消极怠工的现象。但是,所有这些,并不意味着某些企业管理者可以无视劳动者作为人的基本生理需求;相反,任何时候,还应该考虑人道以及人性的一面。

　　需要指出的是,类似的规章制度在现实生活中并不少见。由于这些规定往往打着"企业有制定规章制度自主权"的旗号,或者打着"维护生产秩序、加强劳动纪律"的幌子,而出现在跟劳动者签订的用工合同中,因而被人们称为"霸王规定"。面对这样的"霸王规定",原本就处于相对弱势地位的劳动者出于就业压力大等诸多因素考虑,常常是敢怒不敢言,甚至委曲求全不得不遵守。回到上厕所的问题上来,有关法律专家指出:对劳动者上厕所时间给予硬性规定的做法,是对劳动者合法权益的侵犯,劳动者可以向有关部门申请撤销该企业的此项规章制度;如果该规章制度给劳动者的身体、精神产生损伤的话,劳动者还可以向企业提出赔偿。

(《工人日报》2003-12-05)

生　词 (9.4)
Vocabulary

1.	打工妹	dǎgōngmèi	(名)	去城里寻找工作的乡下女孩
	打工妹			country-girl worker
2.	憋	biē	(动)	忍住
	憋			hold back; suppress
3.	生理	shēnglǐ	(名)	人的身体情况
	生理			physiology; phisical
4.	依据	yījù	(介)	根据
	依據			according as; by; thereunder
5.	干涉	gānshè	(动)	干扰、破坏
	干涉			intervene; interfere; interposition
6.	消极怠工	xiāojí dàigōng	(习)	用不积极的方式来对待工作
	消極怠工			passively/inactively slow down (work)
7.	无视	wúshì	(动)	看不见、不理会
	無視			defy; disregard; ignore
8.	人道	réndào	(形)	仁慈、关怀人
	人道			humanism
9.	自主权	zìzhǔquán	(名)	自己决定自己事情的权利
	自主權			the right of self-determination

10. 霸王 霸王	bàwáng	（名）	不讲道理、蛮横的人、欺负别人的人 overlord; tyrant
11. 弱势 弱勢	ruòshì	（形）	没有力量、没有势力 weak (in power)
12. 委曲求全 委曲求全	wěiqū qiúquán	（习）	用忍受来顾全大局或保护自己 stoop to compromise
13. 撤销 撤銷	chèxiāo	（动）	收回、宣布无效 withdraw
14. 损伤 損傷	sǔnshāng	（动）	伤害 damnification; mar; hurt

报刊惯用语汇及表述模式

1. 其实，……

这种句型往往表示强调和要廓清事实。用"其实"来领起全句目的是想还原内容和抓出事实的要害所在。例如：

(1) 其实，在我看来，上厕所的问题本来是大可不必上升到法律和权利的层面来讨论的。因为，这是人的基本的生理需求。

(2) 其实，不管他怎么说，我们都看出了问题的实质，他首先动手打人就不对。这是没有什么可以辩解的理由的。

2. 恰恰 Verb 了……

这种句型是一种有力的反驳句。它的目的往往不在于提供新的观点和资料，而是运用前面已经被大家同意和首肯的内容来进一步阐发和解释，得出自己的新结论。有时候，论者还往往借用对手的观点来反证他们的错误。例如：

(1)《劳动法》等相关法律法规之所以未对像上厕所这样的权利做出具体而详尽的规定和解释，恰恰说明了这一点。

(2) 你们说这件事发生后你们曾经对损失做了赔偿。这赔偿本身恰恰证明了你们知道自己在事件中负有不可推卸的责任。否则你们为什么要赔偿呢？

3. ……，相反，……

这种句型也是一种论辩时常常使用的句型，它有强调转折和递进的作用。它的功能往往不在于提出新见解，而在于在原有资料基础上提出新解释和翻案性的观点。例如：

(1) 所有这些，并不意味着某些企业管理者可以无视劳动者作为人的基本生理需求；相反，任何时候，还应该考虑人道以及人性的一面。

(2) 有人认为，大量地进口外国的产品会影响我国的市场经济的发展；恰恰相反，我认为这种国际性的经济交流会积极地促进我们经济的发展和市场的繁荣。

小词典
跟本文有关的背景资料及术语介绍

1. 外资企业

外资企业指中国内地的一些以外国投资为经济支撑的企业。因为这类企业一般都具有国际背景和一些特殊的金融、经济和技术情况，中国政府对这类企业往往提供一些优惠性的政策，比如在政策上允许它们相对独立，在管理上允许它们有自己的方式，在税收上对它们有一定的优惠等等。

2.《劳动法》

《劳动法》是中华人民共和国一种法律，全称为《中华人民共和国劳动法》，1994年制定。它是保护劳动者的权益和规定劳动者和雇佣方面法律内容的准绳。《劳动法》是一部原则性解释关于劳动和劳动保护等问题的重要文献。

3. 霸王规定

霸王规定指一些不合理和欺侮、剥削劳动者的规定。近年来，由于下岗和失业现象严重，劳动者为了获得工作，常常忍受一些不合理的规章制度。这种情形使得一些不法人员趁机不断制造一些损伤劳动者身体和精神的规定。本文讨论的是一个例子。此外还有台湾商人在工厂女厕偷装摄像机事件也是一个恶例。

练习题

一　根据词性搭配画线连词

引起	秩序	违背		自由
明确	指出	没有		法规
违反	损害	参照		干涉
造成	不满	不便		依据
维护	规律	限制		需要

二　根据课文内容选词填空

1. 近日，苏州市一家外资企业"至少两个小时才能上一次厕所"的规定引起了员工_____。

   （不满　　情况　　限制）

2. 其实，在我看来，上厕所的问题本来是大可不必上升到法律和权利的_____来讨论的。因为，这是人的基本的生理需求。

   （内容　　层面　　角度）

3. 《劳动法》等相关法律法规之所以未对像上厕所这样的权利做出具体而详尽的规定和解释，_____说明了这一点。

   （恰恰　　明明　　当然）

4. 企业严格内部管理当然是_____的，或许，在某些企业，也确实存在个别职工借上厕所之机消极怠工的现象。

   （虽然　　当然　　必要）

5. 面对这样的"霸王规定"，_____就处于相对弱势地位的劳动者出于就业压力大等诸多因素考虑，常常是敢怒不敢言，甚至委曲求全不得不遵守。

   （原本　　当时　　当然）

三　用指定的词语完成句子

1. 这个学期取消期中考试的做法_____。（引起了 V）

2. 我过去对这件事没有发表看法，_____。（恰恰 V 了……）

3. 昨天他没有跟你争论并不是他怕你，_____。（相反,……）

4. 其实，我一直认为_____。（为的是）

四　判断画线部分，并予解释

1. "但这是一个新问题，目前还没有对此类问题的处罚依据。"因为《劳动法》中"并没有对上厕所是不是也应该算入劳动时间作出有关解释"。
   是指＿＿＿＿＿＿＿＿

2. 其实，在我看来，上厕所的问题本来是大可不必上升到法律和权利的层面来讨论的。因为，这是人的基本的生理需求。
   是指＿＿＿＿＿＿＿＿

3. 设想一下，假如上个厕所也要参照法律法规，多长时间上一次为合法，上几次为不合法，那么，这样一个社会，不仅可笑，而且可悲！
   是指＿＿＿＿＿＿＿＿

4. 面对这样的"霸王规定"，原本就处于相对弱势地位的劳动者出于就业压力大等诸多因素考虑，常常是敢怒不敢言，甚至委曲求全不得不遵守。
   是指＿＿＿＿＿＿＿＿

五　按照正确顺序组合下列句子

1. A. 员工大部分都是女性
   B. 这家名叫"恩德利"的外资企业
   C. 其中以外来打工妹居多
   D. 主要工作岗位是车间操作工
   　　1）　　　　2）　　　　3）　　　　4）

2. A. 有些女工已经因为紧张和憋尿而出现生理异常现象
   B. 有的新员工还为此尿湿了裤子
   C. 由于上厕所的时间限制
   　　1）　　　　2）　　　　3）　　　　4）

3. A. 会对员工的精神和身体造成损害
   B. 这违反了人的生理规律
   C. 特别是对于有特殊生理需求的女性更是如此
   D. 而苏州市的有关医学专家明确指出
   　　1）　　　　2）　　　　3）　　　　4）

4. A. 这是人的基本的生理需求
   B. 其实，在我看来
   C. 上厕所的问题本来是大可不必上升到法律和权利的层面来讨论的
   　　1）　　　　2）　　　　3）

六　写作练习

1. 细读课文，进一步理解这种评论文体写作的基本特点。

2. 是怎样论证"两小时上一次厕所"这个制度的不合理性的？
3. 除了正面的批判以外，作者还采用了什么样的方法来表达自己的观点？
4. 这篇文章体现了作者辩论时严密的逻辑性，请举例说明之。
5. 请用三句话来写出这篇文章的中心思想。

七　课堂讨论题

1. 作者为什么批判这种"两小时上一次厕所"的制度？
2. 关于这种制度，苏州市劳动局是怎么说的？作者为什么要批判它？
3. 作者对《劳动法》上没有规定上厕所的条文进行了解释和辩驳，你认为他说的有没有道理？为什么？
4. 作者是怎样看待和评价"企业有制定规章制度自主权"的？
5. 在本文结束，作者对"两小时上一次厕所"的制度提出了什么样的警告？他为女工维护自己的权益指出了一条什么样的道路？

北京街头的送报人

> **速读篇**
>
> **速读练习** 在速读练习中你不必查字典,也不必认识课文中的每一个字。如果除了提供的词汇你还有生词,你可以根据上下文来猜测生词的意思,试着读懂课文的内容。这种练习的目的是让你忽略细节,争取读懂文章的主要内容。

雀斑长在哪儿不可怕

有感而发

"雀斑长在哪儿不可怕?"游戏中,孩子突然提出这样一个"脑筋急转弯",我搜遍全身所有器官,也没有想出答案。最终,还是孩子主动揭示了答案:长在别人脸上!

我丝毫不怀疑孩子的纯真,但我又无法否认制作谜语者的自私用心。事实上总有这样的人。只要炸弹不在自己的头顶上炸响,只要黄河水不灌到自己的脚下,所有的灾祸和不幸似乎都与己无关。记得鲁迅先生在一篇小品中曾经提到过这样一件事:中国人和西班牙人都斗牛,但二者的区别在于,在西班牙是人和牛斗,而在中国是牛和牛斗,人只是站在一旁"坐山观牛斗"罢了。

这种事不关己高高挂起的心态,对时下的青少年有没有影响呢?答案是肯定的。

某些学生见小朋友被老师批评或罚站时,不是积极地帮助他克服缺点找出不足,相反更习惯于袖手旁观幸灾乐祸;有的同学见有人打架,不是积极地化解矛盾,消除纠纷,而是添油加醋,站脚助威。所有这些未必都归罪于一两条"脑筋急转弯",但在青少年中多进行爱的教育十分必要。

记得小时候听过这样一个故事,有这样一对患难夫妻,妻子有一头乌黑发亮的头发,她很想买一只漂亮的发夹,可始终未能如愿,而丈夫虽有一块漂亮的表,却一直没钱配上表链。一晃圣诞节到了,当妻子把一条精美的表链递给丈夫,丈夫把一只漂亮的发夹递给妻子时,两人却惊异地发现,丈夫漂亮的表已经不见了,妻子的一头秀发也已经变成了短发。原来,夫妻二人为了送给对方一份珍贵的礼物,都把自己最心爱的东西卖掉了。

这凄美的故事让人久久不忘,让人时时感受到爱的美丽和力量。可惜,这样的教育现代的孩子太缺乏了。

(上海《文汇报》)

生 词 (9.5)
Vocabulary

1.	雀斑 / 雀斑	quèbān	（名）	脸上的小斑点 fleckle; heatspot
2.	匹配 / 匹配	pǐpèi	（动）	配合 matching
3.	纯真 / 純真	chúnzhēn	（形）	单纯、天真 naivete; trueness
4.	谜语 / 謎語	míyǔ	（名）	供人猜测的隐语或暗射事物。 riddle
5.	灌 / 灌	guàn	（动）	用力使水进入 fill; pour; irrigate
6.	罚站 / 罰站	fázhàn	（动）	惩罚性站立 required standing as punishmen
7.	化解 / 化解	huàjiě	（动）	消除 to melt; to solve
8.	未必 / 未必	wèibì	（副）	不一定 unnecessarily
9.	患难 / 患難	huànnàn	（动）	受苦受难 adversity; trials and tribulations
10.	一晃 / 一晃	yīhuàng	（形）	形容时间过去得快(有不知不觉的意思) a while; very fast
11.	惊异 / 驚異	jīngyì	（形）	惊奇,感到奇怪 amazement; astonishment
12.	凄美 / 凄美	qīměi	（形）	凄凉而美丽 dreary and beautiful

练习题

一 请根据课文判断正误

1. "脑筋急转弯"是一种不好的游戏,不应该提倡。（   ）
2. 给孩子们制作的节目和游戏不应该教孩子们坏的想法。（   ）
3. 鲁迅喜欢西班牙方式的斗牛,不喜欢中国式的斗牛,因为它不激烈。（ ）
4. 现在很多孩子都很自私,对青少年进行爱的教育十分必要。（   ）

5. 患难夫妻的故事教育我们,做事之前夫妻两人应该互相商量。(　　)

二　请根据课文回答下列问题

1. "雀斑长在哪儿不可怕"这个问题很小,作者为什么要写这篇文章?
2. 鲁迅先生对于两国斗牛的看法对不对?请谈谈你的看法。
3. 为什么有很多孩子看到别人有问题时幸灾乐祸?
4. 作者为什么要讲患难夫妻的故事?这个故事说明了什么?

第十章　报纸上的评论(二)

精读篇

> 风格和内容解析：INTRODUCTION OF THE WRITING STYLE
>
> 　　这是一篇关于中国汽车工业发展方面的评论。首先它的题目就发人深省。根据这个题目，作者进行了工业、商业市场和技术方面的分析；有的内容甚至还超越了工业本身，而牵涉到民族工商业和爱国主义等大题目上了。
>
> 　　作者用充分的论据讨论了中国汽车工业的发展所面临的问题，同时也从市场和消费心理等方面讨论了中国汽车工业的远景，提出了建议和希望。
>
> 　　汽车工业的发展虽然看起来是一个工商业部门的事，但是对中国老百姓的日常生活和心理影响极大，作者在这儿的分析和强调不是小题大做，而是一种对民族工商业前途的关怀和分析。他的建议是否有效，需要专业人士来判断，但他对中国汽车工业发展的关心和热情一定能引起读者的共鸣和感动。

人民时评：国产车为何要换洋车标？

　　天津一汽威姿轿车要改换丰田车标的市场传言，近来引起了消费者的关注，也引发了汽车业内人士关于自主汽车品牌还能扛多久的担心，甚至还有埋怨消费者和企业崇洋媚外、呼唤民族品牌的感慨。然而，市场对这一传言却表示出欢迎。一位消费者说，CKD组装的威姿拥有比较纯正的丰田血统，如果改用丰田品牌，他可能会考虑去买一辆；一位经销商甚至表示，如果威姿一上市就采用丰田车标，销售至少要比现在增三成。

　　是消费者崇洋媚外吗？在北京的马路上，经常可以看到一些"奇怪"的汽车，明明是国内企业生产，明明有自己的品牌，可车主偏偏给它换上个洋车标。暂且不论这是否侵犯知识产权，从中折射出的消费心理，却值得企业去揣摩、研究。

　　其实，向往知名品牌，追求知名品牌带来的产品之外的满足感，是消费者的正常心理，也是企业努力提升品牌含金量的真正动因。一家本土企业，为促进市场销售，顺应消费者的需求和建议，与外方合作伙伴达成协议，给原先的产品更换一个洋商标，虽然从弘扬民族品牌的角度看有些惋惜，可这毕竟是市场经济条件下企业的合规运作。

　　不过，换洋标也折射出我国汽车企业的无奈。打响自主品牌，是中国汽车人多年的梦想，能凭借自有品牌取得优异的市场业绩，谁会愿意去多交一笔品牌转让费？说到底，还是我们的自主品牌不够强大。过去，提起自主品牌，技术落后堪称我国汽车企业的软肋。如今,随着汽车工业全球化分工趋势日趋明显,以我为主、借鉴国外技术的自主研发道路,正越来越成为可能。我国汽车市场上,也出现了越来越多的自主品牌产品,它们利用灵活的机制,委托国外专业化设计公司开发车型,凭借较高的性能价格比较优势,赢得了消费者的青睐,在市场上初步站稳了脚跟。

技术难题找到出路之后,品牌含金量差——中国汽车企业的另一条敏感神经,就成了不容回避的话题。道理很简单,品牌形象提升后,同样的产品可以卖出更好的价钱,同样的价钱则可以占据更高的市场份额,企业自然也会有更多的资金投入未来车型的研发,投入产能的扩充,尽快做大做强,形成良性循环,从而在激烈的市场竞争中占据主动。这对于资金、技术高度密集的汽车行业里的后来者,显得格外重要。

当然,品牌形象的建设和提升不是件容易事,需要有系统的规划和踏踏实实的积累,单纯靠铺天盖地的广告,或者其他形式的造势,很难长期奏效。始终坚持质量第一、不断完善营销服务、努力追求技术创新、诚信透明、做优秀的企业公民……中国自主汽车品牌的道路还很长,是我们努力的时候了。

(《人民日报》2003-6-2)

生 词 (10.1)
Vocabulary

1.	扛	káng	(动)	放在肩上运
	扛			carry on the shoulder
2.	组装	zǔzhuāng	(动)	组合装配
	组装			assemble and install
3.	血统	xuètǒng	(名)	一种共同的内部关系
	血统			bloodline; ancestry; decent; lineage
4.	暂且	zànqiě	(副)	暂时
	暂且			for the moment
5.	折射	zhéshè	(动)	反映
	折射			refraction
6.	揣摩	chuǎimó	(动)	反复思考推求
	揣摩			conjecture, ponder
7.	向往	xiàngwǎng	(动)	热爱、渴望达到
	嚮往			repine; yearn; yearn towards
8.	含金量	hánjīnliàng	(名)	比喻真正的价值;实惠
	含金量			the ratio of the value of gold

9. 合规	héguī	（动）	合乎规定
合規			match with the regulation
10. 无奈	wúnài	（动）	没有办法
無奈			cannot help out; however
11. 软肋	ruǎnlèi	（名）	弱点
軟肋			weak-point; Achilles' heel
12. 份额	fèn'é	（名）	比例
份額			lot; quotient; share
13. 铺天盖地	pūtiān gàidì	（习）	形容非常多
鋪天蓋地			blanket everything
14. 造势	zàoshì	（动）	制造声势
造勢			making noise
15. 奏效	zòuxiào	（动）	使有效义
奏效			be successful; bear fruit; do execution

报刊惯用语汇及表述模式

1. ……然而,……

这种句型表示转折。它前面的部分和后面部分的叙述和立论有相对和相反的论点。一般情况下,前面如果是肯定的,后面一般是否定的内容;如果前面是否定的,后面一般是肯定的内容。例如:

（1）天津一汽威姿轿车要改换丰田车标的市场传言,近来引起了消费者的关注;然而,市场对这一传言却表示出欢迎。

（2）不可否认,我很喜欢他,也跟他很合得来,然而,这并不说明我马上就要跟他结婚呀。

2. ……明明……

这是一种强调句型,它往往用加强的语气来阐述事实。这种句型表示:"明明"后面的是一种需要留心的情况。但如果是事实还要特别强调,我们可以看出使用这种句型时作者的语气和心情。例如:

（1）在北京的马路上,经常可以看到一些"奇怪"的汽车,明明是国内企业生产,明明有自己的品牌,可车主偏偏给它换上个洋车标。

（2）对这件事我已经感到无话可说了。我明明跟你强调了很多遍,而你也明明告诉我你完全懂了,你还是把它完全搞糟了。你让我说什么好呢?

3. ……暂且……

这种句型表示让步状态,它表示在时间上和形式上的先不予追究;但这种不予追究并不意味着同意的观点或者以后也不予追究。这种句型只是为了说理的方便或强调时运用的修辞手段。它的后面往往跟随否定形式。例如:

(1) 暂且不论这是否侵犯知识产权,从中折射出的消费心理,却值得企业去揣摩、研究。
(2) 他这样无理取闹太不像话了。我暂且不跟他追究,等到我们把这件事办完以后我一定要跟他好好谈谈。

4. 过去……,如今……

这种句型一般用对比或对偶句的形式来表达一种前后的不同。这种不同不仅仅是时间上的,有时还指形势上的变化。例如:

(1) 过去,提起自主品牌,技术落后堪称我国汽车企业的一条软肋。如今,以我为主、借鉴国外技术的自主研发道路,正越来越成为可能。
(2) 过去,提到航天事业和太空飞行,只是美苏两个国家的事情;如今,随着航天科技的迅速发展,中国也展开了开发太空的计划。

5. 当然,……

这种句型表现对事实的承认。在这种承认的背后往往又引出和阐发一种新的观点。它首先表示赞同,赞同后往往会有进一步的见解。例如:

(1) 当然,品牌形象的建设和提升不是件容易事,需要有系统的规划和踏踏实实的积累,单纯靠铺天盖地的广告,或者其他形式的造势,很难长期奏效。
(2) 当然,我基本同意你的观点,但是问题还有其他方面,我们也不妨从另一个角度再想一想。

练习题

一　根据词性搭配画线连词

引起	名牌	促进	需求
向往	欢迎	打响	青睐
表示	揣摩	赢得	协议
值得	关注	达成	品牌
引发	担心	顺应	销售

二　根据课文内容选词填空

1. 天津一汽威姿轿车要改换丰田车标的市场_____，近来引起了消费者的关注，也引发了汽车业内人士关于自主汽车品牌还能扛多久的担心。

（听说　　　情况　　　传言）

2. 一位消费者说，CKD 组装的威姿拥有比较纯正的丰田_____，如果改用丰田品牌，他可能会考虑去买一辆。

（血统　　　品牌　　　车标）

3. _____不论这是否侵犯知识产权，从中折射出的消费心理，却值得企业去揣摩、研究。

（暂且　　　首先　　　现在）

4. _____，向往知名品牌，追求知名品牌带来的产品之外的满足感，是消费者的正常心理，也是企业努力提升品牌含金量的真正动因。

（经常　　　其实　　　因为）

5. 不过，换洋标也折射出我国汽车企业的_____。打响自主品牌，是中国汽车人多年的梦想，能凭借自有品牌取得优异的市场业绩，谁会愿意去多交一笔品牌转让费？

（心事　　　希望　　　无奈）

三　用指定的词语完成句子

1. 创造著名的中国品牌是我们的梦想，_____。（然而）

2. 中国汽车工业走向世界应该是一个长远的任务，_____。（暂且不论）

3. IBM 明明是美国品牌，_____。

4. 当然,中国汽车品牌走向世界不是一件容易的事情,_____
_____。

四 判断画线部分,并予解释

1. 天津一汽威姿轿车要改换丰田车标的市场传言,近来引起了消费者的关注,也引发了汽车业内人士<u>关于自主汽车品牌还能扛多久的担心</u>。
   是指_____

2. 然而,市场对这一传言却表示出欢迎。一位消费者说,CKD 组装的威姿<u>拥有比较纯正的丰田血统</u>,如果改用丰田品牌,他可能会考虑去买一辆。
   指申请,或是指_____

3. 其实,向往知名品牌,追求知名品牌带来的产品之外的满足感,是消费者的正常心理,也是企业<u>努力提升品牌含金量</u>的真正动因。
   是指_____

4. 我国汽车市场上,出现了越来越多的自主品牌产品,它们利用灵活的机制委托国外专业化设计公司开发车型,<u>赢得了消费者的青睐</u>,在市场上初步站稳了脚跟。
   是指_____

5. 品牌形象的建设和提升不是件容易事,需要有系统的规划和踏踏实实的积累,单纯靠铺天盖地的广告,或者<u>其他形式的造势</u>,很难长期奏效。
   指非常困难,或是指_____

五 按照正确顺序组合下列句子

1. A. 销售至少要比现在增三成
   B. 如果威姿一上市就采用丰田车标
   C. 一位经销商甚至表示
       1)_____ 2)_____ 3)_____

2. A. 可车主偏偏给它换上个洋车标
   B. 明明是国内企业生产,明明有自己的品牌
   C. 经常可以看到一些"奇怪"的汽车
   D. 在北京的马路上
       1)_____ 2)_____ 3)_____ 4)_____

3. A. 是中国汽车人多年的梦想
   B. 谁会愿意去多交一笔品牌转让费?
   C. 能凭借自有品牌取得优异的市场业绩
   D. 打响自主品牌
       1)_____ 2)_____ 3)_____ 4)_____

4. A. 需要有系统的规划和踏踏实实的积累
   B. 品牌形象的建设和提升不是件容易事
   C. 导师与博士生本人的高度自觉当然是得依靠的
   D. 很难长期奏效
      1)   2)   3)   4)

六 写作练习

1. 细读此文,进一步理解这种评论和论辩类文体写作的基本特点。
2. 作者是怎样展开自己的论辩题目的？他是用什么例子来支持自己的见解的？
3. 作者是怎样论述民族品牌和外国品牌之间的关系的？
4. 请简要写出这篇文章的主题思想。

七 课堂讨论题

1. 中国的国产汽车为什么要换洋车标？你同意本文作者的看法吗？
2. 市场和消费者为什么对民族品牌不感兴趣？
3. 什么叫产品的含金量？消费者为什么喜欢名牌？
4. 本土企业为什么要跟外国名牌达成协议,给自己原先的产品换洋商标？
5. 为什么说"换洋商标折射出中国汽车企业的无奈"？怎样才能克服这种无奈？
6. 作者怎样论述中国汽车企业含金量差的问题的？他提出了一条什么样的"良性循环"的设想？你认为这种设想可行吗？

> **速读篇**
>
> **速读练习** 在速读练习中你不必查字典,也不必认识课文中的每一个字。如果除了提供的词汇你还有生词,你可以根据上下文来猜测生词的意思,试着读懂课文的内容。这种练习的目的是让你忽略细节,争取读懂文章的主要内容。

一个美国中国通的反思

8月29日,《纽约时报》的专栏作家纪思道(Nicholas D. Kristof)在该报的论坛版上,写了一篇题目叫做《自由是次要的吗(Freedom's in 2nd Place)?》的文章,其中自问自答地揭示了一个他个人甚至是很多美国中国通长期潜藏于内心的困惑:那就是西方书本上或他们脑海里的中国,怎么老和现实的中国不一样。

这篇文章起因于他和他的中国裔妻子伍洁芳(Sheryl Wudunn)一道寻根,探视他们各自的祖籍地。纪思道祖籍乌克兰的卡拉帕契夫(Karapchiv),他的妻子祖籍广东台山。结果他发现,被西方人一致赞扬获得了民主自由的乌克兰,人民的生活却一天不如一天,一下子倒退了几十年。今天的乌克兰人竟然穷到拿破旧的报纸当卫生纸,40%的人买不起牙膏。这已经够糟的了,但更糟的是,找不到工作,就是连想在一家工厂找一天一美元工资的工作也找不到,因为压根就没有工厂。

成为鲜明对比的是,今天的广东台山,人民的日子却过得愈来愈红火,不要说不用为日常的必需品卫生纸、牙膏犯愁,就是时髦的手机,也是人手一机。而且到处大兴土木,工厂如雨后春笋,只要不是游手好闲,工作随你挑。他还加上一句说,中国现在已经成为世界上制造化妆品的中心。

至于整个中国,那更是令纪思道震惊:中国这一二十年来,已经逐步成为一个不得不令人刮目相看的新兴经济强权。

于是,纪思道的心里产生了一个疑问:难道走美国自由民主的道路错了?难道他所信奉的自由民主的价值不再是放之四海而皆准的普世价值了?这究竟是怎么回事?

作为一个自由主义的信徒,他自问自答地说,这还不能反证说前苏联走民主化的道路是走错了,也不能说中国继续走社会主义道路是走对了。那问题究竟出在那里?他认为必须在政策之外去找。结果他发现根本的症结在于文化的差异。

他举了一个生动的例子来说明他的新发现:如果把两个美国人放在一间屋房子里,他们就会相互指责;如果是两个日本人,他们就会相互礼让道歉;如果是两个俄国人或乌克兰人,他们就会坐下来喝酒享乐;但如果是两个中国人,他们就会坐下来谈生意。

他对中国的这种新认识,的确可喜,因为他不再像他在 1982 年出版的《苦海余生》(Alive in the Bitter Sea)的书中那样,把中国人的生活说得苦不堪言。但他所谓的新发现,对一个中国人来说,仍然是似是而实非。

中国人是个爱做生意的民族吗? 也许个别的中国人或个别地方的中国人擅长做生意,这是可能的,也是事实。或许由于这二十多年,中国全力发展经济,以致给人一种全民皆商的印象吧。但这只是国家为了迅速富国裕民的一时权宜之计,根本同中国文化扯不上关系;相反的,作为中国文化主流的儒家文化,一向轻商,就是从商,理想的商人也是儒商,决不是唯利是图的市侩。反观日本人,倒真是个经济动物,日本传统文化中含有远比中国传统文化中更深厚的商业传统和商业文化。

他还有一个值得注意的认识,那就是威权统治更有利于一个发展中国家的经济发展,甚至是它们的近代化。

其实,这两个观点,文化观和威权观,都不是新东西,早就有人主张了,前者是哈佛大学的塞缪尔·亨廷顿(Samuel P. Hungtington),后者是麻省理工学院的白鲁恂(Lucian W. Pye),都是纪思道的前辈,他只不过是在新的情况下加以阐述发挥,将其中的消极性变为积极性而已。

但饶有趣味的是,终于有一位从事新闻业的美国自由主义者发现在观察中国社会时,不能再一成不变地套用他们自信放之四海而皆准的自由民主的模式了。

作为自由主义者,无论是洋的还是中的,都有一个共同的信念,那就是民主自由是欧美以外的第三世界国家通向现代化的惟一道路,除此之外,没有别的选择。

然而,事实胜于雄辩,自新中国建国以来,中国这 50 多年来所走的符合中国国情的社会主义现代化道路,一再粉碎了中国通根据欧洲中心史观和美国中心史观对中国社会的发展所作的论断和预测。

当然,洋人治中国史,除了史观的障碍之外,还有语言、文化、历史背景和国家政策的障碍。所以这就难免在观察中国社会和研究中国历史文化时,常常像是雾里观花,无法欣赏花的千娇百媚之美姿;或如隔靴搔痒,没有搔到痒处。

纪思道的反思,是新一代中国通的觉悟,他们终于开始摆脱了渗透在美国中国学里老一辈美国中国通的偏见和傲慢,敢于面对中国的现实了,敢于说真话了。

这种现象,随着中国盛世的来临,将日益明显。这难道不值得纪思道的中国同志们的重视和反思吗?

(《侨报》2003-09-30)

生词 (10.2)
Vocabulary

1.	专栏作家 專欄作家	zhuānlán zuòjiā		为报纸栏目写文章的作家 columnist
2.	揭示 揭示	jiēshì	(动)	揭露、展示 open out; post
3.	困惑 困惑	kùnhuò	(形)	不能理解 at a loss; baffle; muddle; puzzled
4.	寻根 尋根	xúngēn	(动)	寻找根源 look/seek for root
5.	牙膏 牙膏	yágāo	(名)	刷牙用的清洁剂 toothpaste; dentifrice
6.	压根 壓根	yàgēn(r)	(副)	从根本上 from very beginning; absolutely
7.	红火 紅火	hónghuǒ	(形)	旺盛、热闹 flourishing; prosperous
8.	游手好闲 游手好閒	yóushǒu hàoxián	(习)	闲散放荡、不务正业 dawdle; idle; rogue; shilly-shally
9.	普世 普世	pǔshì	(副)	普遍的、全世界的 universal
10.	症结 癥結	zhēngjié	(名)	根本的原因 sticking point
11.	权宜之计 權宜之計	quányízhījì	(习)	临时/暂时的办法 makeshift; pis aller; stopgap
12.	市侩 市儈	shìkuài	(名)	贪图私利的奸商 sordid merchant
13.	饶有趣味 饒有趣味	ráoyǒuqùwèi	(习)	非常有意思 rich in humor
14.	雄辩 雄辯	xióngbiàn	(形)	有说服力、善辩 eloquence; declamation
15.	粉碎 粉碎	fěnsuì	(动)	使彻底失败；破碎得很厉害 comminute; crush; smash
16.	傲慢 傲慢	àomàn	(形)	骄傲、没有礼貌 haughty; arrogant

练习题

一 请根据课文判断正误

1. 《纽约时报》专栏作家认为自由不如过好日子重要。（　　）
2. 乌克兰人有了自由,但自由并没给他们带来幸福。（　　）
3. 纪思道认为苏联应该走中国式的社会主义道路。（　　）
4. 纪思道曾经出版过一本书,说中国人的生活非常痛苦。（　　）
5. 此文作者认为中国人并不是一个喜欢做生意的民族。（　　）
6. 本文作者认为日本人比中国人更喜欢做生意。（　　）
7. 作者认为不能按照欧洲或美国的历史观念来讨论中国社会的问题。（　　）
8. 作者认为新一代的中国通比老一代的中国通更能面对中国的现实,也更敢于说实话。（　　）

二 请根据课文回答下列问题

1. 为什么海外"中国通"心中的中国总是和现实的中国不一样？
2. 根据本文提到的广东和乌克兰的例子,你怎样看待自由与社会的关系？
3. 作者是怎样比较前苏联和中国近一二十年发生的变化的？你认为他说的对不对？
4. 根据本文提供的前苏联和中国近十年发展的实例,你认为这两个国家走不同的发展道路是因为政治问题呢还是因为文化问题？
5. 为什么作者说纪思道对中国的"新发现"是"似是而实非"？
6. 你是否同意"民主自由是欧美以外的第三世界国家通向现代化的唯一道路,除此之外,没有别的选择"的说法？

> **精读篇**
>
> 风格和内容解析： INTRODUCTION OF THE WRITING STYLE
>
> 　　这篇文章是通过一个小问题讨论一些人生的大事,提出了一些比较新颖的伦理和哲学主张。
>
> 　　首先作者从一则新闻谈起,通过一个孩子不堪压力而自杀的悲剧谈到了一般人面对困难和压力的态度,进而作者又把命题引入了中国传统文化的领域,把弱和示弱的问题和道德、人格、气节等问题联系起来议论和考察,从而使论题拓宽了,命题也有了新的涵义。
>
> 　　接着,作者从更广阔的背景进行比较,把这个现代和传统间的命题引入到中西方文化和不同伦理观的评价上。在这个基础上,作者最后推出了一种比较人文化的态度,主张可以示弱,不必强迫自己。当然作者对示弱还是当"孬种"是有自己的坚持和见解的,这种见解是基于一个最基本的标准暨人性和人道的标准之上的。

不妨示弱

　　读今天的《北京日报》,看到一个12岁的女孩,因为考试成绩不够好,怕人看不起而自杀了。死前,这孩子留下了用幼稚的小手写的一封遗书,报纸登了这封遗书的照片,稚嫩而认真的笔触,一张彩色的童笺,只有三行字,就把这可怜的孩子送走了。

　　她留下的最后的遗言是"压力太大了,我只有一死……"

　　报纸的大幅眉标上大字写着:"这是个12岁的花季少女,她喜欢用五颜六色的水彩渲染出春天的生机,喜欢用灵巧的小手折出各式精致的小玩具,喜欢和小伙伴一起在院子里跳舞。然而,五月鲜花盛开的季节,她却留下一封'压力太大'的遗书后上吊自杀了。……"

　　什么压力呢?是她的一份考卷得了37.44分。这诚然不是一个令人高兴的成绩,可为了这,难道就应该送走自己年轻的,蓓蕾一般还未及开放的生命?我这儿当然不忍心抱怨这不幸的孩子,但对活着的人,我们应该想些什么呢?

　　让我难过的是,这个孩子离开人间后,学校还组织了一些讨论,"正面引导"并责备她"不能战胜困难""不能面对人生"……

　　她走了以后,人们才想起了她所有的好处,惋惜起她生前的可爱。如果在她感到需要扶一把的时候人们多关心她一下,或允许她示弱,那该会是一种什么样的情形呢?那她就不至于直到最后决定离开这个她那么深爱着的世界的时候才诉苦、才没有顾忌地说出自己心里的话吧,我想。

　　她那么热爱生命,人们以前怎么没发觉呢?直到她死了以后,报纸能用这么大的标题和整版的篇幅来讨论她。我关心的不是这个孩子离世后得享的她生时不敢奢望的哀荣,倒是不合时宜地想到,如果我们多关心一下这类娇弱的生命,允许他们倾诉困难甚至允许他们暂时比别人成绩差,她还会有这么大的压力,还会在没能知道活着是多么美好的时候就那么轻易地辞别人间而逝么?

人有很多时候是很弱,是需要倾诉和被倾听的。不止是孩子。

可惜,我族文化认为弱是耻辱,从来不提倡和鼓励示弱。我们从小受到的教育是意志刚强、大义凛然、大丈夫宁折不弯……其实,有时候是可以弯一弯的。比起"折"来说,弯一弯有什么不好?

不止是不向人示弱,我们甚至不愿向天示弱,从古代起,我们"人定胜天"的口号就叫得山响。最后我们战胜自然了吗?教训却是得到了不少。一些比我们科技水平高许多的西方国家倒是老老实实地承认自然的伟大,他们认为至少在可以想见的时光中人类还斗不过她。他们恭顺地把大自然叫作"母亲自然"(Mother nature)。西方人是懂得示弱的,虽然他们的科技能力不比我们差。这种弱倒更真实,更有人情味一些,我以为。

我族文化中几乎所有关于弱的词都是贬义的。软弱、衰弱、羸弱、无能、害怕、弱智、弱者、弱点、弱不禁风、弱不胜衣都不是我们喜欢的词。大家更不喜欢的是"示弱"。说一个人勇敢,是"不甘示弱";说一个人没种,是"终于示弱了"。在这样一个前提下,你敢示弱么?!

可不幸的是,天下并非人人都是好汉。这样一种文化逼得当你强不起来时,你只有装强,只有折磨自己,只有铤而走险甚或轻生。如果为了国家大事或民族利益时这样做倒也情有可原,但有时仅仅是为了一时的面子,为了简单的一次口角或为了芝麻大小事,因不甘示弱而做糊涂事就太不值得了。人只能活一次,而且只能有一条生命。如果你自己都不珍惜它,你能指望别人珍惜它么?

打肿脸充胖子固然不好,可打落牙肚里咽、冻死迎风站却是让人佩服的性格。但我认为,如果有能到风小一点的地方暂时躲一躲的选择时,我们不该犹豫,这也许是一种比较人文的态度。

这个世界上,天生的英雄毕竟不多。我们不能用那种规格要求普通人。

有时候,我们应该想一想,示弱到底有什么不好?既然弱是人的一种本性,既然人人都有弱的时候,那又为什么不能示呢?问题是为什么示、怎么示和在什么样的前提下示。

人,其实也是机器。不管多么强,它都有需要加油、需要维修、需要调节休息换零件的时候。既是机器,就会疲劳,甚至会毁损、老化或坏掉。它不止需要正常的维修,有时还需要大修。超负荷的运转它会吃不消的。可以想像,如果一架机器,运转了几十年,它不需要加加油擦洗擦洗才怪。也可以这样说,如果保养不好,即使再好的新机器也可能几年就坏;如果保养得当,老机器也可以历久弥新,比新的还好使。

可以提供一种参照系,谈谈西方人对弱的态度(请允许我对下面所举的例子暂不表首肯与否定的态,我只是介绍一些知识)。我们大多都知道西方人试要强,但也许还不太熟悉西方人也有爱示弱的一面。西方人的示弱体现在人生的各个方面。他们很会调整自己,也愿意放过自己。他们愿意给自己制定比较高的人生目标。如果达不到,他们较少怨天尤人,也不怪自己无能,把标准不断调整低一些就是。当不成工程师可以当个技术工人,技术工人当不好,去麦当劳卖汉堡包总可以吧!他们关于成功的概念和我们不一样,家长们也不会天天和别人的孩子比,怪自己的孩子无能。我知道,在纽约有很多的能人、阔人,他们的孩子干的活儿并不光荣,可提到孩子他们仍然其乐融融,没什么不痛快。

这是对孩子,对自己呢,他们更愿意示弱。比如西方人愿去看心理医生,一直到今天,中国人还以为这是老外的天真和不怕丢人。西方人每年要休假,不怕喊累,要求松松绑放过自己。最极端的例子西方在战时允许士兵为了保全自己的生命投降甚至求饶来落得苟延残喘。他们认为生命是第一位的,他们真这样认为,不停留在口头上。尽管我们中国人常说"留得青山在,不怕没柴烧",但我们留青山是要有很多条件的,如果不符合某些条件,你生不如死。西方人不是不赞赏高风亮节,但为了活下去他们能容忍各种各样的示弱。

希望崇高,但容忍渺小;希望你赢,却允许你输。这是西方人较达观的人生态度。如果你真的累了,孤独了,迷茫了,你可以停一停站一站看看路边的风景;可以听一听鸟儿的啁啾,甚至可以想想心事或靠在心爱的人的肩头上歇一歇……

总之,你不必恃强、莽撞或蛮干。逞强并不是好汉,任何一个男人都可以有匹夫之勇,可有匹夫之勇的并不一定是条真正的汉子。

其实,早在两千多年前中国人就明白了这个道理。中国的先贤曾经谆谆告诫过我们柔与弱的道理,柔弱不是缺点,以柔克刚,中国人曾经老于此道。可弄到了现在,还是强调实打实、硬碰硬,拧着头皮往前闯、醉死不认那壶酒钱。连自己两千年前的祖宗悟到了的道理都不会使,能说我们比先人聪明,天天进步么!

大概有眼睛的人都会看得到,可以示弱,并不意味着可以当孬种,可以没有是非,可以出卖良心和灵魂。我在这儿并没鼓励遇事就妥协当屠头。什么时候可以示弱,每个人心里都有一把尺:高贵的人应该知道什么时候可以放过自己,小人则不应该——因为他们关于"人"的定义跟应有的标准太不一样。

(《侨报》2003-1-21)

生　词 (10.3)
Vocabulary

1. 何妨	héfáng	(副)	可以做,没有妨碍
何妨			might as well; why not

2. 遗书 遺書	yíshū	(名)	临死前写的信 letter left by one immediately before death; posthumous writings	
3. 笔触 筆觸	bǐchù	(名)	笔法、笔下的感情 brushwork	
4. 渲染 渲染	xuànrǎn	(动)	夸大的形容 romance	
5. 诚然 誠然	chéngrán	(副)	的确、实在、当然 indeed; true; to be true	
6. 蓓蕾 蓓蕾	bèilěi	(名)	刚出现的花苞 bud	
7. 惋惜 惋惜	wǎnxī	(动)	感到可惜、遗憾 bemoan; feel sorry for; regret	
8. 诉苦 訴苦	sùkǔ	(动)	诉说痛苦 complaint; plaint; speak one's pieces	
9. 奢望 奢望	shēwàng	(形)	不切合实际的希望 extravagant hopes; wild wishes	
10. 哀荣 哀榮	āiróng	(名)	死了以后的荣誉 glorious grief/mourning	
11. 凛然 凜然	lǐnrán	(形)	严肃、可敬畏的样子 stern	
12. 人定胜天 人定勝天	réndìngshèngtiān	(习)	人类一定能够战胜自然的想法 man can conquer nature	
13. 恭顺 恭顺	gōngshùn	(形)	恭敬、听从 respect and humble	
14. 羸弱 羸弱	léiruò	(形)	弱小、不强健 weak; feebleness	
15. 铤而走险 鋌而走險	tǐngérzǒuxiǎn	(习)	不顾危险干不安全的事情 risk danger in desperation	
16. 情有可原 情有可原	qíngyǒukěyuán	(习)	有明显的原因 have a good reason	
17. 指望 指望	zhǐwàng	(动)	依靠 expect; count on; bank on; gargain for	
18. 犹豫 猶豫	yóuyù	(动/形)	不坚定 hesitate; be irresolute; boggle	
19. 老化 老化	lǎohuà	(形)	变老、生命力衰弱 aging	
20. 超负荷 超負荷	chāo fùhè		超过应有的负担 overload	

21.	历久弥新 歷久彌新	lìjiǔ míxīn	（习）	虽然经过了很长时间但仍然很新鲜 unshakeable and ever fresh
22.	参照系 參照系	cānzhàoxì	（名）	一种可以比较的系统 frame of reference
23.	首肯 首肯	shǒukěn	（名）	答应、同意 agree; approve; consent
24.	怨天尤人 怨天尤人	yuàntiān yóurén	（习）	抱怨一切 blame everyone and everything but not oneself
25.	怪 怪	guài	（动）	责备、抱怨 blame
26.	其乐融融 其樂融融	qílè róngróng	（习）	非常高兴的一种状态 harmony
27.	投降 投降	tóuxiáng	（动）	放弃一切、听从 surrender; capitulate
28.	苟延残喘 苟延殘喘	gǒuyán cánchuǎn	（习）	勉强延续临死前的生命 linger on in a steadily worsening condition
29.	达观 達觀	dáguān	（形）	明白豁达 philosophy; resilience
30.	迷茫 迷茫	mímáng	（形）	不清楚、不明白 at sea
31.	啁啾 啁啾	zhōujiū	（名）	鸟的叫声 chatter; chirp
32.	恃强 恃強	shìqiáng	（动）	依靠自己的强大 be proud of and rely on strong/power
33.	蛮干 蠻幹	mán gàn	（动）	没有道理/理由地硬干 act recklessly
34.	以柔克刚 以柔克剛	yǐróukègāng	（习）	用软的方法来战胜硬的 use soft to conquer strong
35.	老于此道 老於此道	lǎoyúcǐdào	（习）	善于做某种事 good at this
36.	孬种 孬種	nāozhǒng	（名）	胆小的坏人 coward
37.	孱头 孱頭	càntou	（名）	软弱无能的人 weakling; coward

报刊惯用语汇及表述模式

1. ……诚然……

 这是一个表示让步状态的句型,但后面一般都紧跟一个转折表述。"诚然"是"的确、实在"的意思,在这个句型中它通常表示"固然"。意即"虽然是这样"。例如:

 (1) 什么压力呢?是她的一份考卷得了 37.44 分。这诚然不是一个令人高兴的成绩,可为了这,难道就应该送走自己年轻的、蓓蕾一般还未及开放的生命?

 (2) 中国的足球比赛这些年诚然没有什么好的记录,但中国这么一个泱泱大国难道就甘心足球永远落在后面吗?

2. ……不至于……

 这个句型表示"不会达到某种程度""不会产生某种结果"。是一种推想,也是一种不愿意其发生的愿望。例如:

 (1) 如果在她感到需要扶一把的时候人们多关心她一下,那她就不至于直到最后决定离开这个她那么深爱着的世界的时候才诉苦、才没有顾忌地说出自己心里的话吧。

 (2) 我想,如果你平时对他宽容一些,他就不至于始终把这件事瞒着不告诉你。他是怕你知道了这件事会责备他才不愿意让你知道的。

3. ……其实,……

 这个句型表示所说的是实际情况。有时它承接上下文的意思,有更正、修改和补充的意思。它有时承接上文而和上文的意思相反,表示一种强调。例如:

 (1) 我们从小受到的教育是意志刚强、大义凛然、大丈夫宁折不弯……,其实,有时候是可以弯一弯的。比起"折"来说,弯一弯有什么不好?

 (2) 她平时不喜欢穿颜色鲜艳招眼的衣服和时装。其实如果你仔细看,她是个很秀气耐看的姑娘。

4. 既然……,既然……

 "既然"是一种肯定前述事实然后再提出自己看法的句型,它首先表示一种让步,但后面有话要说。两个"既然"连用,表示一种气势和排比,除了强调内容外,也比较雄辩。例如:

(1) 有时候,我们应该想一想,示弱到底有什么不好?既然弱是人的一种本性,既然人人都有弱的时候,那又为什么不能示呢?

(2) 我认为这件事你应该跟他说清楚。既然你们之间已经产生了误会,既然这种误会已经转变成了矛盾公开表现了出来,去解释清楚有什么不好呢?

5. **不管……,都……**

这是一种强调句型,它不是无条件的肯定或否定,没有例外。用这种句型时,重点在于表述一种事实和公理。例如:

(1) 人,其实也是机器。不管多么强,它都有需要加油、需要维修、需要调节休息换零件的时候。

(2) 不管什么样的政策法规,都要符合人性的根本原则。那些侮辱人格、损伤人们身体的企业规定是不合法的。

6. **不止……,还……**

这种句型是"不仅……而且"的意思。它也有一种递进和强调事实的意义。这种句型一般正面强调加强语气的后面部分。例如:

(1) 既是机器,就会疲劳,甚至会毁损、老化或坏掉。它不止需要正常的维修,有时还需要大修。

(2) "你客气什么啊,我真的要向你学习;不止是向你学习,我还要做你的学生呢!"

7. **总之,……**

这种句型表示一种总结和结论。它通常放在段落的终结部分。有时候为了强调也放在另起一段的段落前头。例如:

(1) 总之,你不必恃强、莽撞或蛮干。逞强并不是好汉,任何一个男人都可以有匹夫之勇,可有匹夫之勇的并不一定是条真正的汉子。

(2) 总之,我想大家都知道,学一门外语不是一朝一夕的事情。我们要花很多的时间来学习、复习和巩固才能奏效。

练习题

一　根据词性搭配画线连词

渲染　　　生命　　　　调整　　　目标
得到　　　维修　　　　允许　　　条件
需要　　　教训　　　　容忍　　　自己
倾诉　　　生机　　　　符合　　　示弱
关心　　　困难　　　　制定　　　投降

二　根据课文内容选词填空

1. 她走了以后，人们才想起了她所有的好处，_____起她生前的可爱。如果在她感到需要扶一把的时候人们多关心她一下，或允许她示弱，那该会是一种什么样的情形呢？

　　　　　　　　　　　　　　　　（强调　　惋惜　　回忆）

2. 我们从小受到的教育是意志刚强、大义凛然、大丈夫宁折不_____，有时候是可以弯一弯的。比起"折"来说，弯一弯有什么不好？

　　　　　　　　　　　　　　　　（其实　　经常　　当然）

3. 一些比我们科技水平高许多的西方国家倒是老老实实地承认自然的伟大，他们认为_____在可以想见的时光中人类还斗不过她。

　　　　　　　　　　　　　　　　（经常　　至少　　现在）

4. 这个世界上，天生的英雄_____不多。我们不能用那种规格要求普通人。

　　　　　　　　　　　　　　　　（虽然　　当然　　毕竟）

5. 希望崇高，但容忍渺小；希望你赢，却允许你输。这是西方人较_____的人生态度。

　　　　　　　　　　　　　　　　（达观　　当然　　聪明）

三　用指定的词语完成句子

1. 今年冬天特别冷，_____
_____。（诚然）

2. 我想，如果我们过去多帮助他一些，_____
_____。（不至于）

3. 既然你过去一直跟他没有感情，_____
_____。（既然）

4. 要想学好一门外语，_____
_____。（不止……还）

四 判断画线部分,并予解释

1. 人只能活一次,而且只能有一条生命。如果你自己都不珍惜它,<u>你能指望别人珍惜它么</u>?
   是指_____

2. 打肿脸充胖子固然不好,可打落牙肚里咽、<u>冻死迎风</u>站却是让人佩服的性格。
   是指_____

3. <u>人,其实也是机器</u>。不管多么强,它都有需要加油、需要维修、需要调节休息换零件的时候。
   是指_____

4. 尽管我们中国人常说"<u>留得青山在,不怕没柴烧</u>",但我们留青山是要有很多条件的,如果不符合某些条件,你生不如死。
   是指_____

5. 可弄到了现在,还是强调实打实、硬碰硬,拧着头皮往前闯、<u>醉死不认那壶酒钱</u>。连自己两千年前的祖宗悟到了的道理都不会使,能说我们比先人聪明,天天进步么!
   是指_____

五 按照正确顺序组合下列句子

1. A. 不止是孩子
   B. 人有很多时候是很弱
   C. 是需要倾诉和被倾听的
   　1)　　　　2)　　　　3)

2. A. 比起"折"来说
   B. 其实,有时候是可以弯一弯的
   C. 弯一弯有什么不好
   　1)　　　　2)　　　　3)

3. A. 为了简单的一次口角或为了芝麻大小事
   B. 因不甘示弱而做糊涂事就太不值得了
   C. 但有时仅仅是为了一时的面子
   D. 如果为了国家大事或民族利益时这样做倒也情有可缘
   　1)　　　　2)　　　　3)　　　　4)

4. A. 天生的英雄毕竟不多
   B. 这个世界上
   C. 我们不能用那种规格要求普通人
   　1)　　　　2)　　　　3)

5. A. 任何一个男人都可以有匹夫之勇
   B. 逞强并不是好汉
   C. 可有匹夫之勇的并不一定是条真正的汉子
   1)   2)   3)

六 写作练习

1. 细读课文,进一步理解这种评论文体写作的基本特点。
2. 作者是根据一个什么样的事件展开自己的观点的?他用了哪些例子来说明问题?
3. 作者是采用什么样的写法来阐述他的见解的?
4. 为什么作者在这儿采用了比较的手法?这样的写作方法对表现主题有什么好处?
5. 请用三句话来写出这篇文章的中心思想。

七 课堂讨论题

1. 作者为什么认为可以示弱?作者认为在什么样的情况下可以示弱?
2. 作者是怎样论述强与弱的关系的?你同意他的见解吗?
3. 你怎么理解作者在本文中说的"人,其实也是机器"的看法?
4. 作者在本文中为什么提出了西方的见解作为参照系?除了跟西方比,作者还跟哪些观点比较过?
5. 请分成两组进行辩论。一组支持可以示弱的观点,一组反对示弱的观点,各自举例谈谈自己的见解。

> **速读篇**
>
> **速读练习** 在速读练习中你不必查字典,也不必认识课文中的每一个字。如果除了提供的词汇你还有生词,你可以根据上下文来猜测生词的意思,试着读懂课文的内容。这种练习的目的是让你忽略细节,争取读懂文章的主要内容。

"眼高手低"辩

平时常常听到有人议论或批评别人"眼高手低",言者听者咸以为贬义,岂不知这是一句恭维,至少应该说是一句有保留的赞美。

"手低"诚然不是个褒词,但"眼高"的赞美之情却溢于言表。至于有自谦本人志大才疏、眼高手低者辈,如他/她真如他们自己说的那样,那自是当之无愧;但如果没到那个境界就敢那样表白,那可就是太喜欢自夸,太会抬举自己了。

"眼高"是人生中最难做到的。所有的高人或通人,不管在哪个行业,做什么学问,首先他们要做到的就是"眼高"。"眼高"当然是要独具法眼甚至独具只眼——"法眼"已经透着高明,而"只眼"更邪乎些,那就是惟一的了。"眼高"不只是在自己的行当内看得明白,那不算什么高明;在一个酱缸里卤了那么多年,纵是个笨人也应该被熏陶出来了。真正的高人应该是万事练达,善解难题如春风化雨。当然,这儿的难题并不仅指自己学科内的难题,否则还叫什么高人、通人呢!这是对"眼高"的起码要求。这要求中并没有欺上灭下、瞒天过海的奇术,只是一个作好人的标准。

这样看,有谁配得上一个"眼高"的标准呢?用"眼高手低"句者多未深究其义却自以为得意,得意者竟妄言,得意忘(妄)言竟将错就错,流(毒)传不浅。在中国历史上,很多真正眼高的人从来不愿意或不敢承认自己眼高。远如诸葛亮,近有陈布雷。古人中倒是有敢于暴露自己眼高的。三国时的杨修喜欢卖弄聪明,虽然还没敢卖弄自己的聪明超过主子曹操,但主子的阴险和鸡肠狗肚容不得他,就用"鸡肋"把他的小命打发了。这是自诩眼高的好处。

没想到一千多年前狂如杨修辈尚不敢自称的"眼高"却被今人不知羞耻地挂在了嘴边,像一朵颇富挑逗意味的光荣花。

或曰,这是一个偏正词组,意不在"眼高",偏重强调"手低"。本人对此说也不领情。我有个看法:眼就是手,有什么样的眼就指挥什么样的手;眼就是手,有什么样的眼就容忍什么样的手。

不可能有一双鹰隼一样的利眼却能容忍一双猪猡般的拙手。如果有人敢狂到说他眼已经到了而只差手没到,他断不应该"谦称"或抬举自己"眼高手低"。手可以抵赖,眼却不可以。"眼高手低",你配么!

如果说眼是个境界，手是个技巧，有时境界到了，技巧或一时未及，尚可原宥。这儿眼与手只是个时间差问题，眼和手原有先有后，不能强求同步，但手眼身法步，缺一不可，不能分割，也更不应该人为地分而论之。

在偶或的前提下，鱼与熊掌不能兼得。这时，舍鱼而取熊掌，手尽可以低，眼却不能不高。眼高手低意味着已然到了一定的境界，越过了初级阶段，度过了最大的难关，境界既已到达，下面的事情已经简单了：练手就是。

练眼最难。一切的科学和艺术都和眼界有关。有了眼界，一切都可以从无到有；没有眼界，虽然你技巧娴熟，也是俗人一个。

以绘画而言，大师之所以为大师，不是因为他们长着一双巧手，而是他们独到的境界和超凡的眼力。

"眼"意味着修养和鉴赏力，人们常说"见多识广"，眼高的第一要件是要有见识，要见过真东西、好东西。青要想胜于蓝必须见过蓝，不知世间之蓝为何物，想胜于它也得有个参照系啊！其次，见得多也不一定保证眼就一定能高。譬如有人脑子如漏斗，学东西如水过无痕，视而不见、见而不思、思而不悟，纵使让他天天生活在大师家里也未必能长见识。更有一类喜欢先入为主或泥古不化辈，心中极有定力，爱情专一、雷打不动，这些主儿即使见到了人间仙品也不为所动，心中自有自己认定的小九九，因之也很难提高眼界。还有一类虚心好学者，见什么爱什么，渴求知识如狗熊掰棒子，忙一路扔一路，视而不见却热情不减，纵入宝山亦空手而回；忙忙活活一辈子，也没见学些啥，"眼"也就自然高不了了。

师法其上，始得其中；师法其中，始得其下；师法其下，适得其劣。做学问是这样，做人也是这样。平时我们读书，提高境界和修养，练什么呢，就是练眼。眼要高。眼高万事高。手如果一时低，跟不上，别急，技术技巧都不难。作家写作字不一定要漂亮，要的是构想。画家、音乐家和写作不同，更需要手的展现，但要想臻极境也要靠"眼"——这眼当然是心灵之眼即境界。眼上去了，手自然也就上去了。

古今中外艺术史上，我还几乎没有听说过有眼到而手未到的艺术大家因技术而影响了才情的表达——除非这才情可疑或不入正路；我倒是知道有很多"高手"技术技巧没得挑，却眼界不到，可惜了一身好手段，终身只配当个优秀的技工。

这正是大师和匠人的一个最根本的区别。

（《侨报》2003-9-23）

生词 (10.4)
Vocabulary

1. 恭维　　　gōngwei　　　（动）　　对别人说好话
   恭維　　　　　　　　　　　　　　compliment; lay it on with a trowel

2. 溢于言表 溢於言表	yìyúyánbiǎo	（习）	在语言和表情上显示出来 show in the speech and face	
3. 志大才疏 志大才疏	zhìdà cáishū	（习）	有很高远的希望但没有本领来实现它 hitch one's wagon to a star	
4. 抬举 抬舉	táiju	（动）	看重某人并表扬、提拔 favor sb.	
5. 独具法眼 獨具法眼	dújùfǎyǎn	（习）	具有别人没有的眼界和目光 have exceptional insight	
6. 邪乎 邪乎	xiéhu	（形）	特别、厉害 extraordinary; severe	
7. 行当 行當	hángdang	（名）	职业、专业 profession; trade	
8. 练达 練達	liàndá	（形）	聪明、有社会经验 experienced and worldly-wise	
9. 欺上灭下 欺上滅下	qīshàng mièxià	（习）	欺骗上司、欺负同级或下级 cheat superiors and bully subordinates	
10. 瞒天过海 瞞天過海	mántiān guòhǎi	（习）	高级的骗术 practice deception	
11. 妄言 妄言	wàngyán	（动）	说狂话 wild talk; lies	
12. 鸡肠狗肚 鷄腸狗肚	jīcháng gǒudù	（习）	心胸狭窄的人 narrow minded; small minded	
13. 鸡肋 鷄肋	jīlèi	（名/形）	没用但又舍不得丢掉 useless	
14. 自诩 自詡	zìxǔ	（动）	自吹、自夸 crack oneself up; praise oneself	
15. 挑逗 挑逗	tiǎodòu	（动）	用语言或行为勾引 flirtation; footsie	
16. 不领情 不領情	bù lǐngqíng		不感谢、不接受好意 not feel grateful to; not appreciate	
17. 鹰隼 鷹隼	yīngsǔn	（名）	鹰和隼，都是捕食小动物的 eagle; hawk; king of bird	
18. 利眼 利眼	lìyǎn	（名）	看东西深刻的眼睛 sharp eyes	
19. 猪猡 豬玀	zhūluó	（名）	对猪的蔑称 pig	
20. 拙 拙	zhuō	（形）	笨 dull; clumsy; stupid	

21. 抵赖 抵赖	dǐlài	(动)	不承认、狡辩 deny; disavow	
22. 配 配	pèi	(动)	够资格 deserve; match	
23. 原宥 原宥	yuányòu	(动)	原谅、宽恕 forgive	
24. 偶或 偶或	ǒuhuò	(副)	偶然 by accident; by chance; contingency	
25. 娴熟 娴熟	xiánshú	(形)	熟练 adept; skilled	
26. 超凡 超凡	chāofán	(形)	不平常 extraordinary; out of normal	
27. 漏斗 漏斗	lòudǒu	(名)	把液体或粒状、粉状物灌到小口容器的倒圆锥体器物。 filler; funnel; tundish	
28. 泥古不化 泥古不化	nìgǔ búhuà	(习)	刻板地按照古代的规矩,反对改变 follow or be mired in ancient ways and do not want to change	
29. 定力 定力	dìnglì	(名)	坚定不动的力量 resolute mind	
30. 小九九 小九九	xiǎojiǔjiǔ	(名)	喜欢算计、动心计 small-minded plan	
31. 适 适	shì	(副)	恰恰 ust; exactly	
32. 构想 構想	gòuxiǎng	(名)	构思和想法 composition; design	
33. 匠人 匠人	jiàngrén	(名)	技术熟练的工人;喜欢手艺而缺少艺术才能的人 a man of his hands; craftsman	

小词典
跟本文有关的背景资料及术语介绍

1. 诸葛亮

(181—234) 字孔明,是三国时蜀汉政治家、军事家。他辅佐刘备建立蜀汉政权。他足智多谋,在民间传说中被认为是个绝顶聪明、神秘莫测的人物。现在一般用来指称某人是智慧的化身。

2. 陈布雷

(1890—1948)是民国史上一个具有神秘性和争议性的人物。据说陈布雷为人足智多谋,非常聪颖。早年,他投入反帝、反封建、反军阀斗争。中年,他充任蒋介石的文胆及"军机大臣",在民国政坛上演绎出了一连串的"贤相"式的故事。国民党统治行将失败前夕,他自尽于南京城。

3. 杨 修

三国时魏国曹操的一个谋臣。杨修广读诗书,有才子之名,而且自恃有才,喜欢露才。他经常揣摩曹操的想法并告诉别人,由于他太喜欢暴露自己的才能,传说为曹操猜忌而杀害。

练习题

一 请根据课文判断正误

1. 作者认为"眼高手低"并不完全是一个贬义词。(　　)
2. 说自己"眼高手低"的人是非常谦虚的人。(　　)
3. 在中国传统文化中,喜欢夸自己眼高没有好处。(　　)
4. 作者认为,手高者眼一定会高。(　　)
5. 作者认为,做学问、做人都应该注重提高境界,好好练眼。(　　)
6. 作者认为大师和匠人一样,都是眼高而手不高。(　　)

二 请根据课文回答下列问题

1. 本文作者为什么认为"眼高手低"是一句"有保留的赞美"?
2. 作者认为,要做到"眼高"应该达到什么样的标准?
3. 作者认为眼和手有什么不同?为什么说:"有什么样的眼就容忍什么样的手"?
4. 作者认为眼能否提高?做到"眼高"应该具备哪些条件?

> **速读篇**
>
> 速读练习　在速读练习中你不必查字典,也不必认识课文中的每一个字。如果除了提供的词汇你还有生词,你可以根据上下文来猜测生词的意思,试着读懂课文的内容。这种练习的目的是让你忽略细节,争取读懂文章的主要内容。

服装的语言

英国首相布莱尔我不太喜欢,但他说过的一句话却有点意思:"一个人年轻时他要是保守党就太没有心肝;但一个人成年以后若还是自由党他就太欠成熟。"

拿到吃饭穿衣这类小事上,我可以把这句话演绎成:"一个人少年时就讲究吃穿未免太骄奢和故作正经;但一个人成年以后还是太不修边幅则是不懂礼貌。"

服装是一种语言。人生活在文化符号中。一切东西,如果你愿意去深想和阐释都有意义。僧侣和和尚们为什么要穿道袍和袈裟?为的不仅是突出信仰并作为一种职业标志鼓励社会的监督,其实还是每日每时对自己宗教身份的一种提醒。三百六十行,真正数得出名来的像样的行当几乎都有自己专门的服装行头。各行各业穿什么样的衣服都有讲究。除了行业标志性的服装以外,学生有校服,结婚男有礼服,女有婚纱。学生尚未"入行"或拥有专业,他们也愿意标明自己的身份;而结婚服装特别是婚纱只是一个很短暂的临时性需要,可是它仍然希望这么艳丽或圣洁的符号化表白。哪怕只穿一天,它的符号意义是想让你和别人都记一辈子。

正如交通有红绿灯,投降有白旗一样,服装有其明显的符号化功能。

军人穿军装并不仅仅是为了打仗。穿军装,穿出飒爽英姿是世界军人的风范和骄傲。我读过一则史料云,甲午海战前日本一个军官代表团参观了中国海军的舰船。中国当时的武器都是从德国进口的,其先进其气势让日本人胆怯了。可是他们看到了一些水兵不洁的服装,看到了水兵船舱里凌乱的被褥,日本人窃笑了,于是,他们发起了战争。一百多年后,我不敢责备浴血的甲午军人的衣衫和军容,但是,中国的军人们在今天除了强调穿出英姿飒爽外,宿舍里的被褥也要叠得像豆腐块一样潇洒齐展——据说,这是军人入营的第一课,它虽然和打仗无关。雄壮之师、威武之师是靠水滴石穿的努力得来的。如果你留心,在北京街头,你会看到一些武装宪兵。他们不管老百姓,只纠察军人的风度仪表。中国军人,这个称号,因此变得神圣起来了。

若只论打仗,土匪也能征善战,但他们不是军人。

我常常留心到西方人的一些仪式化的张扬。比如,刚来美国时,学生的毕业典礼仪式颇让我饱眼福。我在中国已毕过几次业了,可是似乎来到了美国才知道什么叫毕业。整个五月,学校把毕业喧嚣得艳帜高张,到处是毕业的袍子,到处是笑脸和花朵。这时候,你知道,你四年的寒窗,你熬过的所有的夜,流过的所有的汗值得,毕业袍子把学习,把毕业神圣化了。看报道,中国现在毕业也时兴袍子了。虽然费些钱,我窃以为是进步,值得。

上面说的是一些比较突出的情形和个案,在日常生活中,如果抹掉行业标识和富有文化宣言性的部分,大家都穿普通的衣服,这里面有没有文化或符号语言在内呢?

在参加一项活动时,穿什么,怎么穿,在什么情境下穿,体现一个人对事件的态度,同时也昭示着你的心情、重视程度、赞成还是反对乃至有保留的赞成和有赞成的保留。

说个简单的例子,朋友的婚礼请你参加,你衣冠楚楚去还是邋里邋遢地去出席,显然表露出了你对朋友、对事件本身的尊重和重视程度。人是文化的动物,他们创造出了礼仪文化。

有时候,吃饭穿衣是一种文化宣言或社会符号性暗示。它里面埋藏了一种文化态度。人类文化进化了上万年,创造出了伦理这个东西并用它来"规范"人们的行为。循规蹈矩人们视为正常,循规蹈矩有时候显得俗,但大多时候,谁也不能免俗。俗,其实是个社会标准。您超前,您孤独。社会化是个很顽固的东西,您或许斗得过它,但结果常常是两败俱伤。

有的人喜欢标榜敢于反潮流。反潮流您也得有资格。不修边幅,在王右军、在毕加索身上是大雅,在您身上却是没有教养。

服装语言的能指性和所指性功能很强,不管是在中国还是在外国,警察下班后多不愿意再穿警服,其原因并不仅仅像工人下班后要脱下工作服那样简单。您如果留心,连家常小事都这样颇耐琢磨。这就是为什么小学生要戴红领巾,后来上了中学、大学又有了团徽、校徽之类。

除了穿衣,连装饰化妆都是文化。您也许平时没有专门去想,但参加什么样的活动,准备什么样的行头,怎样设计,怎样着装,甚至用什么品牌的化妆品,我相信并不仅仅是参加奥斯卡典礼的影星们关心的题目。大部分人都是凭直觉解决了这些问题。我相信每一个社会人都会经意或不经意地想过这些而且很家常地处理着这类问题。连乡下人走亲戚都不会忽略这些内容。

如果您真的太脱俗,别担心,有人会悉心地提醒您。人家不仅是怕您露怯,而且是不愿意自己露怯。如果您收到一些比较正规的大型宴会、鸡尾酒会或什么捐款宴会之类的请帖,下面一定会用小字提醒您着装注意事项,比如"黑领结""白领结"之类。那标志着一种礼仪、规格和档次。这些"领结"之类是对男人的提醒,男人惯常是粗心的。

对女人有没有要求呢？没有。因为不必。女人心里对着装打扮永远有一杆秤。有不修边幅的男人，天底下少有不修边幅的女人。

对女人没有要求，还有一个原因是女人的打扮是公理，是天经地义，在这样的事上谁要再多说提醒显然是弱智。于是，就有了仕女如云花枝招展，于是就有了袒胸露臂星眼流盼，不是女性特别不怕冷，而是"上流"文化对女性的要求。敢于袒露，除了昭美示艳愉悦君子以外，还表示了对环境、礼仪和别人道德的信任和尊重。

"女为悦己者容"是古人的公理。可是现代的女性却不能有这种选择的奢侈和自由。现代女性已不能在深闺做那些"雨打梨花深闭门"的幽梦，把娇笑留给崔护。现代女性的穿衣打扮不仅要为悦己者，而且也要为不悦己者或己不悦者，为各种人，包括小人和无赖。女人走出了深闺，你可以看成是女人的不幸，我宁可看成是女人的福祉。

所幸，鼓舞和装点着这个世界的不仅是包装。天生丽质敢于素面朝天。可惜这样的丽质少了些。于是，我们有了服装业、化妆品业、美容业。这些也是一门学问，是古老而又历久弥新的学问，跟国计民生息息相关。衣食男女，衣是第一。人区别于天下动物的标志是人有服装。可以说，穿或许支撑着人类为之奋斗的事业的将近一半。

《编译参考》2003-6

生 词 (10.5)
Vocabulary

1. 成熟 成熟	chéngshú	（形）	发育完备、发展完善 mature; grown up; maturity
2. 演绎 演繹	yǎnyì	（动）	推理，由一般推导出特殊 deduct; deduction; illation
3. 不修边幅 不修邊幅	bùxiū biānfú	（习）	对穿着打扮不注意、不在乎形象 slovenly
4. 文化符号 文化符號	wénhuà fúhào		在文化上有象征性的形象 cultural symbol
5. 阐释 闡釋	chǎnshì	（动）	解释、说明 interpret; interpretation
6. 僧侣 僧侶	sēnglǚ	（名）	和尚、教士 clergy; monastery; monk
7. 袈裟 袈裟	jiāshā	（名）	和尚穿的服装 cassock

8. 监督 監督	jiāndū	（动/名）	查看、管理 supervise; intendance; monitor	
9. 婚纱 婚紗	hūnshā	（名）	结婚时新娘穿的衣服 bridal costume	
10. 飒爽英姿 颯爽英姿	sàshuǎng yīngzī	（习）	豪迈而矫健的样子 beautiful gesture of martial bearing/valiant	
11. 窃笑 竊笑	qièxiào	（动）	偷偷地笑 burble; laugh in one's sleeve; snicker	
12. 齐展 齊展	qízhǎn	（形）	整齐舒展 neat and clean	
13. 水滴石穿 水滴石穿	shuǐdī shíchuān	（习）	长时间的、有耐心的工作和努力 constant effort vrings success	
14. 宪兵 宪兵	xiànbīng	（名）	军事警察 gendarme; military policeman	
15. 纠察 纠察	jiūchá	（动）	监督管理 picket	
16. 仪表 儀表	yíbiǎo	（名）	1.形象和外表；2.测量仪器 appearance; instrument; meter	
17. 土匪 土匪	tǔfěi	（名）	武装的地方匪徒 bandit; brigand; rapparee	
18. 张扬 張揚	zhāngyáng	（形）	夸张、宣扬 to show off; stink	
19. 时兴 時興	shíxīng	（动）	时髦、受欢迎 fashionable; in vogue; popular	
20. 昭示 昭示	zhāoshì	（动）	显示、宣扬 declare publicly; make clear to all	
21. 邋里邋遢 邋里邋遢	lālílātā	（习）	不干净 sluttery	
22. 暗示 暗示	ànshì	（动）	不明白表示 hint; suggest; drop a hint	
23. 规范 規範	guīfàn	（名）	规定、标准 pattern; normal	
24. 免俗 免俗	miǎnsú	（动）	避免俗气 avoid the vulgar	
25. 两败俱伤 兩敗俱傷	liǎngbàijùshāng	（习）	双方都受到损失 both sides suffer/lose; neither side gains	
26. 直觉 直覺	zhíjué	（名）	直接的感觉 instinct; gnosis; intuition	

27. 露怯 露怯	lòuqiè	（动）	表现出害怕 timidly
28. 鸡尾酒会 鷄尾酒會	jīwěijiǔhuì	（名）	一种西方风格的晚会 cocktail lounge
29. 档次 檔次	dàngcì	（名）	水平、规格 grade; class
30. 惯常 慣常	guàncháng	（形）	平常的、习惯的 used to
31. 公理 公理	gōnglǐ	（名）	常识、大家都遵循的道理 common knowledge; axiom
32. 弱智 弱智	ruòzhì	（形）	心理有缺陷、不聪明 retarded
33. 奢侈 奢侈	shēchǐ	（形）	浪费、过分享受 costliness; extravagance; luxury;
34. 福祉 福祉	fúzhǐ	（名）	幸福 happiness
35. 素面朝天 素面朝天	sùmiàn cháotiān	（习）	不打扮去见皇帝；古时候形容非常漂亮的女人 to see a emperor/king without making up; a true beauty

小词典
跟本文有关的背景资料及术语介绍

1. 王右军

名字王羲之,中国古代著名的书法家。传说王羲之非常有才华,但为人不修边幅。有一次一位名人和富豪到他们家选女婿,王羲之故意不穿衣裳躺在床上玩笑,后偏偏被选中,传为"坦腹东床"的佳话。

2. 毕加索

世界著名的画家、雕塑家,现代派艺术的大师。毕加索为人喜欢不修边幅而且喜欢反潮流,经常有一些惊世骇俗的举动。由于他的社会影响力和国际声望,虽然他的有些行为受到了批评但仍然被一些人模仿。

3. 崔护

中国唐代小说中的人物。传说他是一个读书人,到郊外游春遇到了一个面貌的女子,女子暗恋上了他,后来相思而病,他次年又去拜访终于结亲的浪漫故事。后来演变成《人面桃花》等戏剧上演。

4. 素面朝天

"素"指不打扮,原色。"天"指天子,即皇帝。传说唐朝皇帝明皇的宠妃杨贵妃的姐妹虢国夫人非常美丽,她常常自恃貌美不打扮化妆就去晋见皇帝。

练习题

一 请根据课文判断正误

1. 作者认为一个人年轻的时候和成年以后在政治观点和服装选择上应该有些不同。(   )
2. 作者认为一个人的服装说明一个人的文化修养和人生态度。(   )
3. 服装不整洁的军队往往纪律不好,往往不能打胜仗。(   )
4. 对一个活动不重视的时候,一个人往往在参加它时不注意服装。(   )
5. 在服装上反潮流的人往往受到社会的不好的评价。(   )
6. 我们平时会花很多时间来考虑我们的服装和社会的关系,只是我们并没有意识到。(   )
7. 社会对女性的服装没有要求,因为女性漂亮,不需要打扮。(   )
8. 女人走向社会是一种社会进步,但对女性很不公平。(   )

二 请根据课文回答下列问题

1. 为什么说服装是一种文化符号?你认为服装和文化有连系吗?
2. 行业服装和职业有什么关系?你认为用服装标示出这种身份有意义吗?
3. 日常生活中人们的着装和他们的生活有什么关系?
4. 为什么说"吃饭穿衣是一种文化宣言或社会符号性暗示"?
5. 你认为,化妆打扮和文化有关系吗?为什么?

第十一章 报纸上的广告

第一节 报纸广告与读者

在现代社会,报纸与广告是共生共存的。不管是中国还是外国的报纸,读者对报上的广告都有一种奇怪的心理:不喜欢它们却又离不了它们。除了特殊情况外,读者买报纸是为了读新闻、了解时事、看看相关的评论甚至欣赏报上的文学艺术作品,极少有人专门为了报纸上的广告而购买一份报纸。

基于这样的情况,一份报纸如果有太多的广告会让读者生厌。一份没有读者的报纸是没有人愿意在上面登广告的;而相反,一份读者众多的报纸又是登广告者们追逐的目标。这其实是一个悖论。

那么,报纸能不能不登广告呢?西方的新闻界有人做过统计,他们从现代报纸的成本和它们的售价中间的差额关系做研究,发现如果西方的报纸不登广告,它们几乎一天都不能生存。举例而言,如果《纽约时报》每天一份报是100页,印成这样一份报纸的成本价是4美元,但《纽约时报》的零售价是1美元一份。这样,《纽约时报》每卖一份报它就要亏损3美元。但是它如果卖4美元一份,就会没有人买,而且即使这样,它也只能仅仅够本。《纽约时报》每天印几百万份。如此看来,不是要亏本了吗!不然。

谁来替报社解决上面的问题呢?在报纸上刊登广告的客户出钱。换句话来说,也就是登广告的人承担着报纸的主要成本,让报纸生存并保持着它的正确性和独立性,让报纸不受政府的津贴和某些政治或商业利益团体的操纵,保持报纸和新闻真实、严肃、无党派和社会监督的作用。

同时,报纸上的广告在一定程度上也方便了读者,这种共生共存的关系也逐渐为读者所接受。不过,任何妥协都有一个度,读者虽然因为价格等原因接受了报纸登广告这个事实,但如果报纸过于利用这一点或滥登广告,也会引起读者的反感。这样的结果可能是让读者恨广告从而抵制某些广告上宣传的产品或甚至抵制报纸本身。如果一份报纸广告登载的太多或太不严肃、不真实,它会失去读者,我们前面说过,失去了读者也就没有人来登广告了,这是一个恶性循环。

怎样解决上面的问题呢?中外报纸都在积极想办法。如:有的报纸专门设立广告版,有的采取了广告夹页,把广告和报纸尽量分开,以便让不喜欢读广告的人尽量避免读它们。但是刊登广告者的目的是要让自己的广告无孔不入,报纸上述做法当然会使他们广告的效力打折扣。他们就想尽办法把广告登在人人都能看到的地方。这样,报纸的不同版面广告价格就不同。可是严肃的报纸不能把最重要的版面都留给广告(而且即使这样做了效果也不会好,因为广告必须掺和在读者必读的内容中才能被读)。为了拉拢顾客和增加发行量,有的报纸就利用降价来吸引读者;有的报纸甚至赔本或只靠广告费来支撑报纸的成本,发展到比较极端的例子就是免费的报纸。可是有的报纸即使免费,也可能因为质量不高而不能赢得读者,读者量少,当然做广告的人也少。所以有些报纸即使免费也不一定经营得好。这是广告经营得与失对一份报纸本身利益的重要性。

第二节 中国报纸与广告的功能

中国近现代的报纸从它们诞生就跟刊登广告有不解之缘,中国报纸上广告的命运大约经历了三个阶段。第一个阶段是晚清、中华民国到中华人民共和国建立时期。旧中国的交通和通信不便,老百姓没有收音机和电视机,人们接触新闻的惟一渠道就是报纸。报纸上的广告在那个特定的时期起到了重要的作用。第二个阶段是中华人民共和国建国到粉碎"四人帮"时期。1949年中华人民共和国成立以来,报纸成了宣传中国政府和中国共产党的政策、工作方针和报道新闻的工具和武器,叫作党报。从建国以来到中国的"文化大革命",结束这一相当长的历史时期内,中国的党报基本上不刊登商业广告。第三个阶段是进入了20世纪80年代至今,中国的报纸走向繁荣,同时,报纸上刊登的广告也出现了前所未有的热烈局面。

在现阶段,有了电视、广播甚至多媒体和电脑网络传播的情况下,报纸广告仍然是中国老百姓最喜爱,也是广告刊登效果最显著的传播渠道之一,这是有它的特殊原因的。

一、与在电视和其他刊登广告的媒介相比,在报纸上登广告价格便宜,形式灵活,反应快,效果好。报纸广告一般不像电视广告收费那么高,而且制作容易,刊登及时。它可以有文字、有图像,可以随时变化,易于调整,也不像大型广告牌那样造价高昂。

二、报纸广告的另一个好处是它容易保存查核,随手可取。电视、广播上的广告虽然覆盖面广,信息也比较全面,但毕竟缺少一个随时可以查阅的记录。看电视听广播时手上总拿着一枝笔,等着记广告上的信息,总是煞风景的,这方面,报纸有着得天独厚的好处。

三、报纸每天都出版,对消费者形成了一种持久的、持续性和习惯性的消费刺激。习惯成自然,这就构成了良好的宣传效果。因为中国特殊的国情,老百姓有关心时事和国内外新闻的传统,读报成了中国人生活中的一件大事。读者对报纸的喜爱和依赖性造成了中国报纸广告的潜在的和巨大的市场。

四、报纸上的广告有很强的地方性、针对性和有效性。中国刊登广告的客户间流传着一些经验谈:"登电视广告找中央台,登报纸广告找地方报。"电视涵盖面广,便于做全国性的品牌宣传,但对产品销售帮助不大;而地方性报纸的广告是促进产品销售的主要助力。由于富有实效,报纸广告对广告客户永远有吸引力。

另外,如前所述,由于报纸上的广告帮助报纸承担了它的主要发行成本,减少了读者的经济压力,会促进报纸的发行量,使它有更好的宣传效果。这样,老百姓得实惠,广告商也得到了更好的效益。报纸办得好,可以促进广告的宣传效力;把广告刊登得体,有效地利用报纸的资源扩大经营,可以赢得更多的读者,这是一种良性的循环。

生 词 (11.1)
Vocabulary

1.	生厌 / 生厭	shēngyàn	(动)	感到讨厌 weary
2.	悖论 / 悖論	bèilùn	(名)	有矛盾的、真伪难分的说法 paradox
3.	差额 / 差額	chā'é	(名)	跟作为标准或用来比较的数额相差的数 balance; margin
4.	抵制 / 抵制	dǐzhì	(动)	反对、不支持 reject; resist
5.	亏本 / 虧本	kuīběn	(动)	失去本钱 lost money in business
6.	津贴 / 津貼	jīntiē	(名)	补贴的一种 subsidy; allowance; backshish
7.	操纵 / 操縱	cāozòng	(动)	控制和用不正当的手段 control; manipulate; navigate
8.	党派 / 黨派	dǎngpài	(名)	具体的团体 clan; party
9.	滥 / 濫	làn	(副)	过分 excessive; overflow; abuse
10.	无孔不入 / 無孔不入	wúkǒng búrù	(习)	利用一切机会 be all-pervasive; seize any opportunity
11.	拉拢 / 拉攏	lālǒng	(动)	使用手段使别人靠拢自己 hook in; lasso

12. 降价	jiàng jià		减价
			depreciate
降價			
13. 赔本	péi běn		做生意失败、失去本钱
賠本			sustain losses in business
14. 支撑	zhīchēng	(动)	用力支持
支撐			support; sustain; underlay; uphold
15. 不解之缘	bùjiězhīyuán	(习)	解不开的关系
不解之緣			indissoluble bond
16. 方针	fāngzhēn	(名)	指导性的理论
方針			guide line; policy; course
17. 煞风景	shāfēngjǐng	(动)	破坏情绪、让人不高兴
煞風景			killjoy
18. 依赖	yīlài	(动)	缺乏独立性、靠别人
依賴			rely on; depend on
19. 潜在	qiánzài	(形)	藏在下面的(原因)
潛在			latency

练习题

一 选择题

1. 在现代社会,报纸和广告的关系是 _____ 的。
   a. 互相欣赏　　　　b. 共生共存的　　　　c. 互相反对
2. 在西方,报纸上的广告可以帮助报纸生存以保持报纸的_____。
   a. 独立性　　　　　b. 商业性　　　　　　c. 操纵
3. 报纸的不同版面广告价格不同是因为_____。
   a. 拉拢顾客　　　　b. 跟读者见面机会不一样　c. 增加发行量
4. 如果报纸上广告刊登得太多,读者就会_____。
   a. 妥协　　　　　　b. 接受　　　　　　　c. 抵制

二 填充题

1. 除了特殊情况外,读者买报纸是为了_____、_____、看看相关的评论甚至欣赏报上的_____作品,极少有人专门为了报纸上的广告而购买一份报纸。
2. 西方的新闻界有人做过_____,他们从现代报纸的_____和它们的_____中间的差额关系做研究,发现如果西方的报纸不登广告,它们几乎一天都不能生存。

3. 登广告的人承担着报纸的_____让报纸生存并保持着它的_____和_____,让报纸不受政府的津贴和某些政治或商业利益团体的_____,保持报纸和新闻真实、严肃、无党派和社会监督的作用。

4. 报纸每天都出版,对消费者形成了一种_____、_____和_____的消费刺激。习惯成自然,这就构成了良好的_____。

5. 由于报纸上的广告帮助报纸承担了它的主要_____,减少了读者的_____,会促进报纸的_____,使它有更好的_____。

三 思考题

1. 报纸的读者为什么既恨广告又离不了广告?
2. 结合报纸的具体情况谈谈报纸和广告的关系。
3. 为什么会有免费的报纸? 免费的报纸怎样生存?
4. 结合中国近现代具体情况谈谈中国报纸发展和广告的关系。
5. 报纸广告和电视、广播、多媒体广告相比有什么优势和不利因素?

第三节 报纸广告的文字效应

报纸的广告和电视及多媒体的广告不同,它的一个最重要的特征是要用语言文字来传播内容。诚然,任何一种广告都离不开文字,但电视广告可以通过画面、音乐、综合艺术手段来加强效果;广播广告也可以通过音乐、配音和拟声等听觉手段诉诸听众;大型广告牌等则更注重影像效果和色彩的醒目等博得消费者留心。和上述广告手段比较起来,报纸上的广告虽然也可以有画面和视觉的辅助,但它的特点是更倚重语言文字的。

现代广告有多种手段,但万变不离其宗,它被定义为在一定的时间和空间的限制下的以销售和推广产品(包括思想主张类政治产品)为目的的宣传活动。广告的主要功能一般被认定有两个方面:一是全面广泛地提供信息,便于老百姓理解并记忆。第二个功能则是通过有效的宣传引起消费者的注意,引发他们的购买兴趣,建立消费者对产品的信任,刺激他们购买的欲望。

广告上的文字和一般中文写作有很大的不同。由于广告的费用昂贵,广告语言的设计就受到了一定的时间和空间的限制;此外,广告客户还要求广告要用最简洁的话来突出产品最重要的特点,同时广告上的信息还要求便于读者的理解和记忆。有人认为,写广告词比写诗还难。写广告是戴着镣铐跳舞。

由于上面的种种原因,形成了报纸上广告的语言一些独特的表达方式。它主要表现在语言语法结构的简化上。比如:省略主语、省略衔接成分,特别是省略虚词成分上,它们往往不要求句子的完整甚至有时候不要求句子的通顺,而要求把最重要的内容和最深刻的印象带给读者。在一般的中文广告上很少使用代词、助词和关联词。例如：

味道好极了(咖啡广告)

只溶在口,不溶在手(巧克力广告)

串起生活的每一刻(照相机广告)

除了省略以外,有时候巧妙使用人称代词也是有效的手段：
我们的承诺
您是黄金客户
无论在省内还是市内
农业银行所有的分支机构
都是您真挚的朋友(银行)

为您效劳,我必周代 (金融机构)

信心之选,我们值得您信赖(保险公司)

有时候,巧妙地运用疑问句和感叹句也会有新奇的效果：
您的体重 OK 吗？(药品公司)

您是不是 UPS 的客户？(通信服务业)

事业成功后住在哪儿？不少成功人士已作出选择！(房地产)

另外,为了便于记忆,报纸上的广告语有时候喜欢用押韵、对偶、排比等修辞方法。例如：

钻石恒久远,一颗永流传(首饰广告,押韵)

人头马一开,好事自然来(酒广告,押韵)

滴滴香浓,意犹未尽(咖啡广告,对偶)

移动新天地 触动新生活(笔记本电脑,对偶)

牛奶香浓,丝般感受(巧克力广告,对偶)

事业成功之后住哪里？许多成功人士都在思考这个问题

住大城市？拥挤污染、绿化少、嘈杂

住乡镇？缺乏现代生活设施、安全感

事业成功之后住在哪里？不少成功人士已作出选择！凤凰山庄(房地产广告,排比)

实力的指标 信心的标志 成功的典范(金融公司广告,排比)

除了上面的一些手法外,报纸广告文字写作的特点还在于使用文言与方言。使用文言显得风格优雅而且节省篇幅,使用方言显得亲切有感染力,特别是报纸上的广告一般注重地方性的读者,运用方言有时候会有出其不意的效果。

总的来讲,报纸上广告文字的重要特点集中在下面三个方面,即:一、语法简化。二、在表达方法上追求程式化,便于记忆。三、运用多种修辞手段来为表达主题服务。

生 词 (11.2)
Vocabulary

1.	拟声	nǐ shēng		模仿的声音
	擬聲			echoism; onomatopoeia
2.	诉诸	sùzhū	(动)	向……告诉;向……求助
	訴諸			appeal to; go
3.	博得	bódé	(动)	取得
	博得			command; court; draw forth
4.	倚重	yǐzhòng	(动)	倚靠和看重
	倚重			rely heavily on sb.'s service
5.	刺激	cìjī	(动)	使感觉、发生变化
	刺激			stimulate; excite; activate
6.	昂贵	ángguì	(形)	非常贵
	昂貴			dearly; costliness
7.	镣铐	liàokào	(名)	金属的束缚手脚的器械
	鐐銬			bonds; iron
8.	简化	jiǎnhuà	(动)	使简单
	簡化			predigest; predigestion
9.	省略	shěnglüè	(动)	节省和略去
	省略			omit; bypass; elide
10.	衔接	xiánjiē	(动)	结合
	銜接			join; link up
11.	虚词	xūcí	(名)	没用具体意义,但起语法作用的词。
	虛詞			汉语虚词包括副词、介词、连词、助词和叹词五类。
				function/form/cenematic word
12.	通顺	tōngshùn	(形)	文字清楚流利
	通順			clear and coherent; smooth

13. 关联词 關聯詞	guānliáncí	（名）	连接两个词或两个句子的词 conjunction	
14. 有效 有效	yǒuxiào	（形）	有用、效果好 efficiency; be good for; in effect	
15. 押韵 押韻	yā yùn		在句子的结尾用韵母相同或相近的字,使声音优美,易读易记 jingle; rhyme; rhyming	
16. 对偶 對偶	duì'ǒu	（名）	用字数相等、句法相似、声音和谐的方法写作上下句来加强语言表达效果 antithesis	
17. 排比 排比	páibǐ	（名）	把三个或三个以上内容和意思、形式相近的句子放在一起以增加表达效果的方法 parallelism	
18. 修辞 修辭	xiūcí	（名）	使语言表达更有力量的方法 rhetoric	
19. 文言 文言	wényán	（名）	1919年五四运动以前通用的以古汉语为基础的书面语 classical Chinese	
20. 方言 方言	fāngyán	（名）	地方性的语言 dialect; provincialism; vernacular	
21. 程式化 程式化	chéngshìhuà	（形）	有固定的格式的 programlized	

练习题

一 选择题

1. 和其他种类的广告相比,报纸上的广告更依赖＿＿＿＿＿。
 a. 视觉　　　　　　　b. 听觉　　　　　　　c. 文字

2. 由于费用昂贵,广告的语言往往受到＿＿＿＿＿的限制。
 a. 时间/空间　　　　 b. 作者/读者　　　　 c. 客户/产品

3. 在报纸上的中文广告中形成了一些独特的表达方式,主要是＿＿＿＿＿。
 a. 简化语法结构　　　b. 使用诗歌语言　　　c. 帮助理解记忆

4. 报纸上的广告喜欢用文言的主要原因是＿＿＿＿＿。
 a. 亲切有感染力　　　b. 节省篇幅　　　　　c. 押韵、对偶

二 填充题

1. 报纸的广告和_____及_____的广告不同，它的一个最重要的特征是要用_____来传播内容。
2. 现代广告不管有多少种_____，万变不离其宗，它被定义为在一定的时间和空间的限制下的以_____和_____为目的的_____活动。
3. 由于广告的费用_____，广告语言的设计就受到了一定的_____和_____的限制，同时广告上的信息还要求便于读者的_____和_____。
4. 另外，为了便于_____，报纸上的广告语有时候喜欢用_____、_____、_____等修辞方法。
5. 除了上面的一些手法外，报纸广告文字写作的特点还在于使用_____与_____。使用_____显得风格优雅而且节省篇幅，使用_____显得亲切有感染力。

三 思考题

1. 为什么说报纸上的广告更注重文字的效应？
2. 文字广告的主要功能是什么？请举例说明。
3. 为什么报纸上的广告在文字上有一些独特的表达方式？
4. 报纸上的广告在文字上有哪些内容可以省略？为什么？
5. 为了便于记忆，报纸往往采用什么样的方式来写作？
6. 报纸上的广告为什么有时候会用文言和方言来写作？

第四节 报纸广告的视觉效应

和其他媒体广告相比，报纸广告制作容易，成本低，这是它的优势。此外，报纸读者稳定，而且享有威信，所以中国的报纸广告很有生命力。可是，在报纸上做广告也有局限性。比如虽然报纸广告灵活、涵盖面广，但也有存在的有效时间短，容易单调呆板的缺点。怎样可以扬长避短、克服上述不足呢？

报纸广告值得发掘的一些领域主要在视觉上。除了刊登文字外，报纸不具备电视和多媒体的视觉优势，但它却便于传播和携带，由于制作成本较低，可以不断推陈出新。出新是报纸广告的一个优势。比如在我们后面的例子中可以看到报纸广告可以随时根据客户要求展示其优势。

另外报纸可以利用其优势开发视觉的新闻性广告，潜移默化地影响读者，使读者一举两得。报纸还可以刊登视觉上的连续性广告甚至把广告情节化，把广告变成连环画类内容吸引读者的注意。

除了内容创新外，在形式上也可以用改变字体、留白、空间和色彩配置、利用图案、图像、综合合成技术等手法来吸引读者的注意。事实证明,如果处理得当,一则好的报纸广告效果并不比电视广告效果差,但在花费上要经济得多。

运用视觉是一种优势,但切记要运用得体,要牢记视觉只是一种辅助,永远不要喧宾夺主。报纸上广告常见的坏例子包括一些哗众取宠的广告,比如设计太花哨、太脱离主题、为视觉而视觉,让读者看完了却不知道是为谁、为什么做广告。

第五节 如何做好报纸广告

做好报纸广告的根本在于首先要有信誉,广告的内容要诚信、守法。广告是一种追求经济效益的促销和宣传行为,报纸上刊登的广告实际上是一种有责任的宣传。虽然报纸不承担质量检验和法律的责任,但好的报纸广告应该和新闻一样真实可信、合法。如果一份报纸经常刊登不合事实的广告,它就会失去读者的信任,而登广告的人当然不会在一份失去读者信任的报纸上刊登广告了。报纸和广告的信誉应该高于一切。

其次,因为广告承担着报纸成本的重要部分,牵涉到报纸本身的经营和发展,所以有远见的报纸发行者应该十分重视报纸的广告业务。报纸的广告人应该有真知远见,有知识、能力和创新精神,为客户努力策划、熟悉业务,有艺术修养,才能赢得客户。

第三,报纸的广告人应该重视市场的调查研究工作,研究广告对消费者的影响和广告市场的情况,特别是帮助广告商寻求打动消费者的渠道,了解诸如消费者的人员构成、年龄状况、文化程度、收入情况、消费程度等,积极帮助广告商实现目的,以便赢得更多的广告业务。

除了观念和内容上的发掘以外,广告在形式上的创新也非常重要。报纸的广告人要了解报纸广告的利与弊,争取最大限度地为客户服务,为读者服务。

为了使报纸广告办得更好,有的报纸除了寻求技术技巧的支持以外,还不断推陈出新,想办法来吸引客户和读者的注意。比如有效地利用名人效应,请名人做广告。报纸还可以利用其印刷品的优势,请著名书画家参与,吸引人们的注意。此外,报纸广告可以采用征稿、征广告语等活动吸引大众参与。这些活动做得好,有时候它们本身就是一种积极有效的广告,使报纸更为读者喜爱,因此也能赢得更多的广告客户。

生 词 (11.3)
Vocabulary

#	简体	拼音	词性	释义
1.	涵盖面 / 涵蓋面	hángàimiàn	(名)	覆盖的面积 / covered areas
2.	呆板 / 獃板	dāibǎn	(形)	死板、不生动 / stiffness
3.	扬长避短 / 揚長避短	yángcháng bìduǎn	(习)	发扬长处、回避短处 / use pluses and bypass minuses
4.	推陈出新 / 推陳出新	tuīchén chūxīn	(习)	除掉旧的,创造新的 / get rid of the stale and bring forth the fresh
5.	潜移默化 / 潛移默化	qiányí mòhuà	(习)	慢慢地影响改造 / exert a subtle influence on
6.	一举两得 / 一舉兩得	yìjǔ liǎngdé	(习)	一次行动得到了两种好的结果 / kill two birds with one stone
7.	情节化 / 情節化	qíngjiéhuà	(形)	使有故事 / with plot/ scenario
8.	配置	pèizhì	(动)	分配、设置 / collocate; configure; deploy
9.	喧宾夺主 / 喧賓奪主	xuānbīn duózhǔ	(习)	客人的声音比主人的还要大,比喻客人占了主人的地位 / a presumptuous guest usurps the host's role
10.	哗众取宠 / 嘩衆取寵	huázhòng qǔchǒng	(习)	招摇、吸引别人的注意 / flubdub
11.	花哨	huāshào	(形)	不优雅、颜色俗气 / flowery; garish; gaudy
12.	信誉 / 信譽	xìnyù	(名)	名誉 / credit standing
13.	牵涉 / 牽涉	qiānshè	(动)	跟……有关 / drag in; involve
14.	策划 / 策劃	cèhuà	(动)	设计、出主意 / engineer; hatch; machinate
15.	发掘 / 發掘	fājué	(动)	把看不见的东西发现出来 / dig; disinter

练 习 题

一 选择题

1. 和其他媒体广告相比,报纸广告的优势是_____。
   a. 声音效果好　　　　b. 视觉效果好　　　　c. 制作容易、成本低
2. 和电视广告和多媒体广告相比报纸广告还有_____的优势。
   a. 便于传播携带　　　b. 扬长避短　　　　　c. 有效时间短
3. 好的报纸广告效果不比电视广告差,但在花费上要_____。
   a. 昂贵得多　　　　　b. 经济得多　　　　　c. 明白得多
4. 报纸上的广告是一种_____。
   a. 法律义务　　　　　b. 有责任的宣传　　　c. 形式化的要求

二 填充题

1. 和其他媒体广告相比,报纸广告_____,_____,这是它的_____。
2. 除了刊登文字外,报纸不具备电视和多媒体的_____优势,但它却便于_____和_____,而且由于制作成本较低,可以不断_____。
3. 运用视觉是一种_____,但切记要运用_____,要牢记视觉只是一种_____,永远不要_____。
4. 做好报纸广告的根本在于首先要有_____,广告的内容要_____、_____。
5. 报纸广告可以采用_____、_____等活动吸引大众参与。这些活动做得好,有时候它们本身就是一种积极有效的_____,使报纸更为读者_____。

三 思考题

1. 报纸广告值得在哪些领域上下功夫？怎样下功夫？
2. 在形式上报纸广告有哪些可以发掘的地方？如何发掘？
3. 为什么说运用视觉是一个优势？如何运用得体？
4. 报纸上的广告有什么样的社会责任？
5. 为什么说"报纸上广告的信誉应该高于一切"？
6. 报纸的广告人应该怎样为客户服务？
7. 为什么报纸的广告人要重视市场的调查研究工作？
8. 如何能使报纸上广告的内容更多地引起读者和消费者的注意？

生词索引

(为了便于检索，本索引按字母音序制作)

A

1. 哀荣 哀榮	āiróng	(名)	死了以后的荣誉 glorious grief/mourning	10.3
2. 碍眼 礙眼	ài yǎn		不好看 be an eyesore	6.5
3. 昂贵 昂貴	ángguì	(形)	非常贵 dearly; costliness	11.2
4. 盎然 盎然	àngrán	(形)	趣味、气氛很浓 exuberant; abundant; overflowing	4.1
5. 暗示 暗示	ànshì	(动)	不明白表示 hint; suggest; drop a hint	10.5
6. 傲慢 傲慢	àomàn	(形)	骄傲、没有礼貌 haughty; arrogant	10.2

B

7. 拜…之赐 拜…之賜	bài...zhīcì		因……得到好处 owe a favor of...	7.1
8. 败北 敗北	bàiběi	(形)	失败 defeat; worse	3.5
9. 百废待兴 百廢待興	bǎifèi dàixīng	(习)	各种各样的事情都等待着处理 full-scale reconstruction is underway	8.2
10. 白领 白領	báilǐng	(名)	公司职员 white-collar	8.4
11. 摆弄 擺弄	bǎinòng	(动)	反复地用手拨动或移动 fiddle with; order about	4.1
12. 把脉 把脈	bǎ mài		寻找问题、诊治 take pulse	6.5
13. 版权 版權	bǎnquán	(名)	著作权 copyright	7.4

14. 褒贬 褒贬	bāobiǎn	(动)	评论好坏 appraise		5.1
15. 包袱 包袱	bāofu	(名)	负担 burden		6.5
16. 曝光 曝光	bào guāng		暴露出来，让人知道 exposal		4.4
17. 包容 包容	bāoróng	(形)	宽容 tolerent; lenient; contain; include		3.1
18. 霸王 霸王	bàwáng	(名)	不讲道理，蛮横的人、欺负别人的人 overlord; tyrant		9.4
19. 被…看重 被…看重	bèi...kànzhòng	(动)	受到重视 be thought important		9.1
20. 蓓蕾 蓓蕾	bèilěi	(名)	刚出现的花苞 bud		10.3
21. 悖论 悖論	bèilùn	(名)	有矛盾的、真伪难分的说法 paradox		11.1
22. 笨手笨脚 笨手笨脚	bènshǒu bènjiǎo	(习)	手脚不巧、动作不灵活 fumble		4.2
23. 变法 變法	biàn fǎ		政治上的改革 political reform		8.2
24. 边境 邊境	biānjìng	(名)	国家的边界的地方 border; frontier		8.1
25. 变性 變性	biànxìng	(动)	用手术的方法改变性别 change gender; denaturalization		7.4
26. 贬值 貶值	biǎnzhí	(动)	使失去价值、使不值钱 devaluate; depreciate		9.1
27. 标兵 標兵	biāobīng	(名)	榜样、模范 example; model		6.4
28. 标价 標價	biāo jià		标示的价格 marked price		4.10
29. 表彰 表彰	biǎozhāng	(动)	表扬和宣传 honor; commend		8.3
30. 笔触 筆觸	bǐchù	(名)	笔法、笔下的感情 brushwork		10.3
31. 弊端 弊端	bìduān	(名)	不好的地方 abuse; malpractice		8.2
32. 憋 憋	biē	(动)	忍住 hold back; suppress		9.4
33. 逼近 逼近	bījìn	(动)	一点一点靠近 approach; close in upon; gain on		7.1

#	简体 / 繁體	拼音	词性	释义 / English	课次
34	博大精深 / 博大精深	bódà jīngshēn	(习)	又丰富又深刻; wide-ranging and profound	3.3
35	博得 / 博得	bódé	(动)	取得; command; court; draw forth	11.2
36	补充剂 / 補充劑	bǔchōngjì	(名)	补充的物品; replenish; supplement	4.5
37	不当 / 不當	búdàng	(形)	不适合的、不恰当的; improper; inappropriate; unsuitable	3.1
38	不解之缘 / 不解之緣	bùjiězhīyuán	(习)	解不开的关系; indissoluble bond	11.1
39	布局 / 佈局	bùjú	(名)	分布和格局; overall arrangement; composition; layout	6.5
40	不领情 / 不領情	bù lǐngqíng		不感谢、不接受好意; not feel grateful to; not appreciate	10.4
41	不耐烦 / 不耐煩	bú nàifán		没有耐心; be weary of; weary	3.4
42	不祥 / 不祥	bùxiáng	(形)	不吉利; unfortunate; unluck	6.4
43	不修边幅 / 不修邊幅	bùxiū biānfú	(习)	对穿着打扮不注意、不在乎形象; slovenly	10.5
44	不厌其烦 / 不厭其煩	búyànqífán	(习)	耐心地、不怕麻烦地; take great pains	7.2
45	不宜 / 不宜	bùyí	(形)	不合适; inadvisable; not suitable	5.2

C

#	简体 / 繁體	拼音	词性	释义 / English	课次
46	采编 / 採編	cǎibiān	(动)	采访和编辑; interview and edit	8.4
47	财经 / 財經	cáijīng	(名)	财政与经济; finance and economics	1.1
48	裁决 / 裁決	cáijué	(动)	裁判和决定; arbitrament; verdict; finding	4.7
49	采纳 / 採納	cǎinà	(动)	采取、吸收; accept; adopt	6.1
50	孱头 / 孱頭	càntou	(名)	软弱无能的人; weakling; coward	10.3

生词索引 243

51.	参议员 參議員	cānyìyuán	(名)	给国家大事提供意见的高级官员 senator	4.9
52.	残余 殘餘	cányú	(名)	剩下的 remainder; remains; fag end	6.5
53.	参照系 參照系	cānzhàoxì	(名)	一种可以比较的系统 frame of reference	10.3
54.	参政议政 參政議政	cānzhèng yìzhèng	(习)	关心政治和议论国家大事 participate and care of the public affairs	5.3
55.	操纵 操縱	cāozòng	(动)	控制和用不正当的手段指挥 control; manipulate; navigate	11.1
56.	策划 策劃	cèhuà	(动)	设计、出主意 engineer; hatch; machinate	11.3
57.	侧记 側記	cèjì	(名)	从一个角度记录 sidelights	5.2
58.	侧重 側重	cèzhòng	(动)	有意强调、偏向 emphasize particularly on	2.2
59.	差额 差額	chā'é	(名)	跟作为标准或用来比较的数额相差的数 balance; margin	11.1
60.	拆迁 拆遷	chāiqiān	(动)	拆除并迁走 pull down (old house) and move	6.5
61.	倡导 倡導	chàngdǎo	(动)	提倡、引导 spark plug; sparkplug	3.1
62.	常客 常客	chángkè	(名)	经常来的客人 frequenter; familiar; habitue	4.4
63.	畅销 暢銷	chàngxiāo	(形)	受欢迎的书或商品 best sale; salability; move off	6.2
64.	阐释 闡釋	chǎnshì	(动)	解释、说明 interpret; interpretation	10.5
65.	阐述 闡述	chǎnshù	(动)	明确地表达 patiate; exoatiate on	5.3
66.	产业 產業	chǎnyè	(名)	工业生产 industry; domain; property	8.4
67.	超凡 超凡	chāofán	(形)	不平常 extraordinary; out of normal	10.4
68.	超负荷 超負荷	chāo fùhè		超过应有的负担 overload	10.3
69.	插曲 插曲	chāqǔ	(名)	插入故事中间的内容 episode; interlude; intermezzo	3.1

#	简体 / 繁體	拼音	词性	释义 / 英文	课次
70.	查证 / 查證	cházhèng	(动)	调查证明 / check; investigate and verify	1.2
71.	承担 / 承擔	chéngdān	(动)	承接，担任 / take in hand; be in charge with; bear	3.6
72.	承诺 / 承諾	chéngnuò	(动)	答应 / promise; consent; undertaking	6.4
73.	诚然 / 誠然	chéngrán	(副)	的确、实在、当然 / indeed; true; tobe true	10.3
74.	程式化 / 程式化	chéngshìhuà	(形)	有固定的格式的 / programlized	11.2
75.	成熟 / 成熟	chéngshú	(形)	发育完备、发展完善 / mature; grown up; maturity	10.5
76.	呈现 / 呈現	chéngxiàn	(动)	表现出 / present; show itself	6.3
77.	沉默 / 沉默	chénmò	(形/名)	不说话、没有声音 / silence; reserve; dumbness	4.1
78.	撤销 / 撤銷	chèxiāo	(动)	收回、宣布无效 / withdraw	9.4
79.	充饥 / 充飢	chōng jī		吃下去来解除饥饿 / allay one's hunger	3.4
80.	重修 / 重修	chóngxiū	(动)	因不合格而再一次选修某门课 / re-take/repeat a class	9.1
81.	抽签 / 抽籤	chōu qiān		一种用记号来决定顺序或输赢的方法 / ballot for; draw cuts; draw straws	3.1
82.	抽象 / 抽象	chōuxiàng	(形)	寻出事物本质性的东西变成概念 / abstract	2.2
83.	揣摩 / 揣摩	chuǎimó	(动)	反复思考推求 / conjecture, ponder	10.1
84.	传递 / 傳遞	chuándì	(动)	传达 / pass; transfer	8.1
85.	创办 / 創辦	chuàngbàn	(动)	开创、举办 / originate; break ground	2.1
86.	创刊 / 創刊	chuàngkān	(动)	报纸或杂志开始发行 / start publication	8.3
87.	传教士 / 傳教士	chuánjiàoshì	(名)	传播基督教的人员 / missionary; churchman	8.1
88.	传声筒 / 傳聲筒	chuánshēngtǒng	(名)	传递消息的工具 / the vehicle to pass message; microphone	1.1

#	简体 / 繁體	拼音	词性	释义 / 英文	课号
89.	春卷 / 春捲	chūnjuǎn	(名)	一种油炸的中国食品; spring roll; egg rol	14.3
90.	处女作 / 處女作	chǔnǚzuò	(名)	作者的第一部作品; a maiden work; first work	6.2
91.	纯真 / 純真	chúnzhēn	(形)	单纯、天真; naivete; trueness	9.5
92.	辍学 / 輟學	chuòxué	(动)	中途停止上学; discontinue one's studying	6.4
93.	出位 / 出位	chūwèi	(动)	超出正常; out of the space; out of the situation; radica	2.2
94.	刺激 / 刺激	cìjī	(动)	使感觉、发生变化; stimulate; excite; activate	11.2
95.	慈善 / 慈善	císhàn	(形)	关心别人、有同情心; charity; beneficence; philanthropy	7.5
96.	辞藻 / 辭藻	cízǎo	(名)	文学运用优美的词汇; flowery language; ornate diction; rhetoric	2.2
97.	粗略 / 粗略	cūlüè	(形)	简要的,不详细的; roughly; generally	1.2
98.	磋商 / 磋商	cuōshāng	(动)	仔细讨论、反复商量; consultation; negotiation	4.7
99.	挫折 / 挫折	cuōzhé	(名)	受到打击,经历失败; frustration; lurch; setback	8.2
100.	促销 / 促銷	cùxiāo	(名)	帮助销售的方法; sales promotion	3.2

D

#	简体 / 繁體	拼音	词性	释义 / 英文	课号
101.	打工妹 / 打工妹	dǎgōngmèi	(名)	去城里寻找工作的乡下女孩; country-girl worker	9.4
102.	达观 / 達觀	dáguān	(形)	明白豁达; philosophy; resilience	10.3
103.	呆板 / 獃板	dāibǎn	(形)	死板、不生动; stiffness	11.3
104.	代办处 / 代辦處	dàibànchù	(名)	代替办理事务的地方; agency	8.4
105.	答辩 / 答辯	dábiàn	(动)	为取得学位而进行的学术辩论; defense; answer	9.1

#	简体	拼音	词性	释义	课
106.	代言人 代言人	dàiyánrén	(名)	替别人说话的人 mouthpiece; prolocutor	3.6
107.	档次 檔次	dàngcì	(名)	水平、规格 grade; class	10.5
108.	当即 當即	dāngjí	(副)	马上、立刻 at once; immediately	6.4
109.	党派 黨派	dǎngpài	(名)	具体的团体 clan; party	11.1
110.	悼念 悼念	dàoniàn	(动)	怀念死去的人 mourn for	4.3
111.	导致 導致	dǎozhì	(动)	引起、造成 bring on; induce; lead	2.2
112.	大使 大使	dàshǐ	(名)	一国元首派往另一个国家(或国际组织)的代表 ambassador	4.3
113.	大异其趣 大異其趣	dàyìqíqù	(习)	完全不一样的风格 totally different	3.6
114.	打折扣 打折扣	dǎzhékòu		程度轻、不全面 abate; rebate; at a discount	2.2
115.	大众 大衆	dàzhòng	(名)	老百姓 allusion; literary quotation	1.1
116.	邸 邸	dǐ	(名)	官员住的地方 mansion; the residence of a high official	8.1
117.	电传 電傳	diànchuán	(名)	通过电讯传递图文的方法/机器 fax	5.2
118.	奠定 奠定	diàndìng	(动)	建立和确定 establish; settle	6.1
119.	电信 電信	diànxìn	(名)	电子通信 telecommunication	4.5
120.	抵触 抵觸	dǐchù	(名)	不喜欢、敌对的情绪 hostility; collision; clash	8.2
121.	抵达 抵達	dǐdá	(动)	到达 arrival; arrive	3.1
122.	敌方 敵方	dífāng	(名)	敌人一方 enemy; oppose	4.7
123.	抵赖 抵賴	dǐlài	(动)	不承认、狡辩 deny; disavow	10.4
124.	低龄化 低齡化	dīlínghuà	(名)	向幼小年龄方向发展 younger age effect	3.3

125.	定力 定力	dìnglì	(名)	坚定不动的力量 resolute mind	10.4
126.	定位 定位	dìngwèi	(名)	确定的位置 fit the position; expectation	6.3
127.	第一线 第一綫	dìyīxiàn	(名形)	最前面、直接担任生产和工作的 front line	1.1
128.	地域 地域	dìyù	(名)	地方和区域 area; zone	1.1
129.	抵制 抵制	dǐzhì	(动)	反对、不支持 reject; resist	11.1
130.	栋梁 棟梁	dòngliáng	(名)	支柱、重要的人物或支持者 pillar; ridgepole and beam	9.1
131.	董事 董事	dǒngshì	(名)	企业、学校、团体等的领导成员 director	6.2
132.	动态 動態	dòngtài	(名)	发展的情况 trends; developments; dynamic	8.3
133.	东西合璧 東西合璧	dōngxīhébì	(习)	结合东方和西方的特点 unite with east and west	3.5
134.	对联 對聯	duìlián	(名)	有上下两联的写字的纸或 east and west	4.2
135.	对偶 對偶	duì'ǒu	(名)	用字数相等、句法相似、声音和谐的 方法写作上下句来加强语言表达效果 antithesis	11.2
136.	独具法眼 獨具法眼	dújùfǎyǎn	(习)	具有别人没有的眼界和目光 have exceptional insight	10.4
137.	顿时 頓時	dùnshí	(副)	马上、立刻 at once; immediately	4.4
138.	度日如年 度日如年	dùrì rúnián	(成)	形容日子难熬 (suffering) one day seems like a year	6.4

E

139.	扼要 扼要	èyào	(副)	抓住要点 to the point	5.1

F

140.	发放 发放	fāfàng	(动)	分发、发给 grant; provide; extend 9.2
141.	发掘 發掘	fājué	(动)	把看不见的东西发现出来 dig; disinter 11.3
142.	帆 帆	fān	(名)	船上用布或其他东西做成的利用风力的设备 sail 6.4
143.	翻案 翻案	fān àn	(动)	改变一些现成的说法 reverse a verdict 5.3
144.	泛称 泛稱	fànchēng	(名)	一般的称呼 general term 3.5
145.	反感 反感	fǎngǎn	(形)	不高兴的感觉 antipathy; dislike 8.2
146.	房地产 房地產	fángdìchǎn	(名)	买卖房子和土地 real estate; realty 1.2
147.	防范 防範	fángfàn	(动)	防备 keep away 4.8
148.	方言 方言	fāngyán	(名)	地方性的语言 dialect; provincialism; vernacular 11.2
149.	方针 方針	fāngzhēn	(名)	指导性的理论 guide line; policy; course 11.1
150.	繁华 繁華	fánhuá	(形)	形容城镇、街道很热闹 flourishing; bustling; busy 4.2
151.	发行量 發行量	fāxíngliàng	(名)	报纸杂志或书籍等艺术品出版上市的数量 circulation of (newspaper/magazine) 8.1
152.	罚站 罰站	fázhàn	(动)	惩罚性站立 required standing as punishmen 9.5
153.	纷呈 紛呈	fēnchéng	(动)	很多的表现 show in many ways 4.1
154.	份额 份額	fèn'é	(名)	比例 lot; quotient; share 10.1
155.	风化 風化	fēnghuà	(名)	道德和社会风气 arislake; effloresce 7.4

#	词	拼音	词性	释义	课
156.	风貌 風貌	fēngmào	(名)	风格面貌 style and features; scene	5.2
157.	风靡 風靡	fēngmǐ	(动)	很流行 fashionable	7.2
158.	丰润 豐潤	fēngrùn	(形)	丰满而有光泽 plum and smooth skinned	3.5
159.	奉为 奉爲	fèngwéi	(动)	尊敬并把……看成 respect as	3.3
160.	丰胸提臀 豐胸提臀	fēngxiōng títún	(习)	让胸部丰满,提高臀部 enlarge breasts and lift hip	3.6
161.	风雨无阻 風雨無阻	fēngyǔwúzǔ	(习)	所有天气都适合 in all weathers	7.5
162.	分歧 分歧	fēnqí	(名)	不一样的、互相不同意的 bifurcation; branching; difference	6.1
163.	粉碎 粉碎	fěnsuì	(动)	使彻底失败;破碎得很厉害 comminute; crush; smash	10.2
164.	分支 分支	fēnzhī	(名)	下属部门 branch; filiation	8.4
165.	腐败 腐敗	fǔbài	(形)	混乱、败坏;行为堕落 canker; corruption; decay	9.3
166.	覆盖面 覆蓋面	fùgàimiàn	(名)	能够覆盖的范围 coverage	1.2
167.	福祉 福祉	fúzhǐ	(名)	幸福 happiness	10.5
168.	辅助 輔助	fǔzhù	(动)	帮助、辅佐 assistant	5.1

G

#	词	拼音	词性	释义	课
169.	改善 改善	gǎishàn	(动)	改变,使更好 ameliorate; amend; improve	3.4
170.	干涉 干涉	gānshè	(动)	干扰、破坏 intervene; interfere; interposition	9.4
171.	高峰期 高峰期	gāofēngqī	(名)	发展最高的阶段 fastigium	3.3
172.	更新 更新	gēngxīn	(动)	除去旧的,换成新的 renovate; renewal; update	1.1
173.	根治 根治	gēnzhì	(动)	彻底治好 effect a radical cure	2.2

174. 割腕 割腕	gē wǎn		割破手腕自杀 cut wriest (suicide)	7.3
175. 公理 公理	gōnglǐ	（名）	常识、大家都遵循的道理 common knowledge; axiom	10.5
176. 共鸣 共鳴	gòngmíng	（名）	相同的想法和情绪 resonance; sympathize	9.2
177. 拱手作揖 拱手作揖	gǒngshǒu zuōyī	（习）	客气地问好 submissively greeting	4.2
178. 恭顺 恭順	gōngshùn	（形）	恭敬、听从 respect and humble	10.3
179. 公推 公推	gōngtuī	（动）	公开推荐、认为 recommend by the public	7.3
180. 恭维 恭維	gōngwei	（动）	对别人说好话 compliment; lay it on with a trowel	10.4
181. 公益 公益	gōngyì	（名）	公众利益 commonweal; public benefit	6.4
182. 沟通 溝通	gōutōng	（动）	联系、使交通 communicate; communication	3.4
183. 构想 構想	gòuxiǎng	（名）	构思和想法 composition; design	10.4
184. 苟延残喘 苟延殘喘	gǒuyán cánchuǎn	（习）	勉强延续临死前的生命 linger on in a steadily worsening condition	10.3
185. 瓜分 瓜分	guāfēn	（动）	像切瓜那样割裂和分配 dismember; partition; whack	8.2
186. 怪 怪	guài	（动）	责备、抱怨 blame	10.3
187. 灌 灌	guàn	（动）	用力使进入 fill; pour; irrigate	9.5
188. 惯常 慣常	guàncháng	（形）	平常的、习惯的 used to	10.5
189. 广角镜 廣角鏡	guǎngjiǎojìng	（名）	全面拍摄和记录影像的工具 wild-angle lens	5.2
190. 光纤 光纖	guāngxiān	（名）	用光来完成通信的技术 optical fiber	3.2
191. 关联词 關聯詞	guānliáncí	（名）	连接两个词或两个句子的词 conjunction	11.2
192. 管束 管束	guǎnshù	（动）	管理约束 control; restrain	7.2

193.	盥洗室 盥洗室	guànxǐshì	（名）	洗脸、洗衣服的房间 washroom	7.2
194.	关押 關押	guānyā	（动）	作为罪犯关起来 lock up; put in prison; jug	4.7
195.	关照 關照	guānzhào	（动）	关心照顾 keep an eye on	9.2
196.	轨道 軌道	guǐdào	（名）	用钢铺成的火车或电车行使的路； 行动应该遵照的规范、程序 track; path	7.1
197.	规范 規範	guīfàn	（名）	规定、标准 pattern; normal	10.5
198.	规范化 規範化	guīfànhuà	（形）	把……变成标准 standardization	5.1
199.	归咎 歸咎	guījiū	（动）	责备和归罪于 blaming; imputation	7.4
200.	国防 國防	guófáng	（名）	国家的军事防卫 national defense	2.2
201.	过期 過期	guò qī	（形）	超过了规定的时间 over due	1.1
202.	故土 故土	gùtǔ	（名）	家乡,老家 native land	1.2

H

203.	海军 海軍	hǎijūn	（名）	在海上作战或执行任务的军队 navy	4.7
204.	海运 海運	hǎiyùn	（名）	通过海洋用船进行运输 ocean shipping; sea transportation	2.1
205.	涵盖面 涵蓋面	hángàimiàn	（名）	覆盖的面积 covered areas	11.3
206.	行当 行當	hángdang	（名）	职业、专业 profession; trade	10.4
207.	航天 航天	hángtiān	（名）	在地球大气层外面发行 spaceflight	2.1
208.	行业 行業	hángyè	（名）	职业、事业 vocation; industry	2.1
209.	含金量 含金量	hánjīnliàng	（名）	比喻真正的价值；实惠 the ratio of the value of gold	10.1
210.	号称 號稱	hàochēng	（动）	以某种名号著称；对外宣称 be known as; claim to be	3.6

211.	浩劫 浩劫	hàojié	（名）	巨大的灾难 catastrophe; great calamity	8.2
212.	喝彩 喝彩	hè cǎi	（动）	叫好 acclaim; applause; bravo	4.1
213.	荷尔蒙 荷爾蒙	hé'ěrméng	（名）	人体激素的音译 hormone	3.5
214.	何妨 何妨	héfáng	（副）	可以做，没有妨碍 might as well; why not	10.3
215.	合规 合規	héguī	（动）	合乎规定 match with the regulation	10.1
216.	横扫 橫掃	héngsǎo	（动）	扫除、强有力的经过 sweep anything away	3.5
217.	横式 橫式	héngshì	（形）	横的方式 horizontal; sidelong	5.2
218.	红火 紅火	hónghuǒ	（形）	旺盛、热闹 flourishing; prosperous	10.2
219.	烘托 烘托	hōngtuō	（动）	在旁边造声势 foil	5.1
220.	宏伟 宏偉	hóngwěi	（形）	伟大崇高 grandiosity; grandness	6.1
221.	喉舌 喉舌	hóushé	（名）	喉咙和舌头，指宣传工具 mouthpiece; voice	8.2
222.	后遗症 後遺症	hòuyízhèng	（名）	身体恢复后遗留下来的疾病 sequela; sequelae	3.7
223.	划 劃	huá	（动）	用尖锐的东西割开 scratch	7.3
224.	华埠 華埠	huábù	（名）	海外的中国人聚居的地方 Chinatown	8.4
225.	滑稽 滑稽	huájī	（形）	活泼幽默 clownery; buffoonery; farcicality	4.1
226.	化解 化解	huàjiě	（动）	消除 to melt; to solve	9.5
227.	画龙点睛 畫龍點睛	huàlóng diǎnjīng	（成）	最后做出关键的完成动作 make the finishing point	5.1
228.	患难 患難	huànnàn	（动）	受苦受难 adversity; trials and tribulations	9.5
229.	患者 患者	huànzhě	（名）	有病的人 sufferer; sickpeople	3.5
230.	花圃 花圃	huāpǔ	（名）	花园和养花的地方 flower nursery/bed	6.5

231. 花哨 花哨	huāshao	(形)	颜色（俗）鲜艳 flowery; garish	7.5
232. 划算 劃算	huásuàn	(形)	计算；合适 be to one's profit; calculate	3.5
233. 哗众取宠 嘩衆取寵	huázhòng qǔchǒng	(习)	招摇、吸引别人的注意 flubdub	11.3
234. 回忆录 回憶録	huíyìlù	(名)	一个人对自己的生活的回忆的记录 memoir; memoirist	7.4
235. 混 混	hùn	(动)	用不正当的方法得到 muddle along; pass for	9.2
236. 婚纱 婚紗	hūnshā	(名)	结婚时新娘穿的衣服 bridal costume	10.5
237. 混淆 混淆	hùnxiáo	(动)	混杂零乱 confusion; garble; mix up	4.5
238. 获求 獲求	huòqiú	(动)	得到 gain; obtain; win	2.1
239. 呼声 呼聲	hūshēng	(名)	希望和舆论 voice; cry	8.3
240. 虎视眈眈 虎視眈眈	hǔshì dāndān	(习)	带有贪婪和恶意的关注 eye covetously	8.2
241. 呼吁 呼籲	hūyù	(动/名)	呼喊，引起社会注意 appeal; appeal to; call on	4.5
242. 呼之欲出 呼之欲出	hūzhīyùchū	(习)	非常形象的、像看得见的 be vividly portrayed	3.2

J

243. 加盟 加盟	jiāméng	(动)	加入、合作 join in; league	4.9
244. 监督 監督	jiāndū	(动/名)	查看、管理 supervise; intendance; monitor	10.5
245. 降价 降價	jiàng jià		减价 depreciate	11.1
246. 匠人 匠人	jiàngrén	(名)	技术熟练的工人；喜欢手艺而缺少艺术才能的人 a man of his hands; craftsman	10.4
247. 兼顾 兼顧	jiāngù	(动)	能照顾两方面 give attention to two or more things	4.8

#	简体 / 繁體	Pinyin	词性	释义 / Definition	课
248.	讲学 / 講學	jiǎngxué	(动)	讲演、传播学问 give lecture; discourse on an academic subject	9.1
249.	简化 / 簡化	jiǎnhuà	(动)	使简单 predigest; predigestion	11.2
250.	简洁 / 簡洁	jiǎnjié	(形)	简单清晰 concision; pithiness; succinctness	2.3
251.	间接 / 間接	jiànjiē	(形)	非直接的 indirect	1.1
252.	简练 / 簡練	jiǎnliàn	(形)	简单而清楚 concise	1.2
253.	简略 / 簡略	jiǎnlüè	(形)	简单的、省略的 curtail; short	1.1
254.	兼任 / 兼任	jiānrèn	(动)	做两件或更多的事 pluralism; do more than one job	6.4
255.	健在 / 健在	jiànzài	(动)	健康地活着 be still living and in good health	6.1
256.	焦点 / 焦點	jiāodiǎn	(名)	事物、道理的关键或引人注意的集中点 focus	1.1
257.	焦虑症 / 焦慮症	jiāolǜzhèng	(名)	焦急、心情烦躁的病症 a disease of anxious/apprehensive	7.3
258.	交响乐团 / 交響樂團	jiāoxiǎngyuètuán	(名)	由管乐和弦乐队组成的大型乐队 symphony orchestra; philharmonic	4.4
259.	袈裟 / 袈裟	jiāshā	(名)	和尚穿的服装 cassock	10.5
260.	价位 / 價位	jiàwèi	(名)	价格 price	4.9
261.	鸡肠狗肚 / 鷄腸狗肚	jīcháng gǒudù	(习)	心胸狭窄的人 narrow minded; small minded	10.4
262.	饥肠辘辘 / 飢腸轆轆	jīcháng lùlù	(习)	非常饥饿 hungry; starve	4.10
263.	亟待 / 亟待	jí dài		迫切地等待 hastily; in a hurry	7.3
264.	基地 / 基地	jīdì	(名)	作为某种事业基础的地区 base	4.7
265.	截稿 / 截稿	jié gǎo	(动)	不再接受新的稿件 finishing editing	1.1

#	简体	拼音	词性	释义 / English	课号
266.	截取 / 截取	jiéqǔ	(动)	切取一个部分 / intercept; cut	5.2
267.	揭示 / 揭示	jiēshì	(动)	揭露、展示 / open out; post	10.2
268.	介意 / 介意	jièyì	(动)	把不愉快的事情放在心上 / mind; reck	1.1
269.	接踵 / 接踵	jiēzhǒng	(动)	一个接一个 / follow	4.9
270.	机关报 / 機關報	jīguānbào	(名)	一个部门或机关内部发行的报纸 / organ	8.3
271.	鸡肋 / 鷄肋	jīlèi	(名/形)	没用但又舍不得丢掉 / useless	10.4
272.	纪录片 / 紀録片	jìlùpiàn	(名)	记载事件或历史的电影 / newsreel; documentary film	4.4
273.	机密 / 機密	jīmì	(形)	秘密的事情 / secret	8.1
274.	积木 / 積木	jīmù	(名)	一种儿童玩具 / toy bricks	7.2
275.	精粹 / 精粹	jīngcuì	(名)	精华的部分 / masterpiece	5.1
276.	静脉 / 靜脈	jìngmài	(名)	输送血液回心脏的血管 / vein; vena	7.3
277.	经期 / 經期	jīngqī	(名)	来月经的时间 / menses	3.5
278.	净土 / 净土	jìngtǔ	(名)	干净的、神圣的领域 / pure land	9.2
279.	惊喜 / 驚喜	jīngxǐ	(形)	想不到的好消息 / pleasantly surprised	4.1
280.	竞相 / 競相	jìngxiāng	(副)	抢着去 / compete with...	3.6
281.	惊异 / 驚異	jīngyì	(形)	惊奇,感到奇怪 / amazement; astonishment	9.5
282.	精湛 / 精湛	jīngzhàn	(形)	技巧高超 / consummate; exquisite	4.4
283.	津贴 / 津貼	jīntiē	(名)	补贴 / subsidy; allowance; backshish	11.1
284.	尽兴 / 盡興	jìnxìng	(动)	兴致得到满足 / do as you want to; try one's best	7.2
285.	进账 / 進賬	jìnzhàng	(名)	收入 / income	4.9

#	简体	拼音	词性	释义 / 英文	课号
286.	纠察 / 糾察	jiūchá	(动)	监督管理; picket	10.5
287.	酒酣耳热 / 酒酣耳熱	jiǔhān ěrrè	(习)	在宴会上，喝了很多酒的时候; flushed with wine	4.1
288.	救亡 / 救亡	jiùwáng	(动)	挽救和保卫祖国; save the nation from extinction	5.3
289.	久违 / 久違	jiǔwéi	(动)	长久没有见到; haven't seen for long time	7.2
290.	救援 / 救援	jiùyuán	(形)	救助和支援; succor	4.5
291.	鸡尾酒会 / 鷄尾酒會	jīwěijiǔhuì	(名)	一种西方风格的晚会; cocktail lounge	10.5
292.	机制 / 機制	jīzhì	(名)	制度和系统; system; mechanism	1.1
293.	捐款 / 捐款	juānkuǎn	(动/名)	为公众利益或其他原因贡献钱; donation; offertory	6.4
294.	居高不下 / 居高不下	jūgāo búxià	(习)	始终在很高的位置/水平，不可能落下来; in a very high position; in a high ratio	4.8
295.	局限性 / 局限性	júxiànxìng	(名)	受到限制的情况; limitation	2.3
296.	剧增 / 劇增	jùzēng	(动)	急速增加; leap	4.6
297.	聚居 / 聚居	jùjū	(动)	集中地居住在某一区域; inhabit (a region)	8.4

K

#	简体	拼音	词性	释义 / 英文	课号
298.	凯达 / 凱達	Kǎidá	(名)	一个国际恐怖组织; Al-Qaeda	4.7
299.	开启 / 開啓	kāiqǐ	(动)	打开/开辟; turn on; unlock; unseal	5.3
300.	开拓 / 開拓	kāituò	(动)	发展、开放; exploit; deploitation; carve out	1.1
301.	扛 / 扛	káng	(动)	放在肩上运; carry on the shoulder	10.1
302.	刻板 / 刻板	kèbǎn	(形)	死板、不活泼; stiff; starch; stiffness	6.2

303. 可怜 可憐	kělián	(形)	对……怜悯；为……感到难过 pitiful; lamentableners; painfulness; sorriness	3.6
304. 克隆 克隆	kèlóng	(动/名)	用人工的方法使动物无性繁殖 clone	2.2
305. 恐怖 恐怖	kǒngbù	(形)	害怕 fear; horror; terror	4.4
306. 恐怖分子 恐怖分子	kǒngbù fènzǐ	(名)	从事暗杀、破坏等恐怖活动的组织和个人 terrorist	4.7
307. 空穴来风 空穴來風	kōngxué láifēng	(习)	没有根源和依据的消息 lay self open to criticism	9.1
308. 口才 口才	kǒucái	(名)	演说和使用语言的才能 eloquence; speechcraft	4.9
309. 跨国 跨國	kuà guó		国际的 transnational; multinationa	13.3
310. 快捷 快捷	kuàijié	(形)	快速 shortcut; speedy	2.1
311. 宽敞 寬敞	kuānchǎng	(形)	宽阔敞亮 specious; roomy	6.1
312. 款待 款待	kuǎndài	(动)	很好的招待 hospitality; entertaining; welcome in	4.3
313. 矿工 礦工	kuànggōng	(名)	在矿里工作的人 mineworker; miner	2.1
314. 框架 框架	kuāngjià	(名)	形式和状态 frame; casing	6.1
315. 匮乏 匱乏	kuìfá	(形)	缺乏、不够 pinch; went short of	9.3
316. 困惑 困惑	kùnhuò	(形)	不能理解 at a loss; baffle; muddle; puzzled	10.2

L

317. 来龙去脉 來龍去脈	láilóng qùmài	(习)	整个的过程 cause and effect; context	5.2
318. 赖以 賴以	làiyǐ	(动)	依赖…用来… rely; depend on	1.2

319.	邋里邋遢 邋里邋遢	lālǐ lātā	(习)	不干净 sluttery	10.5
320.	拉拢 拉攏	lālǒng	(动)	使用手段使别人靠拢自己 hook in; lasso	11.1
321.	滥 濫	làn	(副)	过分 excessive; overflow; abuse	11.1
322.	滥竽充数 濫竽充數	lànyú chōngshù	(成)	没有真才实学，混在里面充作一个数目 be there just to make up the number	9.1
323.	捞 撈	lāo	(动)	获取 drag for; fish for; gain	9.3
324.	唠叨 嘮叨	láodao	(动)	不断地说 chatter; gab; jaw	7.2
325.	老化 老化	lǎohuà	(形)	变老、生命力衰弱 aging	10.3
326.	老于此道 老於此道	lǎoyúcǐdào	(习)	善于做某种事 good at this	10.3
327.	羸弱 羸弱	léiruò	(形)	弱小、不强健 weak; feebleness	10.3
328.	类推 類推	lèituī	(动)	同类的推理/推想 analogy	2.3
329.	勒令 勒令	lèlìng	(动)	威胁性命令 order; compel	8.4
330.	冷战 冷戰	lěngzhàn	(名)	没有战争的敌对状态；第二次世界大战后美国和苏联之间的斗争状态 cold war	6.1
331.	练达 練達	liàndá	(形)	聪明、有社会经验 experienced and worldly-wise	10.4
332.	靓 靓	liàng	(形)	漂亮、美丽 beautiful; handsome	3.4
333.	两败俱伤 兩敗俱傷	liǎngbàijùshāng	(习)	双方都受到损失 both sides suffer/lose; neither side gains	10.5
334.	两造 兩造	liǎngzào	(名)	两边当事人 two parties	7.4
335.	恋恋不舍 戀戀不舍	liànliàn bù shě	(习)	喜欢、不愿意离开 be reluctant to part with	4.1
336.	镣铐 鐐銬	liàokào	(名)	金属的束缚手脚的器械 bonds; iron	11.2

#	简体 / 繁體	Pinyin	词性	释义 / English	课次
337.	劣势 / 劣勢	lièshì	(名)	不利的情况; inferior position	3.3
338.	历久弥新 / 歷久彌新	lìjiǔ míxīn	(习)	虽然经过了很长时间但仍然很新鲜; unshakeable and ever fresh	10.3
339.	凌乱 / 凌亂	língluàn	(形)	非常混乱; in disorder; in a mess	6.5
340.	聆听 / 聆聽	língtīng	(动)	认真仔细地听; listen respectfully	3.1
341.	领养 / 領養	lǐngyǎng	(动)	收养孩子; adopt	7.4
342.	理念 / 理念	lǐniàn	(名)	道理和概念; idea; thought; conception	8.2
343.	凛冽 / 凜冽	lǐnliè	(形)	非常冷的; cold and strict; severe cold	4.1
344.	凛然 / 凜然	lǐnrán	(形)	严肃、可敬畏的样子; stern	10.3
345.	立誓 / 立誓	lì shì		决心、发誓要; impawn; swear	7.5
346.	隶属 / 隸屬	lìshǔ	(动)	服从、属于; subjection	2.1
347.	流产 / 流產	liú chǎn		中途失败; abort; abortion; miscarry	4.9
348.	流水作业 / 流水作業	liúshuǐ zuòyè	(名)	集体的、连续不断地工作; conveyor system	9.1
349.	厉行 / 厲行	lìxíng	(动)	严格实行; strictly enforce	8.2
350.	利眼 / 利眼	lìyǎn	(名)	看东西深刻的眼睛; sharp eyes	10.4
351.	立志 / 立志	lìzhì	(动)	树立志愿; aspire	7.5
352.	隆 / 隆	lóng	(动)	使突出、使鼓起; grand; swell	3.6
353.	漏斗 / 漏斗	lòudǒu	(名)	把液体或颗粒、粉状物灌到小口容器的倒圆锥体物; filler; funnel; tundish	10.4
354.	露怯 / 露怯	lòu qiè	(动)	表现出害怕; timidly	10.5
355.	论成败 / 論成敗	lùn chéngbài		评论成功或失败; judge success or fail	9.2

#	简体 / 繁體	拼音	词性	释义 / 英文	课号
356.	论坛 / 論壇	lùntán	(名)	讨论和发表的园地; forum	5.3
357.	论证 / 論證	lùnzhèng	(动)	讨论和证实; argumentation; demonstrate; reasoning	4.7
358.	履行 / 履行	lǚxíng	(动)	执行; carry out; fulfil; go through	6.4

M

#	简体 / 繁體	拼音	词性	释义 / 英文	课号
359.	蛮干 / 蠻幹	mángàn	(动)	没有道理/理由地硬干; act recklessly	10.3
360.	瞒天过海 / 瞞天過海	mántiān guòhǎi	(习)	高级的骗术; practice deception	10.4
361.	贸然 / 貿然	màorán	(副)	随随便便地,没有好好计划地; hastily; rashly	3.3
362.	毛遂自荐 / 毛遂自薦	Máo Suì zìjiàn	(习)	自己推荐自己; volunteer one's services	4.4
363.	没精打采 / 沒精打采	méijīng dǎcǎi	(习)	没有精神、兴趣不高; listless; in low spirits	7.3
364.	萌芽 / 萌芽	méngyá	(动/名)	刚刚发芽、事情刚刚起头; sprout; bud; germinate	6.4
365.	面孔 / 面孔	miànkǒng	(名)	脸,样子; face	1.1
366.	免俗 / 免俗	miǎnsú	(动)	避免俗气; avoid the vulgarng	10.5
367.	迷茫 / 迷茫	mímáng	(形)	不清楚、不明白; at sea	10.3
368.	谜面 / 謎面	mímiàn	(名)	谜语的答案; key of riddle/ brainteaser	9.5
369.	明快 / 明快	míngkuài	(形)	清晰、快乐; sprightly; straightforward	3.6
370.	民意测验 / 民意測驗	mínyì cèyàn	(名)	调查老百姓的意见; mass observation; poll; public-opinion poll	4.9
371.	民营 / 民營	mínyíng	(形)	民间经营的; privately run (of enterprises)	3.6
372.	民主党派 / 民主黨派	mínzhǔ dǎngpài		接受中国共产党的领导、参加人民民主统一战线的其他政党的统称; democratic parties	2.1

373.	密切 密切	mìqiè	（形）	很紧密的 osculation; intimate	4.5
374.	默默 默默	mòmò	（形）	没有声音地 silent; quiet	3.4
375.	抹煞 抹煞	mǒshā	（动）	掩盖、不承认 blot out; obliterate; write off	3.3
376.	穆斯林 穆斯林	Mùsīlín	（名）	伊斯兰教徒的统称 Muslem; Muslim	4.7

N

377.	孬种 孬種	nāozhǒng	（名）	软弱胆小的人 coward	10.3
378.	乃至 乃至	nǎizhì	（副）	甚至、甚而 even; go so far as to	9.1
379.	难以置信 難以置信	nányǐzhìxìn	（习）	不能使人相信 beyond belief	4.1
380.	内疚 内疚	nèijiū	（形）	心里惭愧 guilt; the worm of conscience	6.4
381.	拟定 擬定	nǐdìng	（动）	设计好的 study out; design	5.2
382.	内幕 内幕	nèimù	（名）	内部的、别人不知道的 dope; low-down	8.1
383.	泥古不化 泥古不化	nìgǔ búhuà	（习）	刻板地按照古代的规矩反对改变 follow or be mired in ancient ways and do not want to change	10.4
384.	凝聚力 凝聚力	níngjùlì	（名）	把人或物团聚到一起的力量 cohesion; cohesive force	4.4
385.	拟声 擬聲	nǐ shēng		模仿的声音 echoism; onomatopoeia	11.2
386.	牛仔 牛仔	niúzǎi	（名）	放牛的人 cowpoke; bull-puncher; cowboy	7.5
387.	农夫 農夫	nóngfū	（名）	农民 peasant; farmer; compassion	6.2
388.	农历 農曆	nónglì	（名）	中国的旧历 Lunar calendar	4.3
389.	奴隶 奴隸	núlì	（名）	没有自由、受折磨的人 slave; bondslave	3.4

O

390.	偶发 偶發	ǒufā	(形)	不经常发生的 abiogenesia 2.2
391.	偶或 偶或	ǒuhuò	(副)	偶然 by accident; by chance; contingency 10.4
392.	偶然 偶然	ǒurán	(形/副)	不经常、没预先希望而遇到的 by accident; by chance; incidentally 6.4

P

393.	排比 排比	páibǐ	(名)	把三个或三个以上内容和意思、形式相近的句子放在一起以增加表达效果的方法 parallelism 11.2
394.	排行榜 排行榜	páihángbǎng	(名)	公布的排列次序 a ranking board/bulletin 7.4
395.	排满 排滿	páimǎn	(动)	日期和程序都安排满了 arranged fully 4.9
396.	旁观者 旁觀者	pángguānzhě	(名)	在旁边观看的人 spectator 4.9
397.	配 配	pèi	(动)	够资格 deserve; match 10.4
398.	赔本 賠本	péi běn		做生意失败、失去本钱 sustain losses in business 11.1
399.	配置 配置	pèizhì	(动)	分配、设置 collocate; configure; deploy 11.3
400.	捧场 捧場	pěng chǎng		出面支持、帮助 boost; root; compliment 4.2
401.	捧腹大笑 捧腹大笑	pěnfù dàxiào	(习)	笑得非常厉害 belly laugh; burst one's sides with laughter 4.1
402.	篇幅 篇幅	piānfú	(名)	文章的长度 length of article 1.2
403.	偏颇 偏頗	piānpō	(动)	偏于一方面,不公平 partial; biased; unfair 1.1

404. 偏头痛 偏頭痛	piāntóutòng	（名）	一种局部性头痛的病 mgraine; splitting headache; brow ague	3.5
405. 飘逸 飄逸	piāoyì	（形）	飘散、好看地摆动 elegantly fly	7.5
406. 撇开 撇開	piěkāi	（动）	放到一边 put aside; turn aside	1.2
407. 匹夫 匹夫	pǐfū	（名）	一个人、单人 a single person; everyone	5.3
408. 披露 披露	pīlù	（动）	暴露 disclose; throw daylight on sth.	3.7
409. 平常心 平常心	píngchángxīn	（名）	正常的态度 ordinary mood	6.3
410. 凭借 憑藉	píngjiè	（介）	凭……为根据；借……来 by right of; resort	7.5
411. 贫寒 貧寒	pínhán	（形）	贫穷 poor; poverty-stricken	3.1
412. 品牌 品牌	pǐnpái	（名）	产品的牌子 brand	3.2
413. 品学兼优 品學兼優	pǐnxué jiānyōu	（习）	道德和学习都好 good both in character and cholarship	6.4
414. 匹配 匹配	pǐpèi	（动）	配合 matching	9.5
415. 颇为 頗爲	pōwéi	（形）	非常 very; quite	1.2
416. 普世 普世	pǔshì	（副）	普遍的、全世界的 universal	10.2
417. 铺天盖地 鋪天蓋地	pūtiān gàidì	（习）	形容非常多 blanket everything	10.1

Q

418. 强化 強化	qiánghuà	（动）	使变强硬 strengthen ; intensify; aggrandizement	1.1
419. 牵涉 牽涉	qiānshè	（动）	跟……有关 drag in; involve	11.3
420. 潜移默化 潛移默化	qiányí mòhuà	（习）	慢慢地影响改造 exert a subtle influence on	11.3

#	简体 / 繁體	拼音	词性	释义 / English	课
421.	潜在 / 潛在	qiánzài	(形)	藏在下面的(原因); latency together	11.1
422.	切合 / 切合	qièhé	(动)	符合; match with	5.1
423.	切实可行 / 切實可行	qièshí kěxíng	(习)	实际的、可以实行的; feasible; practical; realistic	9.1
424.	窃笑 / 竊笑	qièxiào	(动)	偷偷地笑; burble; laugh in one's sleeve; snicker	10.5
425.	惬意 / 愜意	qièyì	(形)	愉快; pleased; satisfied; contented	4.4
426.	其乐融融 / 其樂融融	qílè róngróng	(习)	非常高兴的一种状态; harmony	10.3
427.	凄美 / 淒美	qīměi	(形)	凄凉而美丽; dreary and beautifu	9.5
428.	启蒙 / 啟蒙	qǐméng	(动/名)	介绍新知识、新思想,使人摆脱愚昧; enlighten; initiation	2.2
429.	情节 / 情節	qíngjié	(名)	故事和内容; plot; scenario	6.2
430.	情节化 / 情節化	qíngjiéhuà	(形)	使有故事; with plot/ scenario	11.3
431.	勤工俭学 / 勤工儉學	qíngōng jiǎnxué	(习)	一边工作一边学习,用工作得来的钱支持学习; work-studies	6.4
432.	清贫 / 清貧	qīngpín	(形)	非常穷困; poor	6.4
433.	轻生 / 輕生	qīngshēng	(动)	不愿意活下去; commit suicide	7.3
434.	倾斜 / 傾斜	qīngxié	(形)	往……发展; incline; slant; slope	6.3
435.	清新 / 清新	qīngxīn	(形)	清晰、新鲜; pure and fresh; refreshing of (style/fashion/etc.)	2.3
436.	庆幸 / 慶幸	qìngxìng	(动)	感到幸运; fortunate; felicitate	7.3
437.	情有可原 / 情有可原	qíngyǒukěyuán	(习)	有明显的原因; have a good reason	10.3
438.	亲信 / 親信	qīnxìn	(名)	亲密的、信任的人; favorite; janissary	8.1

#	简体 / 繁體	拼音	词性	释义 / 英文	课
439.	旗袍 / 旗袍	qípáo	（名）	中国近代妇女穿的一种长袍; cheongsam	4.2
440.	欺上灭下 / 欺上滅下	qīshàng mièxià	（习）	欺骗上司、欺负同级或下级; cheat superiors and bully subordinates	10.4
441.	求同存异 / 求同存異	qiútóng cúnyì	（习）	寻找共同点，把不同的地方先保存起来; seek common points while reserving difference	6.1
442.	期望值 / 期望值	qīwàngzhí	（名）	对目标的希望程度; value of expectation	6.3
443.	起薪 / 起薪	qǐ xīn		开始时的工资; starting salary	6.3
444.	齐展 / 齊展	qízhǎn	（形）	整齐舒展; neat and clean	10.5
445.	权威 / 權威	quánwēi	（名）	让人信服的人和力量; authority; princedom; standard	6.1
446.	权威性 / 權威性	quánwēixìng	（形）	令人相信的; authority	1.1
447.	权益 / 權益	quányì	（名）	权利和利益; rights and interests	3.4
448.	权宜之计 / 權宜之計	quányìzhījì	（习）	临时/暂时的办法; makeshift; pis aller; stopgap	10.2
449.	渠道 / 渠道	qúdào	（名）	流水的路；得到消息的方法; channel; ditch; trench	1.2
450.	驱动 / 驅動	qūdòng	（动）	推动; drive	7.5
451.	雀斑 / 雀斑	quèbān	（名）	脸上的小斑点; fleckle; heatspot	9.5
452.	躯干 / 軀幹	qūgàn	（名）	身体、主要部分; trunk; body	5.1
453.	取决于 / 取決於	qǔjuéyú	（动）	根据…来决定; lie on; rest; rest with	2.2
454.	取舍 / 取捨	qǔshě	（名）	选取和放弃; accept or reject; make one's choice	2.1
455.	取胜 / 取勝	qǔshèng	（动）	赢得胜利; get victory; to win	1.2
456.	趋于 / 趨於	qūyú	（动）	接近; go; to	7.3

R

457.	饶有趣味 饒有趣味	ráoyǒu qùwèi	(习)	非常有意思 rich in humor	10.2
458.	人道 人道	réndào	(形)	仁慈、关怀人 humanism	9.4
459.	人定胜天 人定勝天	réndìngshèngtiān	(习)	人类一定能够战胜自然的想法 man can conquer nature	10.3
460.	人情味 人情味	rénqíngwèi	(名)	人性的关怀与温暖 the milk of human kindness	5.2
461.	人声鼎沸 人聲鼎沸	rénshēng dǐngfèi	(习)	很多人,很多声音 hubbub	4.2
462.	认证 認證	rènzhèng	(动)	认可和证明 attestation; authentication	7.4
463.	热衷于 熱衷於	rèzhōngyú	(动)	都……十分感兴趣 be wild about	9.2
464.	日程表 日程表	rìchéngbiǎo	(名)	设定的日期和工作安排计划表格 calendar; schedule	4.9
465.	冗长 冗長	róngcháng	(形)	长而使人烦闷的 lengthiness; prolixity; verbiage	5.1
466.	揉 揉	róu	(动)	用手挤压 knead; massage	3.6
467.	软肋 軟肋	ruǎnlèi	(名)	弱点 weak-point; Achilles' heel	10.1
468.	软性 軟性	ruǎnxìng	(形)	娱乐性的,不太重要的 soft	2.2
469.	润饰 潤飾	rùnshì	(动)	修饰和改善文章 retouch	9.1
470.	弱势 弱勢	ruòshì	(形)	没有力量、没有势力 weak (in power)	9.4
471.	弱智 弱智	ruòzhì	(形)	心理有缺陷、不聪明 retarded	10.5

S

472.	赛马 賽馬	sài mǎ		跑马比赛,往往和赌博有关 horse race; racehorse	1.2

#	词	拼音	词性	释义	课
473.	飒爽英姿 飒爽英姿	sàshuǎng yīngzī	(习)	豪迈而矫健的样子 beautiful gesture of martial bearing/valiant	10.5
474.	僧侣 僧侣	sēnglǚ	(名)	和尚、教士 clergy; monastery; monk	10.5
475.	煞风景 煞風景	shāfēngjǐng	(动)	破坏情绪、让人不高兴 killjoy	11.1
476.	擅长 擅長	shàncháng	(动)	对……有经验/能力 be good at; be accomplished in	6.3
477.	上述 上述	shàngshù	(名)	上面说过的 mentioned above	1.1
478.	善款 善款	shànkuǎn	(名)	捐助的钱 donated money	4.9
479.	善意 善意	shànyì	(形)	好的意愿 goodwill	7.5
480.	烧卖 燒賣	shāomai	(名)	食品,用很薄的烫面皮包馅儿,顶上捏成折儿,然后蒸熟。 steamed dumpling with the dough gathered at the top	4.3
481.	设备 設備	shèbèi	(名)	机器或建筑材料 equipment; facility	1.2
482.	奢侈 奢侈	shēchǐ	(形)	浪费、过分享受 costliness; extravagance; luxury	10.5
483.	设定 設定	shèdìng	(动)	估计、预想 prospect; enactment	2.2
484.	社论 社論	shèlùn	(名)	代表报纸编辑部对一些重大问题发表的评论 a leading article; editorial	1.1
485.	申报 申報	shēnbào	(动)	报名申请 declare; apply	6.5
486.	升华 升華	shēnghuá	(动)	提高到一种高度 sublimation; sublime	5.3
487.	升级 升級	shēng jí	(动)	升高,提高 promote; rise a rank	3.5
488.	生理 生理	shēnglǐ	(名)	人的身体情况 physiology	9.4
489.	省略 省略	shěnglüè	(动)	节省和略去 omit; bypass; elide	11.2
490.	升迁 升遷	shēngqiān	(动)	调到另一部门,职位比原来提高 be transferred and promoted	9.3

491.	生厌 生厭	shēngyàn	(动)	感到讨厌 weary	11.1
492.	声乐 聲乐	shēngyuè	(名)	唱歌 vocality	7.5
493.	身价不凡 身價不凡	shēnjià bùfán	(成)	地位重要，受到重视 have a distinguished social status	2.2
494.	渗透 滲透	shèntòu	(动)	慢慢地进入 filter; infiltration; penetrate	5.2
495.	神学士 神學士	shénxuéshì	(名)	阿富汗的宗教政府领导者 Tliban	4.7
496.	深造 深造	shēnzào	(动)	进一步学习、提高 pursue advanced studies	6.4
497.	奢望 奢望	shēwàng	(形)	不切合实际的希望 extravagant hopes; wild wishes	10.3
498.	适 適	shì	(副)	恰恰 ust; exactly	10.4
499.	势必 勢必	shìbì	(副)	必然的 certainly will	4.3
500.	实惠 實惠	shíhuì	(名/形)	实际上的好处 boon; benefit	1.2
501.	时局 時局	shíjú	(名)	当前的情况和形势 the current political situation	5.3
502.	失控 失控	shīkòng	(形)	失去控制 lose control of; run away	8.2
503.	市侩 市儈	shìkuài	(名)	贪图私利的奸商 sordid merchant	10.2
504.	史料 史料	shǐliào	(名)	历史资料 historical data; historical materials	8.1
505.	市面 市面	shìmiàn	(名)	市场上 market	1.1
506.	恃强 恃強	shìqiáng	(动)	依靠自己的强大 be proud of and rely on strong/power	10.3
507.	示弱 示弱	shìruò	(动)	害怕、显示出弱点 show the impression of weakness	5.3
508.	史诗 史詩	shǐshī	(名)	古代的长诗 epic; epopee	3.5
509.	仕途 仕途	shìtú	(名)	当官的道路 official career	9.3

#	简体 / 繁體	Pinyin	词性	释义 / Definition	课次
510.	时兴 / 時興	shíxīng	(动)	时髦、受欢迎 fashionable; in vogue; popular	10.5
511.	石油 / 石油	shíyóu	(名)	天然的液体燃料 petroleum; rock oil	2.1
512.	失之交臂 / 失之交臂	shīzhījiāobì	(习)	很遗憾地错过 just miss the opportunity	4.4
513.	首肯 / 首肯	shǒukěn	(名)	答应、同意 agree; approve; consent	10.3
514.	受理 / 受理	shòulǐ	(动)	接受并办理 accept and hear a case	4.7
515.	狩猎 / 狩獵	shòuliè	(动)	打猎 hunt; hunting; chevy	7.4
516.	首选 / 首選	shǒuxuǎn	(名)	第一选择 first choice	3.2
517.	双边关系 / 雙邊關係	shuāngbiān guānxì		两国或两地的关系 relationship between two countries or to areas	6.1
518.	双簧管 / 雙簧管	shuānghuángguǎn	(名)	一种西方的管乐 oboe	4.4
519.	双语 / 雙語	shuāngyǔ	(名)	两种/国语言 bilingual	4.6
520.	水滴石穿 / 水滴石穿	shuǐdī shíchuān	(习)	长时间的、有耐心的工作和努力 constant effort vrings success	10.5
521.	水分 / 水分	shuǐfèn	(名)	不真实的内容 unreal stuff	9.2
522.	数据 / 數據	shùjù	(名)	数字资料 data	6.3
523.	束之高阁 / 束之高閣	shùzhīgāogé	(习)	保存起来,不再使用 on the shelf	3.5
524.	随即 / 隨即	suíjí	(副)	马上、立刻 whereat; with that	3.1
525.	诉苦 / 訴苦	sùkǔ	(动)	诉说痛苦 complant; plaint; speak one's pieces	10.3
526.	素面朝天 / 素面朝天	sùmiàn cháotiān	(习)	不打扮去见皇帝;古时候形容非常漂亮的女人 to see a emperor/king without making up; a true beauty	10.5
527.	损伤 / 損傷	sǔnshāng	(动)	伤害 damnification; mar; hurt	9.4

#	简体	拼音	词性	释义 / 英译	章节
528.	肃清 / 蕭清	sùqīng	(动)	用强力打扫干净 housecleaning; purge; sweep	8.2
529.	塑造 / 塑造	sùzào	(动)	用文艺手段创造 figure; lick into shape	6.2
530.	素质 / 素質	sùzhì	(名)	事物的本来性质 diathesis; quality	8.3
531.	诉诸 / 訴諸	sùzhū	(动)	向……告诉；向……求助 appeal to; go	11.2

T

#	简体	拼音	词性	释义 / 英译	章节
532.	抬举 / 抬舉	táiju	(动)	看重某人并表扬、提拔 favor sb.	10.4
533.	探测 / 探測	tàncè	(动)	寻找和检查 detect; exploration	7.1
534.	坦诚 / 坦誠	tǎnchéng	(形)	坦率诚恳 honest; frank	6.1
535.	探险 / 探險	tànxiǎn	(动/名)	探索、寻找新的出路 explore; exploration	7.1
536.	填满 / 填滿	tiánmǎn	(动)	塞满 cram; full in	4.9
537.	挑逗 / 挑逗	tiǎodòu	(动)	用语言或行为勾引 flirtation; footsie	10.4
538.	挑战 / 挑戰	tiǎozhàn	(动)	挑衅并迎战 challenge; dare; defy	4.8
539.	贴近 / 貼近	tiējìn	(动)	靠近、近距离地 press close to	7.5
540.	提炼 / 提煉	tíliàn	(动)	分析、概括，找出真相 abstract; refine; epurate	9.1
541.	铤而走险 / 鋌而走險	tǐngérzǒuxiǎn	(习)	不顾危险干不安全的事情 risk danger in desperation	10.3
542.	统筹 / 統籌	tǒngchóu	(动)	统一计划 plan as a whole	8.2
543.	通顺 / 通順	tōngshùn	(形)	文字清楚流利 clear and coherent; smooth	11.2
544.	投机 / 投機	tóujī	(动)	寻找机会做坏事 speculate; gamble; venture	4.8
545.	透露 / 透露	tòulù	(动)	放出消息 disclose; reveal; uncork	4.9

#	简体 / 繁體	拼音	词类	释义 / English	课次
546.	投票 / 投票	tóu piào		用选票的方式表示支持或反对 / vote; ballot	9.1
547.	投降 / 投降	tóuxiáng	(动)	放弃一切、听从 / surrender; capitulate	10.3
548.	图表 / 圖表	túbiǎo	(名)	说明内容的图式和表格 / chart; graph; diagram	5.1
549.	土匪 / 土匪	tǔfěi	(名)	武装的地方匪徒 / bandit; brigand; rapparee	10.5
550.	推陈出新 / 推陳出新	tuīchén chūxīn	(习)	除掉旧的，创造新的 / get rid of the stale and bring forth the fresh	11.3
551.	推崇 / 推崇	tuīchóng	(动)	推重和崇敬 / canonize; cry up	4.10
552.	推托 / 推託	tuītuō	(动)	找借口不做 / dodgery; shift; tergiversate	4.4
553.	退休 / 退休	tuìxiū	(动)	年纪大了，从工作的地方退下来 / retire; hang up one's spikes	6.4
554.	途径 / 途徑	tújìng	(名)	道路 / avenue; approach; pass	5.3
555.	托付 / 託付	tuōfù	(动)	信任并委托 / trust in; trust with; recommend	3.3
556.	脱钩 / 脫鈎	tuō gōu		脱离关系 / disconnect	3.5
557.	脱口秀 / 脫口秀	tuōkǒuxiù	(名)	谈话类的节目 / talk show	4.9
558.	拓宽 / 拓寬	tuòkuān	(动)	开展得更宽广 / develop; open up	5.2
559.	脱颖而出 / 脫穎而出	tuōyǐngérchū	(习)	突破阻力显示出本领 / talent showing itself	9.1
560.	椭圆 / 橢圓	tuǒyuán	(名)	长圆型 / ellipse	3.5
561.	图强 / 圖強	túqiáng	(动)	希望强大 / pursue stronger/strength	8.2

W

#	简体 / 繁體	拼音	词类	释义 / English	课次
562.	歪风 / 歪風	wāifēng	(名)	不正确的风气 / contagion	9.2
563.	外援 / 外援	wàiyuán	(名)	外国或外来力量的帮助 / foreign aid	4.4

#	简体	拼音	词性	释义	课次
564.	挖掘 / 挖掘	wājué	(动)	发现、寻找 / dig; dredge up	5.2
565.	亡国奴 / 亡國奴	wángguónú	(名)	国家被侵占,受侵略者奴役的人 / slave without country; concurred people	8.2
566.	旺盛 / 旺盛	wàngshèng	(形)	兴旺、发达 / bloom; flower	1.2
567.	妄言 / 妄言	wàngyán	(动)	说狂话 / wild talk; lies	10.4
568.	惋惜 / 惋惜	wǎnxī	(动)	感到可惜、遗憾 / bemoan; feel sorry for; regret	10.3
569.	未必 / 未必	wèibì	(副)	不一定 / unnecessarily	9.5
570.	诿过 / 諉過	wěiguò	(动)	掩盖错误 / cover the mistake	1.1
571.	委曲求全 / 委曲求全	wěiqū qiúquán	(习)	用忍受来顾全大局或保护自己 / stoop to compromise	9.4
572.	娓娓 / 娓娓	wěiwěi	(形)	细致耐心 / tirelessly	3.1
573.	文豪 / 文豪	wénháo	(名)	杰出的、伟大的作家 / eminent writer	7.4
574.	文化符号 / 文化符號	wénhuà fúhào	(名)	在文化上有象征性的形象 / cultural symbol	10.5
575.	文凭 / 文憑	wénpíng	(名)	毕业证书 / diploma	9.2
576.	温室 / 溫室	wēnshì	(名)	保持温度的(种花、种蔬菜)大房子 / conservatory; glasshouse	4.1
577.	文言 / 文言	wényán	(名)	1919年五四运动以前通用的以古汉语为基础的书面语 / classical Chinese	11.2
578.	卧床 / 臥牀	wòchuáng	(动)	生病躺在床上 / keep the bed; lay up; sickbed	3.5
579.	误导 / 誤導	wùdǎo	(动)	用错误的或虚假的消息引导别人 / misadvise; misdirect; misguide	1.1
580.	无孔不入 / 無孔不入	wúkǒng bùrù	(习)	利用一切机会 / be all-pervasive; seize any opportunity	11.1
581.	无奈 / 無奈	wúnài	(动)	没有办法 / cannot help out; however	10.1
582.	乌纱帽 / 烏紗帽	wūshāmào	(名)	古时候当官的人戴的帽子,指做官 / black gauze cap; official position	9.3

#	简体 / 繁體	拼音	词性	释义	课
583.	无视 / 無視	wúshì	(动)	看不见、不理会 defy; disregard; ignore	9.4
584.	无暇 / 無暇	wúxiá	(动)	没有时间 immaculacy; have no time to	4.8
585.	无远弗届 / 無遠弗届	wúyuǎn fújiè	(成)	没有达不到的地方 there is nowhere cannot be reached	1.2
586.	物证 / 物證	wùzhèng	(名)	实物的证明 material evidence	6.5

X

#	简体 / 繁體	拼音	词性	释义	课
587.	下跌 / 下跌	xiàdiē	(动)	下降 fall; went down	3.5
588.	宪兵 / 憲兵	xiànbīng	(名)	军事警察 gendarme; military policeman	10.5
589.	详 / 詳	xiáng	(形)	全面的 detailed; know clearly	1.1
590.	相对 / 相對	xiāngduì	(副)	跟……比较 comparatively; face to face; relatively	2.2
591.	向往 / 嚮往	xiàngwǎng	(动)	热爱、渴望达到 repine; yearn; yearn towards	10.1
592.	相依为命 / 相依爲命	xiāngyī wéimìng	(成)	互相依靠着生活，谁也离不开谁 depend on each other	6.4
593.	衔接 / 銜接	xiánjiē	(动)	结合 join; link up	11.2
594.	显然 / 顯然	xiǎnrán	(副)	很明显 all appearance; obvious	6.2
595.	娴熟 / 嫻熟	xiánshú	(形)	熟练 adept; skilled	10.4
596.	限于 / 限於	xiànyú	(动)	受限制 limited to	5.1
597.	效 / 效	xiào	(动)	学习、模仿 imitate	3.6
598.	消防 / 消防	xiāofáng	(动)	灭火的设备和人员 fire control; fire fighting; fire protection	4.6
599.	消费 / 消費	xiāofèi	(名/动)	花钱、买东西 consumption consume;	1.1

#	简体 / 繁體	Pinyin	词性	释义 / English	课次
600	消极怠工 / 消極怠工	xiāojí dàigōng	(习)	用不积极的方式来对待工作 passively/inactively slow down (work)	9.4
601	小九九 / 小九九	xiǎojiǔjiǔ	(名)	喜欢算计、动心计 small-minded plan	10.4
602	消遣 / 消遣	xiāoqiǎn	(名)	娱乐性的 pastime; recreation	1.1
603	小区 / 小區	xiǎoqū	(名)	居民住户区 residential area	4.2
604	宵小 / 宵小	xiāoxiǎo	(名)	小人、坏人 ganef	4.8
605	下载 / 下載	xiàzǎi	(动)	从电子网络上取得资料 download	9.1
606	洗尘 / 洗塵	xǐchén	(动)	请新来的客人吃饭 give a dinner of welcome	4.1
607	邪乎 / 邪乎	xiéhu	(形)	特别、厉害 extraordinary; severe	10.4
608	卸任 / 卸任	xièrèn	(动)	离开职务 leave off one's post	4.9
609	西化 / 西化	xīhuà	(形)	学习西方、变成西方那样 westernization	5.1
610	洗礼 / 洗禮	xǐlǐ	(名)	一种参加宗教的仪式，这儿指经历考验 baptism ; blution	3.3
611	行销 / 行銷	xíngxiāo	(动)	推销和广告 marketing	4.6
612	心态 / 心態	xīntài	(名)	心理和态度 mood; attitude	6.3
613	信徒 / 信徒	xìntú	(名)	信仰的群众 follower; believer; adherent	8.2
614	新颖 / 新穎	xīnyǐng	(形)	新鲜 novelty	1.2
615	信誉 / 信譽	xìnyù	(名)	名誉 credit standing	11.3
616	新招 / 新招	xīn zhāo	(名)	新的方法 new strategy	7.5
617	雄辩 / 雄辯	xióngbiàn	(形)	有说服力、善辩 eloquence; declamation	10.2
618	汹涌 / 洶湧	xiōngyǒng	(形)	非常激烈；非常快 gust; welter; surge	4.4

#	简体 繁体	拼音	词性	释义 / English	课
619.	修辞 修辭	xiūcí	(名)	使语言表达更有力量的方法 rhetoric	11.2
620.	喜闻乐见 喜聞樂見	xǐwén lèjiàn	(习)	喜欢看见和喜欢听见的 love to see and hear	5.1
621.	喧宾夺主 喧賓奪主	xuānbīn duózhǔ	(习)	客人的声音比主人的还要大，比喻客人占了主人的地位 a presumptuous guest usurps the host's role	11.3
622.	旋风式 旋風式	xuànfēngshī	(形)	非常快的 whirlwind like	3.1
623.	渲染 渲染	xuànrǎn	(动)	夸大的形容 romance	10.3
624.	虚词 虛詞	xūcí	(名)	没用具体意义，但起语法作用的词。汉语虚词包括副词、介词、连词、助词或叹词五类。 function/form/cenematic word	11.2
625.	学风 學風	xuéfēng	(名)	学习的作风 style of study	9.1
626.	血统 血統	xuètǒng	(名)	一种共同的内部关系 bloodline; ancestry; decent; lineage	10.1
627.	酗酒 酗酒	xù jiǔ		没有节制地喝酒 drink; hit the bottle; bibulosity	7.4
628.	畜牧业 畜牧業	xùmùyè	(名)	养殖牲畜和家禽的产业 stock raising; stockbreeding	8.3
629.	寻访 尋訪	xúnfǎng	(动)	寻求、访求 look for; make inquiries about	6.4
630.	寻根 尋根	xúngēn	(动)	寻找根源 look/seek for root	10.2
631.	循环 循環	xúnhuán	(动/名)	重复性的运动或变化 cyc; circulate; circulation	4.5
632.	巡礼 巡禮	xúnlǐ	(名)	全面的观察和浏览 make a pilgrimage; tour; sight-seeing	5.2
633.	熏陶 熏陶	xūntáo	(名)	慢慢地受（优良）影响 edification; edify	3.3
634.	讯问 訊問	xùnwén	(动)	审问 inquest; interrogate	3.1
635.	徐徐 徐徐	xúxǔ	(副)	慢慢地 gently; slowly	7.1

636. 栩栩如生 栩栩如生	xǔxǔ rúshēng	(习)	像活的一样 vivid and lifelike	6.2

Y

637. 牙膏 牙膏	yágāo	(名)	刷牙用的清洁剂 toothpaste; dentifrice	10.2
638. 压根 壓根	yàgēn(r)	(副)	从根本上 from very beginning; absolutely	10.2
639. 扬长避短 揚長避短	yángcháng bìduǎn	(习)	发扬长处、回避短处 use pluses and bypass minuses	11.3
640. 秧歌 秧歌	yāngge	(名)	中国北方的一种民间歌舞 folk dance in north China	4.1
641. 洋洋洒洒 洋洋灑灑	yángyáng sǎsǎ	(习)	很多、量很大（指写文章） at great length; voluminous	9.1
642. 验收 驗收	yànshōu	(动)	检验合格、查收 check and accept	6.5
643. 沿袭 沿襲	yánxí	(动)	按照并延续 follow	8.2
644. 艳阳 艷陽	yànyáng	(形)	明亮的晴天 ibright sunny day	7.5
645. 演绎 演繹	yǎnyì	(动)	推理，由一般推导出特殊 deduct; deduction; illation	10.5
646. 腰鼓 腰鼓	yāogǔ	(名)	一种民间跳舞用的鼓 folk drum	4.2
647. 雅俗共赏 雅俗共賞	yǎsú gòngshǎng	(习)	被各种各样的人欣赏 suit both refined and popular tastes	8.2
648. 押韵 押韻	yā yùn		在句子的结尾用韵母相同或相近的字，使声音优美，易读易记 jingle; rhyme; rhyming	11.2
649. 压轴戏 壓軸戲	yāzhòuxì	(名)	最后出现的，令人注目的事件 next to last item on program	3.1
650. 冶造 冶造	yězào	(动)	制造 to create; to refine	3.6
651. 仪表 儀表	yíbiǎo	(名)	1.形象和外表；2.测量仪器 appearance; instrument; meter	10.5
652. 一成不变 一成不變	yìchéngbúbiàn	(习)	永远不变化 nvariable; unalterable	6.1

#	简体 / 繁體	拼音	词性	释义	课次
653.	遗传 / 遺傳	yíchuán	(名)	由上一代给下一代传递的生物和生理特征 descendiblity; heredity; inherit	4.5
654.	一贯 / 一貫	yíguàn	(副)	一直的 all along; persistent	5.1
655.	一晃 / 一晃	yīhuàng	(形)	形容时间过去得快(有不知不觉的意思) a while; very fast	9.5
656.	一见钟情 / 一見鍾情	yíjiàn zhōngqíng	(习)	第一次见面就喜欢上了 fall in love at first sight	4.4
657.	依据 / 依據	yījù	(介)	根据 according as; by; thereunder	9.4
658.	一举两得 / 一舉兩得	yìjǔ liǎngdé	(习)	一次行动得到了两种好的结果 kill two birds with one stone	11.3
659.	依赖 / 依賴	yīlài	(动)	缺乏独立性、靠别人 rely on; depend on	11.1
660.	疑虑重重 / 疑慮重重	yílǜ chóngchóng	(习)	很多的顾虑 many gaingivings; a lot of qualm	4.1
661.	迎合 / 迎合	yínghé	(动)	讨好 cater for; cater to	4.5
662.	赢利 / 贏利	yínglì	(动)	赚钱 profit; pay off	8.2
663.	影视 / 影視	yǐngshì	(名)	电影和电视 movies and TV	1.1
664.	鹰隼 / 鷹隼	yīngsǔn	(名)	鹰和隼,都是捕食小动物的 eagle; hawk; king of bird	10.4
665.	樱桃 / 櫻桃	yīngtáo	(名)	一种圆形的红色水果 cherry	3.5
666.	应运而生 / 應運而生	yìngyùnérshēng	(成)	指人或事物在合适的时机出现和发生 emerge as the times require	2.2
667.	引进 / 引進	yǐnjìn	(动)	介绍、引入 fetch in; indraught; work in	9.3
668.	以权谋私 / 以權謀私	yǐquán móusī	(习)	用权力为自己寻求利益 use power for private gain	9.2
669.	以柔克刚 / 以柔克剛	yǐróukègāng	(习)	用软的方法来战胜硬的 use soft to conquer strong	10.3
670.	易如反掌 / 易如反掌	yìrúfǎnzhǎng	(习)	非常容易,像翻转一下手掌一样 as easy as turning one's hand over	3.3

#	简体 / 繁體	拼音	词性	释义 / English	课号
671.	遗书 / 遺書	yíshū	(名)	临死前写的信 a letter left by one immediately before death; posthumous ritings	10.3
672.	意外 / 意外	yìwài	(形/名)	没想到的事情、不好的事情 suddenness; thunderbolt; accident	3.6
673.	意味 / 意味	yìwèi	(动)	表示、标志着 imply; carry; mean	1.1
674.	义务 / 義務	yìwù	(名)	志愿；责任 voluntary; duty; obligation	6.4
675.	异议 / 異議	yìyì	(名)	不同的议论/想法 dissent; demurral; objection	4.1
676.	抑郁 / 抑鬱	yìyù	(形)	压抑、心情苦恼 blahs; blues; dumps	3.5
677.	溢于言表 / 溢於言表	yìyúyánbiǎo	(习)	在语言和表情上显示出来 show in the speech and face	10.4
678.	抑郁症 / 抑鬱症	yìyùzhèng	(名)	一种情绪低落的病 depression	7.3
679.	倚重 / 倚重	yǐzhòng	(动)	倚靠和看重 rely heavily on sb.'s service	11.2
680.	遗嘱 / 遺嘱	yízhǔ	(名)	一个人在生前对自己的事情和财产的处理留下的文件 will; testament	7.4
681.	有感而发 / 有感而發	yǒugǎnérfā	(习)	有了感想而发表它 express with a concern	5.3
682.	优势 / 優勢	yōushì	(形)	比别的好的地方 predominance; superiority	5.2
683.	游手好闲 / 游手好閒	yóushǒu hàoxián	(习)	闲散放荡、不务正业 dawdle; idle; rogue; shillyshally	10.2
684.	有效 / 有效	yǒuxiào	(形)	有用、效果好 efficiency; be good for; in effect	11.2
685.	犹豫 / 猶豫	yóuyù	(动/形)	不坚定 hesitate; be irresolute; boggle	10.3
686.	缘分 / 緣分	yuánfèn	(名)	因缘 luck; opportunity; karma	6.4
687.	缘故 / 緣故	yuángù	(名)	原因 cause; sake	5.1
688.	圆梦 / 圓夢	yuánmèng	(动)	完成梦想 fulfil one's dream	6.4

689.	怨天尤人 怨天尤人	yuàntiān yóurén	(习)	抱怨一切 blame everyone and everything but not oneself	10.3
690.	远眺 遠眺	yuǎn tiào		向很远的地方望 overlook	6.5
691.	缘于 緣於	yuányú	(动)	向很远的地方望 overlook	6.5
692.	原宥 原宥	yuányòu	(动)	原谅、宽恕 forgive	10.4
693.	跃升 躍升	yuèshēng	(动)	飞快地发展、跃进 jump to	3.2
694.	跃增 躍增	yuèzēng	(动)	跳跃性增长 increase rapidly	4.6
695.	与会者 與會者	yǔhuìzhě	(名)	参加会议的人 participant in a conference	3.1
696.	预计 預計	yùjì	(动)	事先计划 calculate in advance; estimate	4.9
697.	舆论 輿論	yúlùn	(名)	公众的意见或言论 public opinion; the public voice	1.1
698.	鱼目混珠 魚目混珠	yúmù hùnzhū	(成)	用鱼眼代替珍珠来骗人，指弄虚作假 pass away the sham as the genuine	9.1
699.	运作 運作	yùnzuò	(名/动)	运行和工作 operate; work	1.2
700.	与世隔绝 與世隔絕	yǔshì géjué	(习)	不和外人交流 isolated from society	7.3
701.	预算 預算	yùsuàn	(名/动)	计划的花销 budget	3.2
702.	预言家 預言家	yùyánjiā	(名)	能够告诉未来事情的人 prophet	1.2

Z

703.	载入史册 載入史冊	zǎirù shǐcè	(习)	记录进历史书 make a record historically	6.1
704.	暂且 暫且	zànqiě	(副)	暂时 for the moment	10.1
705.	造势 造勢	zàoshì	(动)	制造声势 making noise	10.1
706.	张扬 張揚	zhāngyáng	(形)	夸张、宣扬 to show off; stink	10.5

#	简体	拼音	词性	释义 / 英文	
707.	占据 / 佔據	zhànjù	(动)	强行取得或保持 / occupied; hold; lockoin; inhabit	6.5
708.	占领 / 佔領	zhànlǐng	(动)	用武力或势力强住 / occupancy; occupy; seize hold of	8.2
709.	辗转 / 輾轉	zhǎnzhuǎn	(副)	翻来覆去转动;经过很多曲折 / flounder; toss	8.4
710.	招徕 / 招徠	zhāolái	(动)	吸引人 / ddrum for; fetch in	1.2
711.	朝气 / 朝氣	zhāoqì	(名)	有生气、有力量 / viridity; youthful spirit	1.2
712.	昭示 / 昭示	zhāoshì	(动)	显示、宣扬 / declare publicly; make clear to all	10.5
713.	针对性 / 針對性	zhēnduìxìng	(名)	和实际情况一致的性质 / pertinence; pertinency	2.1
714.	症结 / 癥結	zhēngjié	(名)	根本的原因 / sticking point	10.2
715.	折射 / 折射	zhéshè	(动)	反映 / refraction	10.1
716.	指标 / 指標	zhǐbiāo	(名)	确定的目标 / guide line; index; target	9.3
717.	止步 / 止步	zhǐ bù		不能前进 / stop; go no further	6.5
718.	支撑 / 支撑	zhīchēng	(动)	用力支持 / support; sustain; underlay; uphold	11.1
719.	志大才疏 / 志大才疏	zhìdà cáishū	(习)	有很高远的希望但没有本领来实现它 / hitch one's wagon to a star	10.4
720.	致富 / 致富	zhìfù	(动)	变得富有 / become rich; be wealthy	9.2
721.	直观 / 直觀	zhíguān	(形)	能直接看见的 / direct observation; audiovisual	5.2
722.	至关重要 / 至關重要	zhìguānzhòngyào	(习)	意义重大 / extreme important	9.1
723.	滞后 / 滯後	zhìhòu	(形)	拖在后面 / lag	9.3
724.	直截了当 / 直截了當	zhíjié liǎodàng	(习)	直接的、不曲折的 / not to put too fine an edge on it	6.1
725.	知己知彼 / 知己知彼	zhījǐ zhībǐ	(成)	对一切明白清楚 / know oneself and others clearly	6.3

#	简体 / 繁體	拼音	词性	释义 / 英文	课次
726.	直觉 / 直覺	zhíjué	(名)	直接的感觉; instinct; gnosis; intuition	10.5
727.	指控 / 指控	zhǐkòng	(动)	指责和控告; accusation; indict	4.7
728.	殖民 / 殖民	zhímín	(动)	强国向它侵害的地区移民并抢夺资源; colonize; plantation	6.2
729.	指望 / 指望	zhǐwàng	(动)	依靠; expect; count on; bank on; gargain for	10.3
730.	质疑 / 質疑	zhìyí	(动)	怀疑、不同意; oppugn	1.1
731.	中意 / 中意	zhòng yì	(形)	喜欢的、看中的; catch the fancy of; satisfied with	1.1
732.	啁啾 / 啁啾	zhōujiū	(名)	鸟的叫声; chatter; chirp	10.3
733.	庄重 / 莊重	zhuāngzhòng	(形)	严肃的、庄严的; sobriety; Solomon	1.2
734.	专科 / 專科	zhuānkē	(名/形)	专门的内容或话题; subject	1.1
735.	专栏作家 / 專欄作家	zhuānlán zuòjiā	(名)	为报纸栏目写文章的作家示; columnist	10.2
736.	转折点 / 轉折點	zhuǎnzhédiǎn	(名)	拐弯的地方; milestone; turning point	6.1
737.	注定 / 注定	zhùdìng	(副)	必然、一定; destine; foredoom; foreordain	3.3
738.	诸多 / 諸多	zhūduō	(形)	很多; a good many	1.1
739.	主攻 / 主攻	zhǔgōng	(名)	想达到的主要的目标; main attack; major task	3.3
740.	追踪 / 追蹤	zhuīzōng	(动)	沿着痕迹寻找; pursue; trace; trail	5.2
741.	注解 / 註解	zhùjiě	(动/名)	注释和解答; annotation; comment; note	5.1
742.	主流 / 主流	zhǔliú	(名)	主要的方面; mainstream; artery	1.2
743.	猪猡 / 豬玀	zhūluó	(名)	对猪的蔑称; pig	10.4
744.	拙 / 拙	zhuō	(形)	笨; dull; clumsy; stupid	10.4

745.	捉刀 捉刀	zhuōdāo	(动)	替别人考试、写作等 ghostwrite; write for someone else	9.2
746.	自告奋勇 自告奮勇	zìgào fènyǒng	(习)	主动愿意去承担、做…… come forward; voluntarily	6.4
747.	咨询 諮詢	zīxún	(动/名)	征求意见和知识 consultation; refer	2.1
748.	资讯 資訊	zīxùn	(名)	消息和情报 information; news	1.1
749.	自诩 自詡	zìxǔ	(动)	自吹、自夸 crack oneself up; praise oneself	10.4
750.	自以为是 自以爲是	zìyǐwéishì	(成)	觉得自己总是对的 consider oneself always right	1.2
751.	资源 資源	zīyuán	(名)	资料的来源 resource; res	3.3
752.	自主权 自主權	zìzhǔquán	(名)	自己决定自己事情的权利 the right of self determination	9.4
753.	总监 總監	zǒngjiān	(名)	总负责人 majordomo	4.4
754.	纵深 縱深	zòngshēn	(形)	很深的内部 depth	5.2
755.	纵式 縱式	zòngshì	(形)	竖立的方式 vertical; endlong	5.2
756.	宗旨 宗旨	zōngzhǐ	(名)	根本的目的，主要的指导思想 tenet	8.3
757.	走过场 走過場	zǒu guòchǎng		不认真，做样子 go through the motions of doing sth.	9.1
758.	奏效 奏效	zòuxiào	(动)	使有效 be successful; bear fruit; do execution	10.1
759.	钻石 鑽石	zuànshí	(名)	金刚石 diamond	4.5
760.	最高法院 最高法院	zuìgāo fǎyuàn		国家最高的法律机构 areopagus; sup.ct.; supreme court	4.7
761.	坐标 坐標	zuòbiāo	(名)	一个点在空间、平面或一条线上的位置和意义 coordinate	9.1
762.	左右 左右	zuǒyòu	(形)	控制，对……产生影响 master; control; influence	8.2
763.	组装 組裝	zǔzhuāng	(动)	组合装配 assemble and install	10.1